Reminiscences of the Cuban Revolutionary War

古巴革命战争回忆录

切·格瓦拉

郭昌晖——译

★

Che Guevara

上海译文出版社

目 录

第二部分　再忆古巴革命战争

附录

第一部分　回忆古巴革命战争

序言

长期以来，我们一直想写一部革命史，用实例来说明革命中丰富多彩的各个层面。许多革命领导人经常公开或私下地表达过这种愿望，但是，无奈事务繁忙，流光易逝，革命起义的往事渐渐从记忆中淡出，被遗忘于身后。这些往事，这些已经构成美洲历史的战争往事至今仍没有被我们认真地记述下来。

为此，我在本书中为大家提供了一系列我个人的回忆，涉及的都是我们参加过的遭遇战、袭击战和正规战。我不希望大家把这些根据个人回忆和草率的笔记整理出来的零星不全的记述看作是一部完整的历史。相反，我希望经历过每一场战斗而艰难活下来的人将来再作详尽的补充。

在整个战争期间，我本人局限在古巴版图上的某一特定战场作战，显然无法参加其他地区的战斗，无法经历别处的事件。尽管如此，我仍然认为，为了生动展现我们参加过的革命战斗，为了使我们的叙述有条理，最好还是从第一场战斗——在阿莱格里亚-德皮奥遭遇突袭——开始。这是仅有的一场有菲德尔·卡斯特罗参与并且对我们极为不利的战斗。

那次战斗的幸存者现在还有不少，要鼓励他们每个人把留在记忆里的东西都挖掘出来，使这篇战斗故事更加完整充实。我只要求他们务必如实叙述，不应该为了自我吹嘘编造没有经历过的战事，要谨防描述失实。我要求他们写出几页以后，根据各自的性格和所受教育的程度，尽最大能力，对自己所写的认真挑剔一番，不确切、吃不准的一字一句都要删除。我自己就是带着这种意图开始写我的回忆录的。

埃内斯托·切·格瓦拉

一九六三年

阿莱格里亚-德皮奥遭厄

阿莱格里亚-德皮奥位于奥连特省的尼克罗镇，靠近克鲁斯角。一九五六年十二月五日，我们在那里遭到了巴蒂斯塔独裁政府军的袭击。

远征军战士一个个精疲力竭，与其说是因为海上颠簸路上行军时间太长，不如说是一路行程备尝艰辛所致。我们是十一月二十五日离开墨西哥的图斯潘港的，那天海面上风大浪急，所有的航海都已被禁止。我们搭乘一艘破旧的快艇，饥肠辘辘地在墨西哥湾和加勒比海海面上航行了七天，几乎所有的人都不适应航海，饱受晕船之苦。十二月二日那天，我们在一个叫拉斯科罗拉达斯海滩的地方登陆，所有的战斗装备几乎全都丢失了。我们穿着新靴子总算步履艰难地走出了无边无际的盐碱沼泽地，差不多所有游击队员脚底上的水泡都磨破了，但是，阻碍我们的远不止这些不合脚的新靴子和真菌的感染。这一切都给我们这支从未经历过战火考验的新兵队伍留下了挥之不去的记忆。

我们的战斗装备就只剩几支步枪、几条弹夹和一些受潮的弹药了。医疗用品一点也没剩下，大多数人的背包在过沼泽地时都丢下了。头天晚上，我们穿过了当时还为胡利奥·洛沃所有的尼克罗糖厂的甘蔗田，大家边走边啃甘蔗总算解决了饥渴问题。但是由于缺乏经验，边吃边吐，竟在身后留下了长长一溜儿的甘蔗皮和渣。其实，跟踪我们的政府军部队根本不需要什么我们的踪迹，这也是我们几年后才发现的，因为把敌人引到我们身边的是背叛了我们的向导。前一天晚上，我们停下休息时，把向导放走了——这是我们在随后的长期斗争中多次重犯的错误。后来我们才明白，在有风险的地区，对身份不明的平民百姓不能信任。在当时的情况下，不应该让那个不可靠的向导离开我们。

十二月五日拂晓前，游击队员们大多累得连腿都抬不起来了，大家都到了崩溃的边缘，走了短短的一小段路后就要求休息长长的一段时间。就在大家如此虚弱的情况下，上面下达命令，让战士们在甘蔗田边上靠挨着茂密林地的丛林中休息。大多数人倒下就睡着了，一觉醒来已是中午时分了。

中午，出现了异常情况。派珀[1]飞机和其他小型的军

---

[1] Piper，美国飞机制造公司名。

用飞机开始在我们上空盘旋。我们有些战士却仍然若无其事地在砍伐甘蔗大饱口福，丝毫没有意识到他们已经被那些低空缓慢飞行的敌机上的飞行员看得一清二楚了。作为随军医生，我的任务是给战士们治疗脚上的水泡。我还清楚地记得，那天早晨我医治的最后一个病人是温贝托·拉莫特同志，谁也没料到那天竟成了他在世的最后一天。他一只手提着已经穿不上的靴子，从临时搭建的急诊室走回到他的岗哨时的那副疲惫不堪痛苦难忍的样子至今还在我眼前晃动。

我和赫苏斯·蒙塔内同志倚着一棵大树一边啃着劣质的干粮——每人定量的半根香肠和两块饼干——一边谈论着我们各自的子女。就在这时，只听一声枪响，我们这支八十二人的游击队伍顷刻间就被枪林弹雨——至少在我们眼里是这样——包围了，这是我们第一次经受战火的洗礼。我的步枪并不是最好的，我故意挑了这么一支枪，是因为航海过程中哮喘病不断发作，我的身体状况非常糟糕，我不想让一件好武器在我手中白白糟蹋。随后发生了什么我几乎想不起来了，现在我的记忆已是朦朦胧胧的了。只记得在最初的一阵交火以后，胡安·阿尔梅达——那时候还是上尉——前来领受命令，但是已经没有人能发布命令了。后来我才得知，菲德尔曾竭力想把大家重新召集到邻近的甘蔗田里，可惜没有成功。其实只要跨过一条横在中间的小路就能进入甘蔗田，但是就是冲不过去。敌人的偷袭太突然，火力太强。阿尔梅达只得跑回去指挥他手下的人了。这时，有一位同志把一个弹药箱扔在了我脚边。我指着弹药箱问他怎么回事儿，他回答我的是一脸痛苦欲绝的表情。这表情我至今还记得清清楚楚，似乎在说："这些弹药来不及使了。"随即他就跑进那块甘蔗地。（后来他被巴蒂斯塔的匪徒杀害了。）

我确实是平生头一次被逼入了两难境地：究竟是忠于我的军医职责，还是承担起一个革命战士的责任，我必须做出抉择。我的脚边是一个装满药品的背包和一箱弹药，合在一起实在太沉，无法同时把它们扛走。这时我撇下了药包，扛起了弹药箱，穿过空地，就朝甘蔗田跑去。我记得福斯蒂诺·佩雷斯跪在丛林里，端着冲锋枪正向前方扫射。离我不远的地方，一个叫埃米利奥·阿尔文托塞的同志正朝甘蔗田走过来。突然，一阵枪响，我们两人都被击中了。我感到胸部受到猛烈一击，颈部也受伤了，心想，这下我是死定了。阿尔文托塞的嘴里吐着血，鲜血还不断从一个可能是被 0.45 英寸口径手枪子弹击中的深深的伤口里往外涌。他尖叫着，好像是在喊："他们把我打死了！"接着就用他的步枪开始扫射，尽管四周并没有人。我直挺挺地躺在地上，对福斯蒂诺说："我他妈的完蛋了！"福斯蒂诺还在射击，他看了我一眼，对我说，没事，死不了。但是，从他的眼神里我看得出，他也认为我快不行了。

我一动不动地躺在地上，突然间就像我受伤的同伴一样，不知哪来了一阵冲动，我也朝树林里放了一枪。我立刻开始考虑怎么个死法最好，因为在那一瞬间似乎一切都完了。我想起了杰克·伦敦的一篇早期的作品。小说的主人公意识到自己将会冻死在阿拉斯加湾的冰雪里，便靠在一棵树上，准备庄严地结束自己的生命。这是当时在我脑子里闪过的唯一的一个画面。不知是谁跪在那里，大声地嚷嚷什么我们应该投降。我马上就听到另一个声音——后来我才知道那是卡米洛·西恩富戈斯的声音——大声地回答："这里没有一个会投降!"说完还骂了一句。何塞·庞塞走到我跟前，脸色显得狂躁不安，大口地喘着粗气。他给我看了似乎已经穿透了他肺部的一个子弹伤口，告诉我他受伤了。我满不在乎地回答说，我也受伤了。随后，庞塞和其他几个没有受伤的同志就朝甘蔗田方向爬去。有那么一会儿工夫，四周就剩我一个人了，干躺在那里等着死亡来临。阿尔梅达来到我跟前，催促我继续朝前爬。我忍着钻心的疼痛，硬是拖着受伤的身子爬到了甘蔗地里。在那里，我见到了让人佩服的劳尔·苏亚雷斯同志，他的拇指被枪弹打飞了，福斯蒂诺·佩雷斯正在给他包扎。就在这时，周围一切又都变得模糊一片——飞机低空俯冲下来，爆炸声四起，甘蔗地里越发乱成一团——在这炮火纷飞的场面中庄严和荒诞同时交织在一起：一个身材高大的游击队员竭力想把身子藏在孤零零的一根甘蔗秆后面；还有一个人不顾震耳欲聋的枪炮声，莫名其妙地不停地叫喊着，让大家安静下来。

我们组织起一支队伍，由阿尔梅达带领，包括拉米罗·巴尔德斯少校(当时还是中尉)、拉斐尔·查奥同志和雷纳尔多·贝尼特斯同志。在阿尔梅达的率领下，我们在一排排的甘蔗林中摸索着往前走，穿过了最后一条小路，抵达了树林中的安全地带。就在那时，甘蔗田里首次传出了一阵阵“开火”的喊声，一股股硝烟腾空而起。但是那些情况我现在已经记不确切了。当时我满脑子想的就是溃败后的苦涩和步步向我逼近的死亡。

我们不停地往前走，直到天黑得伸手不见五指，无法再走了才决定躺下，挤在一块睡觉。大家又饥又渴，加上蚊子嗡嗡地叮咬，我们的处境更加惨不忍睹。这就是一九五六年十二月五日在尼克罗镇郊区我们经历的那场战火的洗礼，我们打造未来那支起义军就是以这样的方式开始的。

攻打拉普拉塔兵营

袭击马埃斯特腊山区拉普拉塔河口的一个小兵营，给我们带来了第一场胜利，其影响迅速冲破崎岖偏僻的山区，震惊全国，像唤起世人注意的号角，向世人证明起义军确确实实就在山里活动，随时准备和政府军较量。对我们来说，它再次证明我们完全可以取得战争的最后胜利。

一九五七年一月十四日——阿莱格里亚-德皮奥遭袭后的一个月零几天——我们一路行军来到马格达莱纳河河畔便停了下来。拉普拉塔和从马埃斯特腊山一直绵延至大海边的一座山岭之间就隔着一条马格达莱纳河。菲德尔下达命令，就在这里给战士上军训课，进行打靶练习，因为他们中有些人从来没有使用过武器。我们还在河里洗了澡，因为多日来谁也顾不上个人卫生的事了。洗了澡的都换上了干净的衣服。当时，我们有二十三支能使用的武器：九支带有望远镜瞄准具的步枪，五支半自动机枪，四支旋转式闭锁步枪，两支汤姆逊式冲锋枪，两支其他的冲锋枪和一支 16 号的霰弹枪。

那天下午，我们翻过了此前曾经过的一座小山后抵达拉普拉塔河附近。我们一路走的是一条鲜有人迹的狭窄的山间小道，前面有一个叫梅尔基亚德斯·埃利亚斯的当地农民特地用大砍刀为我们披荆斩棘、探道开路，他是我们的向导欧蒂米奥·格拉推荐来的。欧蒂米奥当时是我们不可缺少的左右手，是个典型的农民起义者。他后来被华金·卡西利亚斯俘虏，可是，卡西利亚斯并没有杀他，而是收买了他，悬赏一万美元和政府军里的一个军衔，让他杀害菲德尔。欧蒂米奥险些充当了这个卑劣的角色，只是他还没有勇气下毒手。不过，对敌人来说，他还是很有用的，因为他把我们的好几处扎营点都通报给敌人了。

当时，欧蒂米奥在游击队中还是忠心耿耿的。许多农民为了争得自己的土地，奋起反抗大庄园主，反抗为大庄园主忠实效劳的乡村警卫队。欧蒂米奥就是这么一个农民。

那天，我们抓住了两个农民俘虏，结果发现他们正好是我们向导的亲戚。我们把其中一个放了，另一个羁押着以防万一。第二天是一月十五日，我们终于发现了那座正在修建中的锌皮屋顶的拉普拉塔兵营。一群衣着不整的士兵在兵营里四处溜达，但是我们还是看得出那是敌人的制服。傍晚日落前大约六点光景，河面上开来一艘小艇，停靠在河边上，汽艇上下来了一拨士兵，岸上又上去了一拨。因为我们对敌人的这次调动还没有完全摸清楚，所以决定把袭击推迟到第二天。

从一月十六日拂晓起，我们就开始监视敌人的兵营。水上警卫巡逻艇夜间已经撤了。我们在整个地区搜索了一遍也没有发现一个敌人士兵。下午三点，我们决定潜伏到沿着河边直通兵营的那条公路上去看看情况。黄昏时分，我们渡过了浅浅的拉普拉塔河，上了公路，占据了有利位置。五分钟后，我们抓获了两个农民，其中一个本来就是个奸细。我们向他们亮出了身份并明确告诉他们，如不如实通报情况，就别想活着回去。他们马上给我们提供了很有价值的信息：兵营里大约有十五名士兵。我们还获知，当地拉维蒂大庄园里有三个劣迹斑斑的工头，其中一个叫奇乔·奥索里奥的马上就要路过这里。拉维蒂家族有大片世袭领地，他们就是靠豢养奇乔·奥索里奥之类的恶棍，采用恐怖手段才维护了他们庞大的领地。不一会儿，这个奇乔醉醺醺地骑着一头毛驴就出现了，还有个古巴黑人小男孩骑着毛驴跟在他后面。乌尼韦索·桑切斯以乡村警卫队的名义喝令他站住，他不假思索就回答："蚊子。"——这是他们的口令。

我们当时的打扮肯定就像一群海盗一样，但是奇乔·奥索里奥喝得酩酊大醉，两眼惺忪，还是被我们糊弄过去了。菲德尔一个箭步冲了上去，厉声厉色地对奥索里奥说自己是政府军上校，前来调查为什么叛乱分子至今还没有被清剿干净。他还自吹自擂地骗他说，自己亲自进山转了一圈，这就是他蓄着大胡子的原因。他还说，警卫队现在整天屁事儿不干。总之，菲德尔把他们的战斗力奚落得一钱不值。奇乔·奥索里奥只得乖乖地承认，警卫队的卫兵们整天就知道在兵营里吃吃喝喝混日子，除了偶尔毫无意义地朝外面放几枪以外什么事也不干。他爽快地答应，一定会把叛乱分子消灭干净。我们开始小心谨慎地向他打听这一地区人员表现好坏的情况，对他的口供一一作了笔记，当然是反着记的：凡是奥索里奥说的坏人，我们就知道是我们的朋友，反过来就是我们的敌人。就这样我们收集到了约二十个人的情况，但奥索里奥还是酒兴未消喋喋不休地述说他怎样杀了两个人，还说："但是，我的巴蒂斯塔将军非但没有治我罪，反而立刻把我放了。"他又大讲两个农民对他"稍有不敬"就遭他毒打的事。并说，警卫队的人是不会这么干的，他们任凭农民顶嘴，就是不敢惩罚他们。菲德尔问他，如果抓住了菲德尔·卡斯特罗他会怎么处置。奥索里奥用手一挥，作了一个明确的手势说，砍掉他的……并说，抓到克雷森西奥·佩雷斯照样这么处置。"瞧见没有?"他指着他穿的靴子(就是我们部队穿的那种墨西哥生产的靴子)说："这就是从被我宰了的那些狗娘养的脚上夺来的。"就这样，奇乔·奥索里奥不知不觉地就给自己签署了一份死刑判决书。根据菲德尔的意见，奇乔·奥索里奥同意陪我们直插兵营，给敌人一个措手不及，以证明他们战备松懈，玩忽职守。

奥索里奥在前面带路，我们慢慢地向兵营移动，可是我还是吃不准这家伙是否已经识破我们的计策了。不过，他依然很信任我们，毕竟他酒喝得烂醉，连眼睛都喝直了，脑子里哪转得了这种弯儿？我们再次过了河接近兵营后，菲德尔对他说，根据军规，战俘必须捆绑起来。奥索里奥丝毫没有反抗，还是稀里糊涂继续当他那名副其实的俘虏。他告诉我们，只有正在修建的兵营门口和另一个管家奥诺里奥住的房前才设有岗哨。兵营就在通往埃尔马西奥的公路旁，奥索里奥领着我们到了兵营附近时，路易斯·克雷斯波同志(现在是少校司令)上前侦察了一番，回来时他说奥索里奥的情报没有问题。克雷斯波刚才看到了两座兵营，兵营入口处哨兵点燃的烟头还隐隐地泛着亮光呢。

我们正打算靠近敌人的兵营，三个士兵正好骑马巡逻经过，我们只得又隐蔽起来。他们像赶骡子似的赶着一个步行的俘虏，紧贴着我身边就过去了。我还记得那个可怜的农民当时说："我跟你们一样都是爹妈养的啊！"一个士兵马上吼道："闭嘴！别停下！不然我抽你！"后来我们才认出了这个士兵就是巴索尔下士。我们当时想，当进攻打响时，这个农民不在兵营倒是能躲避枪林弹雨脱险了。谁知，第二天，当敌人士兵听说兵营受到我们进攻后，便在埃尔马西奥残酷地把他杀害了。

我们发动这次进攻时手里只有二十二件武器。这是一个重要的机遇，因为我们的弹药不多了。不惜一切代价也要把兵营拿下来，拿不下就意味着白白消耗弹药，就等于束手待毙。中尉胡利奥·迪亚斯同志——他后来在乌韦罗战斗中英勇牺牲了——和卡米洛·西恩富戈斯、贝尼特斯、卡利斯托·莫拉莱斯一起，带着半自动机枪从右翼包围棕榈叶屋顶的兵营。菲德尔、乌尼韦索·桑切斯、路易斯·克雷斯波、卡利斯托·加西亚，曼努埃尔·法哈多（今天的少校司令，他和后来在埃斯坎布雷惨遭杀害的我们的军医皮蒂·法哈多同姓）和我从中路进攻。劳尔·卡斯特罗和阿尔梅达分别带领各自手下的班从左翼发起进攻。

我们渐渐逼近敌人阵地，最后潜入到离兵营四十米的范围内。借着满月的光，菲德尔端起机枪突然向兵营连续扫射了两次，第一个打响了这次战斗。刹那间，所有的步枪一齐开火了。我们立即命令敌人投降，但他们拒不投降。战斗刚打响，奇乔·奥索里奥这个血债累累的奸细就被我们就地处决了。

进攻是在凌晨两点四十分开始的，敌人警卫队的抵抗比我们预料的要顽强得多。兵营中有一个中士，我们每喊一次让他们投降，他就端起一支 M－1 步枪向我们回敬一梭子子弹。我们接到命令可以使用老式的巴西手榴弹。路易斯·克雷斯波首先把手榴弹掷了出去，我也紧跟着掷了一颗，但是都没有爆炸。劳尔·卡斯特罗跟着又扔出一个炸药包，也没有动静。这时再也没有别的选择了，只能冒着生命危险，冲上去火烧兵营。第一个冲上去的是乌尼韦索·桑切斯，但是被敌人的火力挡了回来。卡米洛·西恩富戈斯接着往上冲，也没有成功。最后，我和路易斯·克雷斯波总算冲到一座建筑物前，路易斯·克雷斯波一把火就把它点着了。从熊熊的火光判断，点着的只是一座装满了椰子的仓库。但还是把敌人吓得放弃了抵抗。有一个士兵只顾拼命逃命，正好撞在路易斯·克雷斯波的枪口上，路易斯·克雷斯波一枪击中了他的胸口，夺过了他的枪后，又继续朝敌人的兵营里开火。卡米洛·西恩富戈斯躲在一棵大树后面，连续朝那个仓皇逃窜的中士射击，结果把子弹都打完了。敌人几乎完全失去了防御能力，只能坐以待毙，在我们无情的火力下死的死，伤的伤。卡米洛·西恩富戈斯第一个冲进兵营，紧接着战士们蜂拥而上，命敌投降的喊叫声震天价响。

我们迅速地清点了战利品：八支斯普林菲尔德式步枪，一挺汤姆逊式冲锋枪和大约一千发子弹。我们自己消耗了大约五百发子弹。此外，我们还缴获了大批子弹带、燃料、匕首、衣服和一些食品。双方伤亡情况：敌人两人被击毙，五人受伤，三人被俘，还有几个人跟着奸细奥诺里奥一起逃走了；我方竟毫发未损。

我们烧毁了敌人的兵营，又尽最大努力给受伤的敌人士兵包扎一番后便撤退了。有三个敌人士兵伤势太重，我们就把他们交给未受伤的俘虏照料了。全国胜利后我们才知道，这些重伤员后来都死了。其中有一个俘虏后来加入了劳尔·卡斯特罗少校指挥的部队，还晋升至中尉，在战后的一次空难中不幸罹难。

我们对受伤战俘的态度和巴蒂斯塔政府军形成了鲜明的对照。他们不仅枪杀我们的伤员，甚至对他们自己的伤员也扔下不管，一走了之。时间一长，就对敌军产生了影响，也成了我们克敌制胜的一个因素。菲德尔命令我们把全部药品都留给俘虏，让他们照料他们的伤员。这实在让我叫苦不迭，因为，作为一名军医，我必须为自己的部队储备药品。我们释放了所有的平民，一月十七日清晨四点半便开始向帕尔马莫查进发，黎明时分到达后就开始在马埃斯特腊大山里寻找敌人难以进入的地区。

眼前是一幅令人同情的场面：前天，政府军的一个下士班长和一个庄园的工头就通知当地的所有农户，说他们的空军要对整个地区进行轰炸。这样，一场几乎包括所有农民在内的向沿海地区的大撤退就开始了。其实并没有一个人知道我们游击队已经来到这一地区，所以，这显然是工头和乡村警卫队玩弄的一个花招，他们可以乘机抢占农民土地和财产。不过，他们的谎言正好和我们进攻的时间不谋而合，战火成为了现实。恐惧心理牢牢占据了农民的心头，我们也无法阻止农民们出逃。

这是我们起义军打的第一场胜仗。在我们部队的历史上，只有这一仗和接下来的一仗中我们的武器数量多于战士的数量。当时，农民还不愿意加入游击队和我们共同战斗，我们与城市“七·二六运动”总部的联系实际上还没有建立起来。

因菲尔诺河伏击战

因菲尔诺河是帕尔马莫查河的一条又窄又浅的支流。沿河溯流而上，登上毗邻的小山斜坡，便来到了林中的一块圆形小空地前，那里有两间茅屋，我们在空地上安营扎寨，当然我们是不会去占用那两间茅屋的。

菲德尔估计政府军一定会跟踪我们，摸清我们大致的位置。因此，他精心策划了一场伏击战，打算抓一些敌人俘虏回来。为了达到这个目的，他把我们的人马都一一部署停当。

菲德尔一丝不苟地察看了我们的防线，并再三检查了我们的防卫力量。每上升五米左右的不规则的等高线都在地图上标了出来。一月十九日早上，我们正在仔细检查部队时，却发生了意外，险些酿成严重后果。在拉普拉塔河的战斗中，我从巴蒂斯塔政府军的一个下士手中缴获了一件战利品——头盔，朝头上一戴顿时觉得美滋滋的。谁知那天我去视察部队，当我们齐步走过一片开阔的林地时，先头部队的战士远远听到有部队走近，还看到有个戴钢盔的人走在部队前头，误以为是敌军了。幸好，那时他们都在擦枪，只有卡米洛·西恩富戈斯的枪还能使，他不假思索举枪就向我们开火，但马上就意识到这是个误会。第一枪没打中，随后他的机枪也卡壳了，没法再打了。这件事表明，笼罩在我们营地上空的气氛简直紧张到了一点就着的地步，只有战斗打响，这种紧张情绪才会得到缓和。在等待战斗打响的这段时间里，一个人的神经即使再经得起折磨也难免会有腿肚子发抖的紧张感觉。所以，人人都渴望战斗打响——这个战争最精彩时刻的到来。然而，我们谁也不想打仗，现在打仗完全是出于无奈。

一月二十二日拂晓，帕尔马莫查河方向传来几声零星的枪声，这使我们不得不在防线上实施更严格的纪律，更加小心谨慎，严阵以待，痛击即将来犯的敌人。

我们认为敌人离我们不远了，因此，早饭午饭统统都免了。前些时候，我和乡巴佬克雷斯波发现了一窝鸡蛋，我们像往常一样只留下一个鸡蛋让母鸡继续去孵化，其他的鸡蛋都分给大家吃了。这天，根据我们夜间听到的枪声，克雷斯波决定，应该把这最后一个鸡蛋也吃了。就这样，这个鸡蛋也下了肚。中午时分，我们发现小茅屋里有个人影在晃动。一开始，我们还以为是我们自己的同志违反了不准靠近小屋的命令。其实，并不是这么回事，而是巴蒂斯塔独裁政府军的一个士兵在探头探脑四下观望呢。

接着大约又有六个士兵出现了。后来走了几个，还有三个士兵留在我们的视野里。那个站岗的士兵东张西望了一番，拔了些野草，插在耳朵后面，伪装一下后便不动声色地在树荫里坐下了。我们从步枪的望远镜瞄准具里可以清楚地看到他的脸，没有一点恐慌的神色。菲德尔一枪就把他给撂倒了，只听见他好像是叫了声："啊呀！我的妈呀!"就倒地一命呜呼了。枪战随即爆发，那个倒霉士兵的另两个伙伴也被撂倒。突然间，我发现，在离我较近的一间茅屋里还有个士兵正拼命想躲避我们的火力。我只能看到他的两条腿，因为我的位置高，他的身体被小屋的屋顶挡住了。我当即朝他开了一枪，没击中。接着第二枪不偏不倚击中了他胸部，他一头就栽了下去，一松手，步枪上的刺刀戳进了泥地里。在乡巴佬克雷斯波的掩护下，我冲进小屋，发现一具尸体。我收缴了他的步枪和子弹以及其他一些装备。这家伙被直接击中胸部，子弹很可能打穿了他的心脏，他倒下当场就死了。尸体已开始僵硬，很可能是前一天长途行军极度疲劳所致。

战斗进行得异常神速，我们顺利完成了作战计划后便全部撤退。

经过清点我们发现我方消耗了大约九百发子弹，但又从一个满满的弹药箱里追缴回七十发。我们还缴获了一挺加伦德式机枪，这枪给了埃菲赫尼奥·阿梅赫拉斯中尉，他在随后的很长一段时间里用的就是这支枪。我们清点了四具敌人尸体。但是几个月以后，从被俘的一个奸细那里，我们才知道实际上当时击毙了五个敌人。这虽称不上是一场辉煌的胜利，但是我们也没花多大的代价。我们的部队在新的形势下已经能和敌军交锋抗衡，我们经受住了这场考验。

这场战斗极大地提升了我们的士气，也使我们可以一整天不停息地向山里人迹罕至的地区推进，以摆脱敌人大部队的追击。我们翻过山头，到了对面的山坡，和同样在撤退的这支巴蒂斯塔政府军的部队平行地向同一方向前进，因为两支部队都翻过了同一座山峰，各自迂回到大山的另一侧。两天来，两支部队行军时中间就隔着不远的距离，可是谁也没有觉察出来。有一次，我们宿营的茅屋与敌人的宿营地几乎只隔着一条像拉普拉塔这样的小河和公路上两三个弯道而已。指挥敌人巡逻兵的是桑切斯·莫斯克拉中尉，由于他在马埃斯特腊山区一带抢掠骚扰，早已是该地区臭名昭著的人物了。值得一提的是，在这场战斗爆发前几小时，我们听到的零星枪声，原来是一个海地后裔的农民因拒绝把敌人引到我们隐藏的地方，结果被敌人残暴杀害。如果当初他们没有杀害那个农民的话，也不至于让我们这么警觉，严阵以待地给他们以重创。

我们行军中的负荷再一次大大增加了，许多人都身背两支步枪。在这种情况下，行军可不是件轻松的事。但是，部队现在的士气显然和在阿莱格里亚-德皮奥战斗失利后是大不相同了。几天前，我们曾经打败了龟缩在坚固的兵营中少于我们人数的敌人；现在，我们又打败了人数处于优势的运动中的敌人大部队。这次战斗充分证明消灭敌人先头部队这类战斗太重要了，因为没有先头部队，部队都会全线瘫痪。

蹊跷的空袭

打败了桑切斯·莫斯克拉的部队以后，我们继续沿着拉普拉塔河岸往前走。渡过马格达莱纳河后，我们又回到了早已熟悉的加拉加斯地区，但这一次气氛不同了。我们第一次在这里躲避时，得到了村民的大力支持。后来，卡西利亚斯的部队经过这里以后，整个地区就弥漫着一片恐惧气氛。农民都跑到外面躲起来了，剩下的只是空空如也的茅屋和屈指可数的几头供我们屠宰果腹的牲口了。经验告诉我们，住在这些农舍里是不明智的。因此，在一间最偏僻的小屋里住了一夜后，我们又都回到了树林里，在离加拉加斯山顶不远的一个泉水溪流边扎营住了下来。

就是在那里，曼努埃尔·法哈多走到我跟前问，我们会不会输掉这场战争。我的回答始终就是那句话："我们毫无疑问会打赢这场战争。"口气中还带着胜利的喜悦。他解释说，他之所以问这个问题是因为"加利西亚人"莫兰曾扬言，要想打赢这场战争是不可能的，我们已经失败了。他还怂恿法哈多背弃我们的这场斗争。我向菲德尔汇报了这件事，他说，莫兰已经告诉他了，说他这是在暗中考验部队的士气。我们一致认为这不是最好的办法，菲德尔还为此作了一次简短的讲话，要求部队加强纪律性，并论述了无视纪律可能引起的种种危害。他还宣布了三条死罪：不听从指挥，临阵逃脱和散布失败主义情绪。

在那些日子里，我们的情况也不怎么好。大部队中缺乏一种精神，这种精神只能经过战斗才能形成，也就是说缺乏具有凝聚力的政治觉悟。今天这个同志想离开，明天那个同志想离开。许多人要求调到城里去工作，因为虽然城里危险大得多，却可以逃避农村的艰苦环境。尽管如此，我们的斗争仍在健康发展。“加利西亚人”莫兰努力为部队寻找粮食，积极和附近的农民沟通联络，表现出一股永不枯竭的活力。

一九五七年一月三十日上午整个部队就是这种精神状态。叛徒欧蒂米奥·格拉前些时候曾请假回家看望生病的母亲，菲德尔批准了，还给了他一些路费。据欧蒂米奥说，他来回走一趟恐怕需要几星期时间。当时有一连串的可疑的事我们都没能搞明白，但是，这个家伙随后的表现使一切都真相大白了。他返回部队后对我们说，他快要到帕尔马莫查时，突然意识到政府军正在追踪我们，于是想尽办法折回来给我们提个醒。但是，在德尔芬·托雷斯的茅屋里只发现敌人的几具尸体。德尔芬是个农民，因菲尔诺河伏击战就是在他家那个地方打的。欧蒂米奥说，他顺着我们的踪迹，翻过了马埃斯特腊山，最后总算找到了我们。但实际情况是，他被敌人抓去当了俘虏。敌人用金钱和军衔收买了他，让他谋杀菲德尔。现在，他的身份实际是敌人派来的奸细。

按照敌人的安排，欧蒂米奥在实施谋杀的前一天离开了营地。当天夜里天很冷，第二天(即一月三十日)清晨，我们正要起身，就听到了飞机的轰鸣声。由于我们驻扎在树林里，所以无法确定敌机的方位。我们的野战厨房位于我们下方大约两百米处的一股小小的泉水附近，前卫部队就驻扎在那里。突然间，就传来轰隆隆的声音，只见敌机陡然俯冲下来，嗒嗒嗒的机枪扫射声响成一片，紧接着爆炸声四起。由于战斗经验不足，我们还以为四面八方都遭到枪炮的袭击呢！五十毫米的子弹一打到地面就炸开来。尽管我们听到的是空中机枪的扫射声，但由于子弹就在我们附近炸开，所以感觉子弹就好像从树林里打过来一样。因此，我们以为受到了敌人地面部队的袭击。

我接到命令，让我等候前卫队的战士，并把部队在空袭的慌乱中落下的东西收拾集中起来。我们还奉命前去和在乌莫山洞一带的部队的所剩人员会合。当时，和我在一起的还有一位参加过西班牙内战的老兵查奥同志。我们虽然等了好长一段时间，却不见一个失散的战士回来。我们两人跟着大部队模糊不清的脚印一路忧心忡忡地往前走，到了一片空地前便决定停下休息。过了一会儿，我们发现周围有动静，原来吉列尔莫·加西亚(现在是少校)和塞尔希奥·阿库尼亚这两个前卫队的同志也一直在我们后面跟着大部队的踪迹走，想和部队重新会合。仔细商量一番后，我和吉列尔莫·加西亚决定，既然敌军的飞机声音渐渐远去，我们不妨返回营地，看看情况。展现在我们眼前的是一片凄怆的惨状：战地厨房遭到敌人空袭，而且敌人袭击出奇地精准，幸好敌人这种精准的袭击在以后的战争中没有再出现过。炉灶在机枪的扫射中炸得粉碎，前卫队的战士刚离开，一颗炸弹就不偏不倚地在营地中间爆炸。“加利西亚人”莫兰和另一位同志外出侦察，回来时就剩莫兰一人了。他说，他看见远处有五架敌机在盘旋，但是附近并没有发现敌人的地面部队。

我们五个人扛着沉重的装备和给养继续往前走，经过我们朋友的住处时看到的是满目疮痍的景象。房屋已烧成灰烬，只有一只可怜的小猫对着我们喵喵地直叫，另有一头小猪听到动静也嗷嗷地叫着跑了出来。我们听说过乌莫山洞，但是不知道它确切在什么地方。一晚上我们都心神不定忐忑不安，干等着希望能见到自己的同志，又担心会和敌人遭遇。

一月三十一日我们占据了一座小山头上的阵地，往下看是一片耕地。我们以为在山上可以发现乌莫山洞，但四处勘查遍了也没有发现什么山洞。我们五个人中有个叫塞尔希奥的说他看到过两个戴棒球帽的人，但这事他说晚了，已经追不上那两个人了。我们和吉列尔莫一起外出勘查一下阿希河河岸附近山谷的情况，正好遇见了吉列尔莫的一位朋友，他招待我们吃了一顿，不过那里的老百姓天天都生活在恐惧中。吉列尔莫的朋友告诉我们，商人西罗·弗里亚斯所有的货物都被政府军抢光烧光了，骡子被征用，赶骡子的人也遇害了。不但西罗·弗里亚斯的商店被烧毁，他的妻子也被抓走了。今天上午路过这里的士兵就是卡西利亚斯少校的部下，他们就曾在离这间茅屋不远的地方驻扎过。

经过一天的行军，到了二月一日，我们疲乏极了，只好待在自己的小营地里恢复体力。说是营地，实际上就是露天的一片空地。中午十一点，山那边响起了一片枪炮声。不一会儿，近处又传来一阵阵绝望的喊叫声，像是有人哭喊着呼救一样。这一切让塞尔希奥·阿库尼亚的神经紧张得快绷断了，他不声不响地扔下步枪和子弹袋，就擅自离岗开小差跑了。我在战地日记中还提到，他逃跑时带走了一顶草帽，一罐炼乳和三根腊肠。当时，我们对那罐炼乳和腊肠感到格外可惜。几小时后，又传来一阵嘈杂声，我们立刻做好自卫准备，谁知道那个临阵逃脱的家伙会不会出卖我们。不过，出现在我们眼前的却是克雷森西奥，他带着一支几乎全是我们的战士的大部队，一同来的还有洛伯托·佩桑特以及他从曼萨尼略带来的几个新兵。我们部队失踪的有逃兵塞尔希奥·阿库尼亚以及卡利斯托·莫拉莱斯、卡利斯托·加西亚和曼努埃尔·阿库尼亚三个同志，还有一个新兵埃万热利斯塔·门多萨在第一天和敌人交火中就不见了踪影。

我们再次下山，来到了阿希河谷。一路上把一部分从曼萨尼略搞来的补给品分发给了战士，其中包括一个外科手术箱以及每个人换洗的衣服。尤其让我们感动的是，我们收到的衣服上都有曼萨尼略姑娘绣上的我们每个人的名字首字母。第二天，二月二日，正好是“格拉玛号”登陆后的两个月，我们又重新聚集起来，成为一支统一的部队；从曼萨尼略来的十个新兵也加入了我们的队伍，我们感到更强大了，情绪也更高了。我们曾多次讨论过这次遭受空袭的原因，大家一致认为，是白天做饭时烧的烟火把敌机引到了我们的营地。一连好几个月，可能在整个战争期间，每想起那次空袭，大家的心情就很压抑。一直到战争胜利前，我们白天都不在野外生火，生怕会带来不利的后果。

这事说来谁也不会相信，而且我看谁也想不到，当时坐在敌人侦察机里的就是欧蒂米奥这个叛徒和奸细，就是他给卡西利亚斯指点我们营地的方位。他说去看望生病的母亲只不过是他背弃我们投入刽子手卡西利亚斯怀抱的一个借口而已。

在随后相当长的一段时间里，欧蒂米奥在我们解放战争的进程中扮演了一个重要的反面角色。

埃斯皮诺萨高地遇袭

在遭到前面所说的出其不意的空袭后，我们放弃了加拉加斯山头，打算重返我们熟悉的地区，因为在那里我们能和曼萨尼略建立直接的联系，从外界接受更多的援助，并能更好地了解国内其他地区的形势。

我们掉转头，渡过阿希河，穿过大家熟悉的地区，最后来到门多萨老汉家。一路上我们必须沿着多年人烟罕至的山脊用砍刀开辟出一条条小路，所以行军速度很慢。那些日子都是在山里过的夜，几乎没什么吃的。我至今还记得，那天就像是我一生中的盛宴一样，乡巴佬克雷斯波带来了一个四根猪肉红肠的罐头——这是他以前省下的——说他要用这个罐头款待朋友。虽然红肠数量少得可怜，可是乡巴佬、菲德尔、我还有另一个人还是吃得津津有味，好像在享受一顿奢侈的大餐。队伍一路继续往前走，最后来到了加拉加斯山头右侧的那间茅房前。门多萨老汉为我们准备了吃的，尽管他心里很害怕，但是他身上的那种农民的忠心耿耿的品质本身就表明每次我们路过时他都会来欢迎。我们部队中的克雷森西奥·佩雷斯以及其他一些农民是门多萨老汉的朋友，门多萨老汉对我们的态度也是看在他们的情面上。

对我来说，这是一次极为痛苦的行军，因为，我的疟疾病发作了，是克雷斯波和让人难忘的胡利奥·塞农·阿科斯塔同志帮助我完成了这次痛苦难熬的行军。

在那个地区我们从不睡在农民的茅屋里，但是，我当时身体极度虚弱，加上那位出了名的“加利西亚人”莫兰总是一有机会就病它一场，所以，我们就不得不同睡在一个茅屋里，其他人就在附近担任警戒，只是在吃饭时才进屋。

我们被迫缩减部队的编制，因为有些士兵士气非常低落，还有一两个伤势严重。重伤员中有现在担任内务部长的拉米罗·巴尔德斯和克雷森西奥的儿子伊格纳西奥·佩雷斯，伊格纳西奥后来英勇牺牲了，牺牲时是上尉军衔。拉米罗的膝部受了重伤，同样的部位在一九五三年攻打蒙卡达兵营时就曾受过伤，所以我们只能把他留下了。另外还有几个人也离开了队伍，这对我们是有利的。我记得其中有个人神经受了刺激，动辄便在荒漠的群山里或在游击战士中间大呼小喊起来，说原来曾答应他住在食品丰富防空设施齐全的兵营里，现在却天天遭敌机跟踪，没有住的，没有吃的，甚至连饮用水都没有。他的抱怨大体上就是游击队新兵对战争生活的印象。那些没有离队的、经过前期考验的战士对这种肮脏的环境和缺食少水、没有兵营、没有生命保障的生活已经适应，对这种仅仅靠步枪、靠小股游击队内部凝聚力和抵抗精神支撑的生活早已习以为常了。

西罗·弗里亚斯带着一些新兵来了，还带来了我们今天听起来很好笑、但是当时让我们感到很迷茫的消息。消息说迪亚斯·塔马约[1]马上就要倒戈，要和我们革命部队“打交道”了；还说，福斯蒂诺已经筹集了成千上万比索。总之，颠覆骚乱正在全国上下蔓延开来，政府一片恐慌，手忙脚乱。此外，我们还听到一个略带凄惨却很有教育意义的消息。几天前的逃兵塞尔希奥·阿库尼亚跑到了他亲戚家，当着他表兄弟的面吹嘘说自己在游击队立下大功，不料被一个叫佩德罗·埃雷拉的人无意中听到了，便到乡村警卫队告发了他。臭名昭著的罗塞略下士听说后便抓走了他，对他进行严刑拷打后又朝他连开了四枪，看样子最后把他绞死了。（杀人凶手的身份实际上一直没有得到证实。）这件事教育了我们的战士，一定要维护游击队的团结，任何企图逃离集体的人都是没有好下场的。同时，这件事也提醒我们必须转移营地，因为，这个年轻的逃兵很可能在被杀前什么都供出来了，他知道我们当时就住在弗洛伦蒂诺家中。

---

[1] Díaz Tamayo，巴蒂斯塔政府军陆军少将。

当时还出现了一件怪事，只是后来我们核对证据时，真相才大白于天下。欧蒂米奥·格拉告诉我们，他前一天在梦里曾梦到塞尔希奥·阿库尼亚的死，杀死他的人竟然也是罗塞略下士。这就引发了一场持久的哲学讨论：究竟梦境能不能预测未来？对战士进行文化和政治教育是我日常工作的一部分。所以，我就苦口婆心地向大家解释，梦里的事是不可能用来预测未来的。那么格拉做的梦作何解释呢？只能说是一种纯粹的巧合：不管怎么说，我们大家都认为塞尔希奥·阿库尼亚本来就该遭遇这样的下场，而他又恰好撞上了当地那个烧杀抢掠无恶不作的罗塞略。还是乌尼韦索·桑切斯指出了问题的关键，他暗示说，欧蒂米奥是个“爱说谎的人”。前一天，当他离开营地去搞五十罐酸奶和一盏军事用灯时，有人显然已经告诉他塞尔希奥·阿库尼亚被杀的事了。

我在前面提到过的那个四十五岁的文盲农民胡利奥·塞农·阿科斯塔就是一个“预感论”的坚定信仰者。他是我在马埃斯特腊山区的第一个学生，学习文化非常努力，每遇战斗间隙，我都会教他几个字母，当时，我们正在学习元音。胡利奥·塞农学习决心大，从不埋怨自己过去底子差，总是乐观地朝前看，他给自己设定的目标就是做一个有文化的人。今天他的榜样对许多农民、对于战争年代他的许多战友、对于了解他身世的人来说是很有教益的。胡利奥·塞农·阿科斯塔是当时我们事业又一位坚定的同伴。他干工作孜孜不倦，熟悉当地情况，始终乐于帮助有困难的游击队员，帮助城里来的还无力摆脱困境的游击队员。用大车从远处拉回泉水的是他，下雨天找到干燥的引火柴迅速生起火的是他，凡事冲在前面甘冒风险也是他。他确实是我们的队伍中样样都会干的多面手。

在欧蒂米奥的变节行为暴露前不久的一个晚上，他抱怨说没有毛毯，问菲德尔能否借他一条。山里的二月正是最冷的季节。菲德尔说，自己的毛毯借给他，两个人过夜都得挨冻，不如两人盖同一条毛毯，再盖上他的两件上衣就暖和了。欧蒂米奥·格拉就这样挨着菲德尔睡了一夜，身上还带着卡西利亚斯赏给他的用来谋杀菲德尔的那把0.45英寸的手枪。他还带着两颗手榴弹，是掩护他从山顶撤退时用的。当时我和乌尼韦索·桑切斯一直紧随着菲德尔，欧蒂米奥就和我俩聊起菲德尔警卫的事，他说："我非常担心那些警卫员，警卫工作太重要了，千万马虎不得。"我们解释说，附近安排站岗的就有三个人。我们自己，加上"格拉玛号"上的老兵以及菲德尔的贴身保镖，整个晚上都轮流换岗，保卫菲德尔的安全。就这样，欧蒂米奥紧挨着我们革命领袖的身边过了一夜，始终把菲德尔的生命置于他的枪口上，伺机实施暗杀。但是，他还是没敢下手。整个晚上，古巴革命的命运在很大程度上取决于一个人内心的风云突变，取决于勇气和恐惧的交锋，很可能也取决于一个人的良知，或者一个叛变者对升官发财的欲望。幸亏欧蒂米奥对内心邪恶的抑制力占了上风，天亮了，总算没有出现什么意外。

我们离开了弗洛伦蒂诺的家，在一个干涸了的溪谷扎营住了下来。这里离西罗·弗里亚斯的家不太远，他回家搞了几只母鸡和一些吃的回来。虽然雨下了一夜没停，大家也没有避雨的地方，但总算在早晨时得到了补偿，吃上了饭，喝上了热腾腾的鸡汤。有人说，欧蒂米奥也来过这里，他在这里来去都很自由，因为大家都信任他。先前他发现我们住在弗洛伦蒂诺家时就解释说，他离开部队去看望生病的母亲后，就看到了加拉加斯发生的情况，他尾随着我们是想看看还会发生什么其他情况。他还解释说他母亲现在病好了，当时他看望母亲是冒着巨大的风险的。我们驻扎在埃斯皮诺萨高地，离埃尔洛蒙山、布罗山和加拉加斯山都很近，敌机经常到这里来扫射。欧蒂米奥摆出一副预言者的面孔说："我可以肯定，今天他们一定会来布罗山扫射的。"果不其然，敌机来了，对布罗山进行了一番低空扫射。欧蒂米奥高兴得跳了起来，为他灵验的预见自鸣得意。

一九五七年二月九日，西罗·弗里亚斯和路易斯·克雷斯波像往常一样外出搜罗粮食，一切都很平静。早上十点，一个叫埃米利奥·拉夫拉达的农民新兵在附近抓到了一个俘虏。此人原来是克雷森西奥的一个亲戚，在莱昂·塞莱斯蒂诺的店铺里当伙计，卡西利亚斯的士兵就驻扎在这个店铺里。他告诉我们他们那里住了一百四十个士兵。其实，从我们的阵地上能看到他们就在远处的一座荒山上。而且，这个俘虏还说欧蒂米奥和他聊天时就告诉他第二天这一地区会遭到轰炸。卡西利亚斯的部队现在已经走了，但是这个俘虏不能准确说出他们的去向。这时，菲德尔起了疑心。最后，欧蒂米奥反常的行为引起了我们的注意，种种猜测都冒出来了。

下午一点半，菲德尔决定先撤离这个地区。我们爬上山头，等侦察员回来。过了一会儿西罗·弗里亚斯和路易斯·克雷斯波回来了。他们没有发现什么异常情况，一切跟往常一样。我们正在交谈着呢，西罗·雷东多觉得他看到一个黑影在移动，便立即招呼大家安静下来，他随即扣上了扳机。只听见一声枪响，接着又是一声。刹那间枪炮声四起，天空中弹片横飞，敌人又发起攻击了，火力集中在我们原先驻扎的营地上。我们赶紧又从新营地疏散转移。后来我才知道，胡利奥·塞农·阿科斯塔将永远安息在那个山头上了。这位没有受过正规教育、一个大字不识的农民知道革命胜利后还会面临艰巨的任务，为此他正在学习字母武装自己，可是，他再也无法完成这一任务了。我们其余的人都慌忙地撤退了，我的背包原本是我最得意的、能给我带来欢乐的东西，因为里面装满了药品、储备口粮、书籍和毛毯，现在也只好扔下了。可是，我还是抓起从巴蒂斯塔政府军缴获来的一条毛毯以及拉普拉塔河战斗的战利品钢盔，拔腿就跑。

不久，我又和一群战友会合了，他们是：阿尔梅达、胡利奥·迪亚斯、乌尼韦索·桑切斯、卡米洛·西恩富戈斯、吉列尔莫·加西亚、西罗·弗里亚斯、莫托拉、佩桑特、埃米利奥·拉夫拉达和雅约·拉耶斯。(还有一个人，不过现在我已经记不起是谁了。)为了尽力避开枪弹，我们沿着一条蜿蜒曲折的小路撤退，也不知道其他同志的命运怎么样了。零星的爆炸声一直尾随着我们，要跟踪我们是很容易的，因为我们撤退仓促，根本来不及掩盖留下的踪迹。当我的表指向傍晚五点十五分时，我们终于走到了林子的尽头，抬头一望，四周山石嶙峋。犹豫了半天，我们决定还是在这儿停下等到天黑再说，因为如果大白天穿过前面的开阔地的话，就会被敌人察觉。一旦敌人现在沿着我们的脚印追上来，我们的位置自卫起来也有优势。不过，敌人并没有追上来，我们在向导西罗·弗里亚斯的带领下趁天黑继续赶路。不过他带路也没有什么把握，因为他对这一地区也只是大致了解。有人建议分成两个小分队，一来行军方便利索，二来留下痕迹也少。但是，为了保持队伍的完整性我和阿尔梅达反对这么做。我们认出了我们现在是在一个叫做利莫内斯的地方，这地方我们熟悉。由于有些人想继续往前走，队长阿尔梅达上尉犹豫了片刻，便命令我们向埃尔洛蒙山方向前进，因为那是菲德尔指定我们会合的地方。有人反对说埃尔洛蒙山是欧蒂米奥熟悉的地区，因此政府军会在那等着我们。这时我们对欧蒂米奥叛徒的身份已经没有一点怀疑了，但是，阿尔梅达还是决定服从菲德尔的命令。

在我们被打散三天以后，二月十二日我们在埃尔洛蒙山附近一个叫德雷查-德拉卡里达德的地方与菲德尔会合了。在那里欧蒂米奥的叛徒身份得到了确认，整个情况的来龙去脉也搞清楚了。事情要从攻打拉普拉塔兵营之后说起，在那次战斗中，他被卡西利亚斯抓获，敌人不但没有杀他，反而用一笔钱收买了他，让他谋杀菲德尔。我们这才知道，就是他把我们在加拉加斯的阵地的情报送给了敌人，他还下令空袭布罗山，因为那是我们行军中的一个必经之地(只不过我们在最后一刻改变了计划)。他还组织了对我们在小峡谷藏身的小山洞的袭击，但由于菲德尔命令我们及时撤退，才保全了队伍，只伤了一个人。此外，胡利奥·阿科斯塔牺牲一事也在这里得到了确认。敌人至少一人被击毙，数人受伤。我必须承认，没有一个敌人死伤在我的枪口下，因为我只不过组织了一次快速“战略撤退”。我们十二个人(除了走散的拉夫拉达以外)和队伍中的其他人——劳尔、阿梅赫拉斯、西罗·雷东多、曼努埃尔·法哈多、胡安·弗朗西斯克·埃切维利亚、“加利西亚人”莫兰和菲德尔——再次会师了，总共十八人。这就是一九五七年二月十二日的“重新会师的革命军”。我们有些同志被打散了，有的新兵擅自逃离，还有一个名叫阿曼多·罗德里格斯的“格拉玛号”上的老战士也做了逃兵，他还带走了一支汤姆逊式冲锋枪。在他开小差前的最后几天里，只要一听到远处枪声向我们逼近，他就一脸的恐惧和痛苦。后来，我们就说他那张脸是“逃犯的脸”。所以，后来只要有人因恐惧而脸上显出我们这位“同志”在埃斯皮诺萨高地遭袭击前那些日子里同样的惊弓之鸟的神情时，我们立刻就能预感到情况不妙，因为“逃犯的脸”和游击队的生活是完全不协调的。用游击队的新口头禅来说就是，有这么一张脸的人肯定是“无心恋战”了。罗德里格斯的那支冲锋枪后来在不远的一间茅屋里被我们发现并追回了，他的两条腿倒是有福气跑得快，没有被我们追上。

叛徒的下场

这支小小的部队重新集结以后，我们就决定离开埃尔洛蒙山一带，转移到新的地区。一路上，我们继续和当地的农民保持频繁联络，为我们的生存打下必要的基础。与此同时，我们准备离开马埃斯特腊山区，向平原方向前进，与组织城市工作的同志会见。

我们经过了一个叫拉蒙特里亚的村子，随后就在一条河边的一小片树林里扎下营来。那地方属于埃皮法尼奥·迪亚斯的庄园，他的几个儿子加入了我们革命队伍。

我们决心在“七·二六运动”内部建立更紧密的联系，因为我们游击生活的这种流动性和秘密性使“七·二六运动”的两派之间无法交往。实际上，这是两个独立的游击团体，有着各自不同的战略战术。当时并没有出现像随后的几个月中那么严重的危及“七·二六运动”团结的裂痕，但是，我们已经发现彼此之间有分歧了。

我们在这个庄园里会见了城市运动中最重要的人物，其中有三人是今天全古巴都熟悉的妇女：比尔马·埃斯平，现任古巴妇女联合会主席，她是劳尔的妻子；艾德·圣玛丽亚，现任“美洲之家”主席，她是阿曼多·阿特的妻子；以及塞莉娅·桑切斯，这位敬爱的女同志在斗争中始终关心我们，后来为了支持我们，加入了我们马埃斯特腊山区的游击队直至战争结束。另一个来访我们营地的是福斯蒂诺·佩雷斯，他是“格拉玛号”上的我们的老相识了。前阶段他到城市去执行任务，这次是回来向我们汇报工作，然后，还要返回城市执行任务。（不久，他就被捕了。）

我们还在这里会见了阿曼多·阿特，我还有幸第一次也是唯一一次见到了来自圣地亚哥的伟大领袖弗兰克·派斯。

弗兰克·派斯是一见面就令人肃然起敬的那种人。当时他看上去多少就像我们今天在照片上看到的那个模样，不过一双眼睛更显得异常深沉。

我和弗兰克·派斯只见过一面，后来他就牺牲了。今天让我来谈谈这样一位把自己的一生献给人民的同志真有些为难。我只能说，他深沉的目光显示出他全心全意忠贞不渝地投身自己选择的事业，是个出类拔萃的人才。今天，人民称他是“永远活在我们心里的弗兰克·派斯”。我虽然只见过他一面，但我看这种赞誉是名副其实的。许多同志如果不是早年遇难的话，今天就会在社会主义革命的共同事业中冲锋陷阵，弗兰克就是其中的一个。他的牺牲是人民在争取解放的斗争中付出的沉重代价的一部分。

弗兰克的牺牲为我们在执行命令和加强纪律方面上了无言的一堂课，它警示我们擦去枪支上的尘土，清点好弹药，精心装箱，防止丢失。从那天起，我就下决心更加小心地保管好我的枪支(虽然自己确实这样做了，不过我还不敢说自己是个一丝不苟的模范)。

在这片小树丛里我们也见证了其他一些重大事件。我们第一次在这里接受了一位新闻记者的采访，而且还是位外国记者，他就是大名鼎鼎的赫伯特·马修斯[1]。采访时他随身只带了一个简陋的方镜箱照相机。他就是用这架相机拍摄了许多照片，在全球媒体间广为传播。巴蒂斯塔政府的一名部长还多次愚蠢地发表声明，对这些照片大加质疑。采访时的译员是哈维尔·帕索斯[2]，他后来加入了游击队，并在游击队里待了好长一段时间。

采访时我并不在场，据菲德尔说，马修斯单刀直入地问了许多问题，但是没有一个刁钻的问题，他似乎很同情我们的革命。在被问到是否反对帝国主义时，菲德尔给予了肯定的回答，他还说他反对美国向巴蒂斯塔政权运送武

---

[1] Herbert Matthews(1900—1977)，美国《纽约时报》著名记者，曾报道过西班牙内战，深切同情古巴革命，对美国敌视古巴的政策持批评态度。古巴革命胜利后，他于一九五九年重访古巴。一九七七年七月三十一日在澳大利亚逝世。

[2] Javier Pazos，古巴前银行行长费利佩·帕索斯的儿子。

器，他坚持认为这些武器并不会用于北美大陆的防御，只会用来压迫人民。

当然，马修斯的采访时间很短。他刚走，我们就准备转移。不过，有人提醒我们要加强警卫，因为欧蒂米奥就在这一地区活动。阿尔梅达随即接到命令，立即查明欧蒂米奥的下落，将他抓捕归案。胡利奥·迪亚斯、西罗·弗里亚斯、卡米洛·西恩富戈斯和埃菲赫尼奥·阿梅赫拉斯都加入了巡逻搜索队。西罗·弗里亚斯没费多大周折就抓到了欧蒂米奥，把他押送到我们这里。我们在他身上搜出了一把 0.45 英寸的小手枪、三颗手榴弹和一张卡西利亚斯签发的安全通行证。一被抓，又铁证如山，欧蒂米奥也知道自己的末日到了，扑通一声便跪倒在菲德尔面前，说他知道自己该死，只求我们把他杀了算了。他似乎一下子衰老了许多，鬓角不知不觉地长出了不少白发。

当时气氛格外紧张。菲德尔严厉斥责了他的变节行为，欧蒂米奥知道自己十恶不赦，只求一枪把他了结。我们谁也忘不了欧蒂米奥的最好的朋友西罗·弗里亚斯对他的控诉。他让欧蒂米奥好好想想自己为他所做的一切，好好想想他和他的兄弟是怎么照顾他一家的。西罗·弗里亚斯历数了欧蒂米奥的叛变行径，他先是害死了西罗的兄弟——西罗的兄弟就是被他送交到政府军手里，几天前刚被杀害——后来又想方设法摧毁整个游击队组织。这是一次长时间的慷慨激昂的愤怒声讨。欧蒂米奥低垂着头，一声不响地听着。当问他还有什么要求时，他说希望革命，更恰当地说，希望我们这些人今后照顾好他的孩子。

革命信守了自己的诺言。尽管欧蒂米奥·格拉的名字今天在本书中又出现了，但是它早已在人们的心中消失了，即便他自己的孩子也不会再想起它。他的孩子并没有受到歧视，改名换姓后和全国其他孩子一视同仁都上了学，现在正为创建更美好的生活而勤奋地学习。然而，总有一天，必须让他们了解他们的父亲因为背叛革命而受到了革命的制裁。他们的父亲是个农民，因疯狂追求荣耀和财富而不惜贪赃堕落，犯下了不可饶恕的罪行。不过，他在最后时刻认识了错误，甚至没有一点乞求宽恕的意思，因为他知道自己不配被人民宽恕。让他的子女了解这一点也是公正的。也应该让他们了解，在欧蒂米奥生命终止前的最后时刻，他没有忘记自己的孩子，请求革命的领导人善待其子女。

此时，一场暴风雨骤然来临，天空顿时阴暗下来。在狂风暴雨中，银色的闪电把漆黑的天幕撕开一道道裂缝，隆隆的雷声滚滚而来，天摇地动。天空刚闪过一道电光，顷刻间一阵闷雷就劈头盖脑地炸响。欧蒂米奥·格拉的罪恶生命就这样结束了，连站在他边上的人也没能听到终结他生命的那一声枪响。

我还记得第二天在埋葬他时的一段小插曲。曼努埃尔·法哈多想在欧蒂米奥的坟上竖一个十字架，但是，我没让他这么做，因为这样会暴露我们处决他的痕迹，会给我们宿营地的主人构成很大危险。所以，曼努埃尔·法哈多就在附近的一个树干上刻了一个小小的十字，这就是这个叛徒葬身之地的记号。

“加利西亚人”莫兰就是在那段时间里离开我们的。那时他已经知道大家很瞧不起他，我们都认为他将来很可能成为逃兵(有一次，接连两三天不见他的踪影。后来他辩解说他一直在跟踪欧蒂米奥，结果在树林里迷失了)。正当我们准备开拔时，只听一声枪响，结果发现莫兰的一条腿上中了弹。当时在莫兰附近的人后来都对这件事议论纷纷，各执一词。有的说莫兰中弹是枪支偶然走火所致；也有人说，是莫兰自己朝自己开了一枪，为的是以后不必再跟随我们队伍了。

莫兰随后的历史——他叛变了革命，最后被关塔那摩的革命者处决——表明他很可能当时在树林里是故意朝自己腿上开枪的。

我们离开时，弗兰克·派斯答应在下个月初，即三月初派遣一批游击队员过来充实我们的队伍，他们将在埃尔希瓦罗附近的埃皮法尼奥·迪亚斯的家中和我们会合。

痛苦的日子

离开埃皮法尼奥·迪亚斯的家以后的那些日子，对我个人来说，是整个战争期间最折磨人的日子。这里所记述的是想让大家了解一下，在所有参战者的眼里，革命斗争的第一阶段是怎样一幅画面。如果说我不得不在这篇短文里更多地提到我自己的情况的话，那是因为这与随后发生的事情有关。如果把这两部分割裂开来，我们的叙述就缺乏连贯性。

离开埃皮法尼奥的家时，我们的革命队伍是由原起义军中的十七人，加上新来的希尔、索托隆戈和劳尔·迪亚斯三个同志组成。这三个是“格拉玛号”上的同志，他们在曼萨尼略躲了一段时间后，听说我们来了，就决定加入我们的队伍。他们和我们有着同样的经历：在一个个农民家里东躲西藏后，才逃过了乡村警卫队的目光，最后到了曼萨尼略就隐蔽下来了。现在他们的命运又和整个部队的命运连在一起了。如前所述，在那段日子里，要想补充兵员，扩充我们的队伍是非常困难的。新人来了，又有其他人走了。斗争的物质条件异常艰苦，但更糟糕的是精神状况，整天的感觉就像无时无刻不受到敌人围攻一样。

我们行军速度很慢，像无头苍蝇一样没个固定的方向。休息时只能躲藏在只剩枯枝败叶的灌木丛中，因为这一带树丛的叶子早已被家禽啃得光秃秃的了。一天晚上，我们从菲德尔的小收音机里收听到一则消息：前阶段和克雷森西奥·佩雷斯一起离开的一位“格拉玛号”上的同志被敌人抓住了。其实我们从欧蒂米奥的供词中早已知道这一消息，但没有得到官方的证实。现在，我们至少知道他还活着。被巴蒂斯塔政府军审讯过的人并不总是能活着出来的。

我们不时听到机枪声从四面八方响起，这是乡村警卫队在朝树林里射击呢，他们经常这么干。不过，尽管他们舍得耗费这么大量的弹药，其实却没有一次敢闯入我们林子里来。

我在一九五七年二月二十二日的战地日记中写道：由于我手边没有治病的药，所以我的哮喘病很可能会严重发作，因为现在已经出现了初步症状。新约定的会合日期是三月五日，所以我们不得不等几天。我们行军速度很慢，只是在附近转来转去，就等三月五日那天弗兰克·派斯派遣一批武装游击队员过来。我们已经决定扩充人员以前必须先加强自己这一小股阵线的力量。因此要求在圣地亚哥搞到的所有武器都运送到马埃斯特腊山区来。

一天黎明时分，我们发现部队已经转到了一个寸草不生的小河边。我们在拉斯梅塞德斯(现在可能叫马哈瓜吧，我有点记不清地名了)附近的一个小河谷里提心吊胆地过了一天，晚上，就来到埃米利亚诺老汉家。当时，许多农民一见到我们就惊魂不安，但是还是勇敢地为我们的事业出生入死，为我们革命的发展做出了他们的贡献。埃米利亚诺老汉就是其中之一。当时马埃斯特腊山区正值雨季，每天晚上我们都被雨浇得落汤鸡似的，我们不得已都会冒着风险到农民家里躲一躲。说有风险是因为这一地区到处都驻扎着政府军的士兵。

我的哮喘越来越厉害，连走路都困难。我们不得不在一间农民茅屋边的小咖啡林中睡了一夜，并在那里重新整合了我们的部队。有一天，记不得是二月二十七日还是二十八日了，国内取消了新闻检查制度，广播电台把过去几个月里发生的事一股脑儿全都给播送出来了。有恐怖分子活动的消息，还有马修斯采访菲德尔的消息。就在那时，巴蒂斯塔政府的国防部长发表了他那篇人人皆知的声明，声明否认马修斯采访菲德尔的事实，认为口说无凭，要求马修斯公布他的照片。

埃米利亚诺老汉的儿子埃梅斯是一个经常给我们送饭引路的农民。但是，二月二十八日早晨他却没有像往常那样来到我们营地，因此，菲德尔命令我们赶紧疏散转移，他把我们都部署在高处能监视来往公路的地方，因为我们不知道会发生什么情况。下午四点左右，路易斯·克雷斯波和乌尼韦索·桑切斯正在哨所瞭望，桑切斯忽然看到大批政府军士兵正沿着拉斯韦加斯方向来的公路推进，准备抢占山头。我们必须在敌军阻断我们之前快速跑步登上山顶，绕到山的另一面。幸好敌人被我们发现得早，所以我们快速登上山顶并不难。这时，迫击炮和机关枪已经在我们后面响成一片，说明巴蒂斯塔政府军知道我们在这里。大家没费多大劲都登上了山顶，翻过了山头，可是对我说来就是使出九牛二虎之力也不见得能翻得过去呀！我好不容易总算爬到了山顶，但是由于哮喘发作，每挪一步都喘不过气来。我记得，当我实在走不动，请求大家别管我把我撇下时，克雷斯波花了多大的劲儿来帮助我呀！这位乡巴佬用我们部队里常用的那种特殊的语言对我说："你这个阿根廷的孙子！给我往前走，否则我就用枪托揍死你！"他除了扛着他自己的一切装备外，还背着我，背着我的背包，顶着倾盆大雨，总算成功地翻越了山头。

就这样我们来到了一个农民的茅屋前，这才知道这个地方叫普尔加托里奥。菲德尔乔装打扮成一个巴蒂斯塔政府军的冈萨雷斯少校，装着是来搜查叛乱者的。主人虽然态度冷淡却又彬彬有礼地给我们腾出了他的房子，并烧饭菜招待我们。但是，屋里还坐着主人的一位朋友，他就住在隔壁。这个人一脸奴颜婢膝的样子。我由于病得很厉害，无法充分欣赏扮成冈萨雷斯少校的菲德尔和那个农民之间的妙趣横生的谈话。那个农民不仅给菲德尔出主意，还满腹狐疑地问：为什么菲德尔·卡斯特罗这小子会跑到山里打游击？

我们必须作出决定了，因为我已无法继续往前走了。等那个低三下四的邻居离开了，菲德尔向房主亮出了自己真实的身份。他立刻和菲德尔拥抱在一起，说自己是正统党的支持者，是爱德华多·奇瓦斯的忠实追随者，愿意听从我们的指挥。就这样，我们不得不派他到曼萨尼略去建立联系，或者至少能搞些药品回来。我得留下来住在他家附近，但是既不能让他的妻子知道更不能让她起疑心。

新近刚加入我们队伍的有一个身强力壮却不太靠得住的人，他被指定留在我身边。菲德尔慷慨地把部队中一支最珍贵的约翰逊式连发步枪分给了我，让我在自卫中使用。我们都假装朝一个方向离开，可是没走几步，我和我的同伴(我们都叫他“大师”)就都消失在树林里，找到了隐藏的地方。那天有消息说，马修斯接受了电话采访，宣布将把他拍的那些采访菲德尔的著名照片公之于众。迪亚斯·塔马约曾反驳说绝不可能有人采访菲德尔，因为谁也不可能穿过政府军队游击队的封锁线。还有消息说，阿曼多·阿特被捕入狱，罪名是他是“七·二六运动”的第二号人物。这天是二月二十八日。

那位农民完成了交给他的任务，还给我带来了大量肾上腺素。接下来就是马埃斯特腊山区斗争最痛苦的十天。没日没夜地行军，我只能每挪到一棵树前便靠着树干大口大口喘气，要不就用枪托支撑着身子歇一会儿，陪伴我的还是个动辄就担惊受怕的同志，一听到枪响，他就浑身发抖；只要我哮喘病犯了，在危险的地方一咳嗽，他就紧张得要死。这次我们足足走了十天才再次来到埃皮法尼奥的家，而一般情况下只要一天多一点的时间就够了。会合的日子是三月五日，但是，我们已不可能准时抵达了。因为有政府军的封锁，再加上我们行军速度慢，所以直到三月十一日我们才抵达迎接我们的埃皮法尼奥·迪亚斯的家。

住在埃皮法尼奥·迪亚斯家的人把过去发生的情况一一告诉了我们。菲德尔带领的那支十八人的队伍错误地以为政府军会在一个叫梅里诺高地的地方袭击他们，于是把队伍拆散了。十二个人跟着菲德尔，六个人跟着西罗·弗里亚斯。后来，西罗·弗里亚斯那一拨人落入了敌人的埋伏圈，好在他们都顺利地突了围，没有人受伤，在附近一带又重新聚集。只有一个叫雅约的回来时把枪丢了，他是在去曼萨尼略的途中路过埃皮法尼奥·迪亚斯家的。我们从他那儿了解了全部情况。虽然弗兰克自己被监禁在圣地亚哥的监狱里，但是他派遣的游击队员都已整装待命。我们和这支队伍的领导豪尔赫·索图斯上尉见了面。他也未能在三月五日及时赶到，这是因为弗兰克派遣游击队员增援我们的消息已经传开，敌人在各条公路严密布防。我们为这些马上就要到来的约五十位新游击队员做好了一切必要的安排。

增援部队

一九五七年三月十三日，我们正在等候即将到来的增援部队时，从收音机中听到有人试图刺杀巴蒂斯塔的消息，还播报了在刺杀行动中遇害的一些爱国者的名单。打头的是学生领袖何塞·安东尼奥·埃切维里亚，后面还有梅内劳·莫拉等其他人。没有参与这次行动的也有遇害的。第二天，我们又听说，正统党内的一名激进的战士佩拉约·奎尔沃·纳瓦罗，由于一贯坚定地反对巴蒂斯塔，也惨遭暗杀，尸体被抛在一个叫“小湖”的乡村俱乐部的贵族住宅区内。值得一提的是，杀害佩拉约·奎尔沃·纳瓦罗的凶手和被害者的几个儿子后来却一起参加了一九六一年未遂的猪湾入侵事件，妄图把古巴从“共产主义耻辱”中解放出来，这真是件耐人寻味的咄咄怪事。

尽管实行严格的新闻检查，这次虽未成功但是古巴人民至今记忆犹新的刺杀巴蒂斯塔事件的一些细节还是传了出来。我本人并不认识那位学生领袖，但是当“七·二六运动”和革命指导委员会同意联手行动时，我就在墨西哥同他的朋友认识了。他们是：现任驻苏联大使的福雷·乔蒙少校，弗鲁克托索·罗德里格斯和乔·韦斯特布鲁克，他们都参与了刺杀巴蒂斯塔的行动。大家知道，这些人差一点儿就冲到了三楼独裁者的办公室前，谁知原本可望是一次夺取政权的成功行动，结果却变成对所有没能从总统府这个陷阱里逃脱的革命者的一场血腥屠杀。

增援我们的游击队员预计三月十五日抵达。我们商定的接头点是峡谷中的一条河流的拐弯处，我们在那里足足等了好几个小时。隐蔽起来等在那里倒是很简单的事，但是干着急就是不见一个人来。后来他们解释说是出现了一些麻烦。他们是三月十六日黎明时分赶到的，当时，一个个累得腿都迈不动了，好不容易才挪了几步进了一个小林子里，一直休息到天亮。来的时候他们乘坐的是当地一个稻农的卡车。那个农民担心因此受牵连，就逃亡到哥斯达黎加。后来，由于他从哥斯达黎加向古巴空运武器，回国时又变成了一位英雄，他的名字叫乌贝尔·马托斯。

增援部队大约五十人，只有三十人有武器，他们带来了两挺机枪，一挺麦德森式机枪和一挺约翰逊式机枪。在马埃斯特腊山区生活了几个月后，我们都成了经验丰富的老兵，在这些新战士身上，我们看到了过去“格拉玛号”战士身上表现出的所有的毛病：纪律涣散，吃不了大苦，优柔寡断，不适应山区的生活。这支五十人的队伍由豪尔赫·索图斯上尉率领，下分为五个班，每班十人，各由一名中尉带领。他们的军衔由平原地区的“七·二六运动”授予，仍有待批准。这五个班的班长分别是：多明格斯同志，我想，他就是不久以后在皮诺德尔阿瓜牺牲的那位同志；雷涅·拉莫斯·拉图尔同志，他是一位城市民兵运动的组织者，在抵抗独裁政府发动的最后一次进犯的战斗胜利前的最后几天英勇献出了生命；佩德林·索托同志，他是“格拉玛号”上的一名老战士，几经周折后才与我们会合，是“弗兰克·派斯”第二东方阵线的战士，在一次战斗中牺牲，牺牲后被劳尔·卡斯特罗追授少校军衔；还有培尼亚同志，他是圣地亚哥的一名学生，后晋升为少校军衔，古巴革命胜利后自杀；以及埃尔莫中尉，他是两年的战争中唯一活下来的班长。

这支新部队问题很多，最糟糕的就是行军能力太差，其中数他们的领导人豪尔赫·索图斯最差，行军时每每落在队伍后面，给部队树立了一个极坏的榜样。我曾奉命去负责指挥这支部队，可是当我通知他时，他却与我争辩起来，说他奉命要把这支部队移交给菲德尔，还说，只要他还是这支部队的领导，就绝不会把领导权交给其他任何人，等等。当时，我仍然担忧自己是个外国人，所以尽管我看出部队战士情绪极不稳定，也不想采取极端的手段。我们组织了几次行军，但由于这些战士准备不足，虽然行军路程短，时间却耗费相当长。最后，我们到了一个叫德雷查的地方便停下等候菲德尔。在那儿我们遇到了早先和菲德尔失散的一批战士，他们是曼努埃尔·法哈多、吉列尔莫·加西亚、胡文蒂诺、佩桑特、索托马约尔三兄弟和西罗·弗里亚斯。

这两支部队的差别十分明显。我们这支部队纪律严明，组织严谨，能打仗；那支没有经验的新兵增援队伍刚来时的毛病还改不了。一天吃一顿饭他们受不了，分发的口粮不合口味就不吃。他们的背包里塞满了无用的东西，背着太累了，他们宁愿把，比方说，炼乳扔了，也舍不得扔一条毛巾（这是对游击战的叛逆罪）。我们乘机把他们沿路扔下的所有炼乳罐头都捡了起来。在德雷查驻扎下来后，由于豪尔赫·索图斯——此人独断专行，和战士的关系搞得很僵——和大部分人摩擦不断，部队内气氛一下子紧张得要炸了似的。我们不得不采取特殊的预防措施，让雷涅·拉莫斯（他在游击队里的化名是丹尼尔）指挥机枪班，负责我们隐蔽地入口处的警戒任务，以确保不发生意外。

过了一段时间以后，豪尔赫·索图斯被派往迈阿密去执行一项特殊任务。在迈阿密他背叛了革命，和费利佩·帕索斯[1]接上了头。帕索斯野心膨胀，权欲熏心，早把自己的责任抛到九霄云外，在一场主要由美国国务院一手策

[1] Felipe Pazos（1912—2001），古巴经济学家。一九三八年获哈瓦那大学博士学位，一九四六年在刚成立不久的国际货币基金会里担任委员，一九五〇年应当时古巴总统卡洛斯·普里奥·索卡拉斯的邀请出任古巴国家银行行长。

划的傀儡闹剧中自封为临时大总统。

后来，索图斯上尉渐渐有了一些赎罪愧悔的表示，劳尔·卡斯特罗给了他悔过自新的机会。我们的革命从不拒绝给任何人提供这样的机会。然而，他又开始密谋颠覆革命政府的活动，最后被判处二十年监禁。狱中，他串通一个卫兵，两人合伙越狱逃往右翼古巴流亡分子们向往的天堂——美国去了。

不管怎么说，我们当时还是尽一切力量帮助他，消除他和增援部队战士之间的不和，向他说明执行纪律的必要性。在吉列尔莫·加西亚到加拉加斯地区寻找菲德尔期间，我也到不远处把拉米罗·巴尔德斯接回来了，他的腿伤差不多痊愈了。三月二十四日夜里，菲德尔回来了，随他一起回来的还有当时仍坚定跟随他的十二名同志，那种场面令人终生难忘。一边是满脸胡子拉碴的战士，身上的背包都是用手边各种废布料制成，胡乱地绑在一起；一边是这些增援新兵，脸上胡子刮得干干净净，一身军装干干净净，身上的背包也是干干净净的。他们之间的差别太惹人眼目了。我向菲德尔解释了前期出现的问题，随后建立了一个小组委员会来决定未来的行动计划。这个委员会由菲德尔、劳尔、阿尔梅达、豪尔赫·索图斯、西罗·弗里亚斯、吉列尔莫·加西亚、卡米洛·西恩富戈斯、曼努埃尔·法哈多和我本人组成。菲德尔对我提出了批评，认为我没能行使授予我的权力，却把它拱手让给了新来的索图斯。大家对索图斯并没有什么个人的恩怨，但是，菲德尔认为，他当时那种态度是绝不应该容忍的。新的班排组建起来了，老兵新兵混编，组建三个排，分别由劳尔·卡斯特罗上尉、胡安·阿尔梅达上尉和豪尔赫·索图斯上尉指挥。卡米洛·西恩富戈斯指挥先头部队，埃菲赫尼奥·阿梅赫拉斯指挥后卫部队，我是总参谋部军医，乌尼韦索·桑切斯任总参谋部直属班班长。

由于增加了这些新战士我们的部队比过去更加精锐。我们又多了两挺机枪，不过由于年久失修，所以性能较差。不管怎么说，现在我们已经是一支不可小视的武装了。我们开会就下一步应该立即开展什么样的军事行动进行了研究。我认为，为了让新战士在战斗中得到磨炼，应该向最容易攻下的敌人哨所发起进攻。但是，菲德尔和小组委员会的其他成员都认为最好还是先花一段时间组织大家行军，让新兵适应山区丛林中的艰苦生活，适应在崎岖山区长期迂回的作战。所以，我们决定向东部转移，尽可能多走点路，在进行游击战的一些基本训练后，再找准机会向小股敌人发动袭击。

部队热情高涨地完成了行军训练后就开拔去执行战斗任务。迎接他们的是血与火的洗礼——乌韦罗之战。

锤炼新兵

一九五七年三月和四月是起义军整顿和习武的两个月。自从在德雷查接收增援部队以后，我们的起义军就扩大至八十人左右。部队组织如下：先头部队由卡米洛指挥，下有四名战士；接下来是劳尔·卡斯特罗指挥的排，下有三名中尉：胡利奥·迪亚斯、拉米罗·巴尔德斯和纳诺·迪亚斯，每人指挥一个班。（这俩名叫迪亚斯的同志后来都在乌韦罗战斗中牺牲了，他们并没有亲缘关系。其中一个是圣地亚哥人，圣地亚哥的迪亚斯兄弟炼油厂就是为了纪念纳诺和他在圣地亚哥阵亡的兄弟的。另一个是阿特米萨人，曾参与攻打蒙卡达兵营，也是“格拉玛号”上的老战士，在乌韦罗战斗中完成他最终的使命。）豪尔赫·索图斯上尉指挥的另一个排也有三名中尉，他们是西罗·弗里亚斯（后来在“弗兰克·派斯”第二东方阵线牺牲）、吉列尔莫·加西亚（现任西部军区司令）和雷涅·拉莫斯·

拉图尔(在马埃斯特腊山区时晋升为少校军衔，后在战斗中阵亡)。接下来是总参谋部，或称指挥所，由下列人员组成：卡斯特罗总司令、西罗·雷东多、曼努埃尔·法哈多(今天是革命武装部队的少校)、克雷斯波(少校)、乌尼韦索·桑切斯(少校)和担任军医的我。

按照纵队习惯的排列顺序，接下来就是阿尔梅达上尉指挥的那个排。他手下有埃尔莫中尉、吉列尔莫·多明格斯中尉(他在皮诺德尔阿瓜战斗中牺牲)和培尼亚中尉。整个纵队殿后的是埃菲赫尼奥·阿梅赫拉斯中尉和其他三名战士组成的后卫部队。

根据我们部队的规模，现在需要按班各自开伙解决吃饭问题，粮食、药品和弹药也都按班分配。几乎在所有的班里(自然也在所有的排里)都有老战士手把手教新战士野外炊事技能，教他们粗粮细做，烧出最好的味道，教他们打背包以及在马埃斯特腊山区行军的技能。

德雷查、洛蒙和乌韦罗之间的山路坐车只要几小时就能跑完，但是我们要在这三地之间进行长达数月的缓慢而小心的行军训练，主要是让战士们为随后的战斗和生活作好各方面的准备。就这样，我们再一次行军路过埃斯皮诺萨高地，在不久前牺牲的胡利奥·塞农的墓地前，老兵们组成仪仗队肃立志哀。我还发现自己的一条毛毯仍缠绕在刺藤上，不免使我又回想起了那次全速的“战略撤退”。我收起毛毯装进背包里，暗下决心再也不能像那样丢掉自己的装备了。

一个叫保利诺·丰塞卡的新兵被派给我当助手，帮我背药品。这就稍稍减轻了我的工作，所以每天长途行军以后，我就可以抽出几分钟时间照料部队的战士。我们再次翻越了加拉加斯山峰，当初由于格拉的叛变，我们曾在这里和敌人的飞机有过一场不愉快遭遇。这次我们发现了一支步枪，那是攻打拉普拉塔兵营后，根据轻装撤退的要求，被我们的士兵扔下的。可是现在我们不但没有多余的步枪，反而是枪支短缺了。我们正处在一个新阶段，战争已发生了质的变化，敌人现在害怕和我们遭遇，所以整个这一带地区他们都不敢随便闯入，不过说实话，我们也不想与他们发生冲突。

当时的政治环境孕育了形形色色的机会主义分子。帕尔多·利亚达[1]、康特·阿圭罗之流以及他们那些企图浑水摸鱼、趁势捞一把的同伙，专门制造蛊惑人心的叫嚣，在躲躲闪闪地批评政府的同时，又鼓吹走和平和调和的道路。政府也奢谈和平，新上台的总理里韦罗·阿圭罗表示，如有必要，他将亲赴马埃斯特腊山区来为国家谋求和平。然而，几天以后，巴蒂斯塔就宣称没有必要与菲德尔会谈，马埃斯特腊山区没有发现菲德尔·卡斯特罗，也没有发现任何其他人，因此，没有理由去和“一帮土匪”谈判。

就这样，巴蒂斯塔独裁集团是决心想把这场战争打下

[1] Pardo Llada，古巴当时一著名广播评论员。

去，在这一点上双方轻而易举就达成了一致，因为我们也愿意不惜一切代价继续打下去。当时，独裁政府任命佩德罗·巴雷拉上校为新的作战部长，此人因侵吞军费而闻名。后来，他在加拉加斯的古巴驻委内瑞拉使馆当武官时，眼睁睁看着巴蒂斯塔被赶下台，也无可奈何束手无策。

当时我们队伍中倒是有几位不可多得的人物，说起向美国人大规模宣传我们的革命运动，他们的作用不可小视。当然，其中有两个人也确实给我们带来了一些麻烦。三个小美国佬从他们在关塔那摩海军基地的父母那里逃了出来，加入了我们的队伍。其中两个人在马埃斯特腊山区还从未听到过枪炮声，恶劣的天气和贫困的生活就把他们拖垮了，最后只能让新闻记者鲍勃·泰伯[1]把他们俩带走了。第三个小伙子参加了乌韦罗战斗，但是打完仗后他也因病离开了，但总算还参加了一次战斗。这些美国青年对参加革命在政治上准备不足，只是想在我们部队里满足一下他们渴望冒险的心理。看着他们离开，我们还真有些依依不舍，但也觉得还是走了好，省得麻烦。尤其是我，因为他们受不了这里的苦，作为一名军医，我肩头的一项重任就是要经常去照顾他们。

在此期间，政府也请一些新闻记者登上他们的军用飞机在马埃斯特腊山区上空转来转去，以证明这里不存在游

[1] Bob Taber(1919—1995)，美国哥伦比亚广播公司记者。

击队的一兵一卒。这种奇怪的举动并没有让任何人相信他们的鬼话，但是表明巴蒂斯塔政府借用这种方法在欺骗公众舆论，他们的帮凶就是把自己乔装打扮成革命者却成天向人民撒谎的康特·阿圭罗之流。

在那些艰难的日子里，我终于得到了一张帆布吊床。吊床是很珍贵的东西。由于游击队有严格的规定，为了克服懒散享乐的情绪，帆布吊床只能发给那些自己用麻袋布缝制过吊床的人，所以，以前并没有发给我。其实任何人都可以用麻袋布缝制一个吊床，然后就有权申请帆布吊床。可是，我根本无法在麻袋布吊床上睡觉，因为我有过敏症，麻袋布对我刺激很大，只能睡在地上。既然没有缝制麻袋布吊床，我就无权申请帆布吊床。这些日常微不足道的小事都是每个游击队员独自面临的烦心事，但是，被菲德尔注意到了。他破例作出决定，发给我一张帆布吊床。我永远也忘不了那一天，我记得当时我们还没抵达帕尔马莫查，正驻扎在此前刚路过的小山脚下的拉普拉塔河畔。我得到帆布吊床前一天，我们刚宰杀了游击队的第一匹马以度饥荒。

马肉不仅仅是一种美味佳肴，也是对战士适应能力的一种严峻考验。当时，我们队伍中的农民个个都义愤填膺，就是不吃分给他们的那份马肉。有些人还指责曼努埃尔·法哈多跟刽子手没有什么区别，因为在和平时期，他就是个屠夫，现在又是他下手把游击队的第一匹马给宰杀了。

这游击队的第一匹马原本是住在拉普拉塔河对岸的一个名叫波帕的农民家的牲口。一九六一年古巴的全国扫盲运动之后，波帕一定也能读书识字了。他要是看了《橄榄绿》杂志，一定又会想起那天晚上，三个凶神恶煞似的起义军战士嘭嘭嘭地猛敲他家的门，错把他当成了告密的奸细，硬是把那匹背上还带着沉重马具留下的伤痕的老马拉走了。几小时后，这匹马就命中注定地成了我们可怜的口粮。马肉对有些人来说是一顿精美的大餐，但是对于一些农民战士的有偏见的肚子来说倒成了一种考验，因为，他们认为：大口咀嚼着人类老友的肉，不就是犯了同类相食的大忌了吗？

一次著名的采访

一九五七年四月中旬，我们带领在山区培训的部队又回到了靠近图尔基诺峰的帕尔马莫查地区。那一时期，大山里最勇敢的战士个个都是农民出身。

吉列尔莫·加西亚和西罗·弗里亚斯同农民巡逻队一起，在马埃斯特腊山区来回奔波，传递情报，侦察敌情，筹措给养。一句话，他们就是我们大部队的机动先头部队。我们又来到了因菲尔诺河地区，这里曾是我们的一个战场。前来欢迎我们的农民向我们描绘了那次战斗的惨痛详情，告诉我们究竟是谁把政府军引到了我们的营地，谁在那场战斗中被打死了。其实，这些善于侃大山的农民天南海北地把这一地区发生的一切都一一给我们娓娓道来。

那时候菲德尔还没有收音机，他向当地的一个农民借，那个农民一口答应了。这样，我们就能从一个放在战士的背包里的大收音机里直接听到来自哈瓦那的消息了。

由于重新建立了所谓的民事担保制度，哈瓦那的新闻再次具有一定的可信度和清晰度。

吉列尔莫·加西亚巧妙地扮成巴蒂斯塔政府军里的一个下士班长，带领另外两个伪装成政府军士兵的同志前去捉拿曾把敌军引入我们驻军营地来的奸细。第二天，“奉上校的命令”，他们把这家伙抓回来了。这家伙一路上还稀里糊涂的，但当他看到这支衣衫褴褛的军队时，一下子恍然大悟，知道大事不好。他一股脑儿地向我们坦白了他和政府军的种种关系，坦白了他是怎样向那个“狗杂种卡西利亚斯”大献殷勤，表示非常愿意为政府军引路，把我们一网打尽，因为他暗中一直在监视我们。不过，敌人并没有听他那一套。几天以后，在一座小山包上，这个奸细被我们枪毙了，尸体就埋在马埃斯特腊山区的一个山脊上。这时，我们接到塞莉娅的来信，说她要带领两个美国新闻记者，以探望三个小美国佬为幌子，前来采访菲德尔。同时还为我们送来从“七·二六运动”同情者那里筹集到的一笔款项。

于是，我们决定派拉洛·萨蒂尼亚斯带领这些美国人穿过埃斯特拉达帕尔马地区进入我们营地，因为他曾在那一地区经商，情况熟悉。当时我们正忙于和农民建立联系，这些农民可以当我们的联络员，帮助我们维护永久性军营，这些军营可充当不断扩大的这一地区的联络中心。我们确定了用作部队补给中心的房子，建立了仓库，日后一旦需要，便可从这里获得给养。这些地方还可以用作休息站点，那些沿着马埃斯特腊山山脊为我们传送消息的急速奔走的交通员可以在这里歇个脚。

这些交通员本事了不得，他们能在很短的时间里走完很长的距离。他们常对人说“半小时就走到了”或者“就在那边不远”，如果你真信了，过不了多久你就会发现远不是那么回事儿，就会有一种被愚弄的感觉。可是对农民来说，这种说法一点没错，尽管他们的时间和路程概念和城市居民很不相同。

拉洛·萨蒂尼亚斯接受命令出发三天以后，我们得到消息说，有六个人穿过圣多明各地区正向我们这边过来——两个妇女，两个美国佬记者，还有两个谁也不认识。可是，我们同时也接到一些完全不一致的消息，说什么乡村警卫队从告密者的口里也发现了他们的踪迹，还包围了他们住的房子。

在马埃斯特腊山区一有风吹草动，各种消息便不胫而走，但也常常越传越走样。卡米洛带着一个排出发了，他们的任务是不惜一切代价解救那两个美国记者和塞莉娅·桑切斯，因为我们知道塞莉娅和这几个美国人在一起。然而，他们都平安无事抵达了。由于告密者报信导致敌人频繁调动部队才使我们虚惊了一场，当时告密在落后无知的农民中是常有的事。

四月二十三日，文字记者鲍勃·泰伯和一名摄影记者来到了我们的营地，随同他们一起到达的还有塞莉娅·桑切斯和艾德·圣玛丽亚两位同志以及平原“七·二六运动”派来的两名同志：一个叫马科斯，也叫“尼加拉瓜”，即伊格莱西亚斯少校，他当时是圣地亚哥地区武装斗争的负责人，现在是拉斯维利亚斯省省长；另一个是马塞洛·费尔南德斯，他当时是运动的协调员，现在是国家银行行长。由于他会英语，采访中他还充当译员。

那几天一切都按计划井井有条地进行，我们努力在这些美国记者面前展示自己的实力，竭力回避他们提出的令我们难堪的问题。虽然我们对这几个记者根本不了解，但还是让他们采访了三位美国青年。尽管这三个青年很难适应游击队的生活，和我们之间也没有什么共同之处，但面对记者的提问他们回答得很得体，展现了他们在我们这种原始生活中所培养出来的崭新的精神面貌。

没过多久，我们队伍中来了一位最可亲、最招人喜爱的战士——小巴克(罗伯托·罗德里格斯)。那一天，他和另一个同志一起找到我们说，他是从卡马圭省的梅隆来的，苦苦找了我们一个多月了。遇到这种情况，我们总要对新来的人进行一番盘问，那天自然也不例外。然后又对他进行了政治路线的入门教育，这项任务常常落在我的肩上。小巴克的脑瓜里没有一点政治观念，看上去就是个无忧无虑、活蹦乱跳的小伙子。他把我们这里的一切当成是一种好奇的冒险。他来的时候光着一双脚，塞莉娅把自己备用的一双墨西哥人穿的那种皮鞋借给了他。多亏他个子小，只有这双鞋合他脚。穿上新皮鞋，再戴上一顶大草帽，小巴克看上去就像一个墨西哥的牛仔娃，西班牙语叫

“巴克罗”。“小巴克”的绰号从此就这么叫开了。

大家都知道，小巴克并没有看到革命战争的最后胜利，因为作为第八纵队“敢死队”的队长，他在攻下圣克拉拉的前一天牺牲了。在他和我们共同生活的一生中，我们都忘不了他那欢天喜地每时每刻都乐呵呵的形象，忘不了他面对危险所表现出的不可思议的浪漫精神。小巴克胡编乱造的能力让人佩服得五体投地，聊起天来没有一次他不添油加醋的，让你听得如坠五里雾中。但是，在他早期当部队的交通员和后来当战士和“敢死队”队长的日子里，小巴克向人们证明了，在他眼里，幻想和现实是没有什么严格界限的，敏捷的思维中想象出的行为他照样会在战场上践行。在我们可歌可泣的战争结束时，他的英勇绝伦的行为已经化为传奇故事，只是他没有能活着看到那一天。

小巴克加入我们部队后，我们每晚都有文化课。我记得一次文化课后，我去了解小巴克的身世，他便开始给我们讲开了。我们手里抓着铅笔，偷偷地算起了他的年龄。他妙趣横生天花乱坠地讲完故事后，我们就问他到底多大年龄。因为小巴克那时二十刚出头。但是把他做过的事干过的工作都算上，他好像出生前五年就开始参加工作了。

尼加拉瓜同志带来消息说，圣地亚哥还有很多武器——都是攻打总统府时的剩余武器。他说有十挺机枪，十一支约翰逊式自动步枪和六支短卡宾枪。虽然还有一些其他武器，但是当时已经计划要在米兰达糖厂地区开辟另一条战线。菲德尔反对这一意见，只同意给第二战线少量武器，下令所有能搞到的武器都必须调过来充实我们的力量。我们继续不停地行军，尽量远离在附近抢掠的令人头疼的乡村警卫队。不过，我们首先决定攀上图尔基诺峰。攀登这座最高的山峰对我们来说简直有一种近乎神秘的意义，好在我们离山峰已经不远了。

整个部队终于登上了图尔基诺峰，在山顶鲍勃·泰伯完成了对我们的采访。他正在摄制一部影片，后来当美国人不再把我们视作洪水猛兽时，这部影片在电视台放映了。（在此说明一下：我们队伍中的一个农民战士告诉我们，卡西利亚斯曾悬赏三百比索和一头怀仔的母牛收买他，让他谋杀菲德尔，可见弄错我们最高统帅身价的不仅是美国人而已。）

根据我们的一台海拔测高仪，图尔基诺山山峰海拔一千八百五十米。这只是我随手记下来的数据而已，因为我们从来没有测试过这台仪器，但是，在海平面高度，这台仪器的性能还不错。现在，这个数据与官方提供的数据相差很大。

因为政府军一直在紧紧地追踪我们，我们就派吉列尔莫带领一队战士去阻击他们。我的哮喘病把我的体力也耗尽了，只能跟在大部队的后面走。我随身背的汤姆逊式冲锋枪也让其他同志替我背了。大约过了三天，我才把枪要回来自己扛。对我来说，这三天是在马埃斯特腊山区最痛苦的日子，因为我手里没有武器，而每天我们都可能与敌人遭遇。

一九五七年五月，美国新闻记者鲍勃·泰伯结束了采访，有两名加入我们部队的美国青年也随他离开了部队，他们都平安无恙地抵达了关塔那摩。我们继续沿着马埃斯特腊山脊和山坡缓慢地行军，在整个马埃斯特腊山区和老百姓建立联系，开辟新区域，传递革命的烈火，宣传马埃斯特腊山区我们这支大胡子兵的传奇故事。这种崭新的游击队精神不胫而走，广泛流传。农民来迎接我们时没有那么多的顾虑了，我们对他们的戒心也少了。我们的实力比过去大大增强，在抵御巴蒂斯塔军队的突然袭击中我们取胜的把握更大了，我们与农民的关系也更密切了。

连续行军

一九五七年五月的前半个月我们一直连续不断地向着目的地方向行军。月初我们来到了紧靠图尔基诺山峰的一个小山脊上。我们一路走过好几个地区，这些地区后来都成了我们赢得革命胜利的主要战区。我们经过了圣安娜和翁布里托地区，后来，在贝尔德峰我们找到了埃斯库德罗的家。接着又继续往前走，抵达巴罗山后又向东推进，寻找那批据说从圣地亚哥运来、藏在紧靠奥罗-德吉萨的布罗山一带的武器。我们就这样不停地走了两个星期。一天夜里我外出有点事，结果几条小路把我搞迷糊了，我在山里迷失了两天，最后在翁布里托才重新找到队伍。直到那时我才明白，幸亏我们每个人的背包里都带着个人生存的一切必需品：盐和油是非常重要的，还有罐头食品和炼乳，以及睡眠、生火和烧饭所需的各种用品。此外还有一个罗盘，这是我须臾不能离开的东西。

发现自己迷路了，第二天早上我就取出罗盘，用它引路，就这样又走了一天半才发现自己越走越不对劲儿。我到一个农民家问路，他们给我指点了起义军营地的方向。后来我才知道，在崎岖险峻的地区罗盘只能指出大致的方向，绝对给不出明确的路线，必须要有向导带路才行，不然就必须自己熟悉地形。后来我们在这一地区作战时才开始体会这一点。

当我重新回到队伍时，大家对我的热情欢迎让我非常感动。我到达时部队刚开完一场人民公审大会，三名奸细受到公审和判决，其中纳波莱斯被判处死刑。卡米洛是那场公审大会的主席。

那段时间里我仍然尽我一名军医的职责，每到一个小村庄我都建立就诊区。给农民看病是很枯燥乏味的事，因为药品少，无法给他们开药，而且马埃斯特腊山区大家得的差不多都是同一种病：妇女普遍未老先衰，牙齿脱落；孩子患腹胀、寄生虫病、佝偻病、综合维生素缺乏症——这些都是马埃斯特腊山区贫穷落后的标志。即使今天，情况还是这样，只是程度轻多了。马埃斯特腊山区那些母亲的孩子们现在都进入卡米洛·西恩富戈斯学校城去学习了，他们都在健康地成长，和学校城创建初期那些营养不良的孩子完全不一样了。

马埃斯特腊山区的妇女几乎是带着虔诚的态度来寻找她们的病因的。我记得在给当地的妇女看病时总有一个女孩在边上观望。她在那间诊室小屋里全神贯注地看了我先前的几次诊断后，见她母亲也来了，便毫无顾忌地说："妈妈，这个医生对每个病人都说一样的话。"

她的话一点没错，我的医学知识非常有限，派不上多大用场。再说，他们的临床症状都是一样的，他们每个人不知不觉地都会给你道出同样令人心碎的经历。一个拖着好几个孩子的年轻母亲，从河里提几桶水回家就感到疲惫不堪。其实原因很简单：就是吃不饱，活又重。一个医生诊断出这样奇怪的疲惫症后你说该怎么办？既然这位妇女一辈子都提着同样的水桶来往于同样的地点，怎么偏偏现在就感到精疲力尽了？她当然自己会感到理解不了。生活在马埃斯特腊山区的老百姓像山花野草一样自生自灭，没人照料，没人关心，干活也没有什么酬劳，很快就把自己累倒拖垮。我们开始深切地感到必须彻底改变这些老百姓的生活。土地改革的想法在我头脑里渐渐清晰成形了。与人民大众情感交融不再是个纯理论的问题，已经成为我们生命中最重要的一部分了。

游击队组织和农民渐渐融成一个整体，不过谁也说不出在漫长的革命道路上这种情况是什么时候发生的，也说不出什么时候理论演变成了现实，我们成了农民大众中的一分子。我只知道，对我来说，无数次给马埃斯特腊山区的农民看病使我那种自发的、多少带有诗情画意般的决心转变成了一种完全不同的、更加深沉平静的力量。马埃斯特腊山区这些受苦受难的忠心耿耿的百姓从来也不曾觉察到在锤炼革命思想的过程中他们还有一份功劳呢！

就是在那样的环境里，吉列尔莫·加西亚得以晋升上尉军衔，负责管理参加部队的全体农民。也许吉列尔莫·加西亚同志自己也记不得那个日子了，在我的日记里，那天是一九五七年五月六日。

第二天，艾德·圣玛丽亚带着菲德尔关于与外界建立必要联系的明确指示离开了这里。但是，一天以后我们听到消息说“尼加拉瓜”，即伊格莱西亚斯少校被捕了，他是负责给我们运送武器的。我们顿时感到惊慌失措，不知道现在该如何搞到这批武器了。不过，我们还是决定继续朝原定方向行军。

我们到了皮诺德尔阿瓜附近的一个小峡谷，峡谷里有一个废弃了的锯木厂，就挨在马埃斯特腊山边，还有两间无人居住的小茅屋。我们的一个侦察员在公路附近抓住了政府军的一个下士班长。这个人自从三十年代独裁者马查多[1]时期以来就罪行累累，所以，部队有人建议要处死他，但被菲德尔拒绝了。我们就把他交给还没有分到武器的新兵看管，并警告他，要想逃跑，就别想要命。

我们大多数人则继续向前走，去查看一下武器是否已经送到约定的地点。如果到了，就转运过来。这次是长途行军，不过却是轻装前进，因为我们装得满满的背包都留在了关押俘虏的营地。不料却枉此一行：武器没有送到。

---

[1] Gerardo Machado y Morales(1871—1939)，一九二四年至一九三三年任古巴总统。

我们很自然地认为这和“尼加拉瓜”的被捕有关，于是在商店里买了些食品后便往回返，带回营地的虽不是枪支，却是颇受大家欢迎的东西。

我们是沿着马埃斯特腊山脊从原路返回的，一路小心地穿过荒芜的开阔地带，速度慢，步履疲顿。突然，前面传来几声枪响。我们的心一下子悬了起来，因为我们中有一个同志为了尽快返回营地走到我们前面去了。他就是随圣地亚哥增援部队一起来的吉列尔莫·多明格斯中尉。为了准备应付一切可能的意外，我们派了几名侦察员出去侦察。过了好久，侦察员回来了，一起来的还有菲亚略同志，他是克雷森西奥手下的一名新兵，他加入游击队时我们正好不在。菲亚略是从我们营地来的，他说在路上见到一具尸体，此前他们曾和敌人的警卫队发生过交火，敌人向皮诺德尔阿瓜方向退去，因为离皮诺德尔阿瓜不远处还驻扎着一支人数较多的敌军。我们小心翼翼地往前走，发现了那具尸体，我认出是谁了。

原来就是吉列尔莫·多明格斯。他上身裸露，左肘部位有个枪眼，胸部心脏上方被刺刀刺伤，头部被子弹打得粉碎，显然是用自己的霰弹枪打的，这从我们这位不幸的同志豁裂的肌肉里还残留着的霰弹碎粒就可以看出。

综合各方面的情况，我们就能再现当时的情况：敌人的警卫队可能正在搜寻那个被我们抓获的下士班长，就在这时，他们发现了走在我们前面的多明格斯的动静。多明格斯前天刚走过这条路，肯定是他过于自信，觉得不会有什么意外，结果就被敌人抓获了。但是，克雷森西奥的队伍这时正从对面前来接应我们，他们向敌人开了火。警卫队一看背后受袭，便仓惶撤退，临跑前杀害了我们的多明格斯同志。

皮诺德尔阿瓜是马埃斯特腊山中的一个锯木厂的厂址。敌人警卫队走的是一条原先用来运送木料的岔路，沿这条岔路走一百米才能走上我们那条小路，我们的多明格斯同志没有采取最基本的警戒措施，结果不幸撞上了敌人的警卫队。他的悲惨命运也是我们将来应吸取的一个教训。

武器盼来了

我们在皮诺德尔阿瓜的锯木厂附近把被捕的敌人下士班长骑的那匹高头大马宰杀了。在危岩峭壁的山区，这匹马实在也派不了什么用场，况且，我们的粮食也快吃完了。

这里给大家提供一个笑料。那个下士并不知道我们宰杀的就是他的那匹马，一边大口嚼着炖好的马肉，一边说他那匹马是从朋友那里借来的，催我们把马还给他的朋友，还把他朋友的地址给了我们。不管怎样，就凭我们在马埃斯特腊山区平时那种低劣的伙食，不管是马肉还是其他什么肉，只要是鲜肉谁不想饱餐一顿？

那天，我们从收音机里获悉，“格拉玛号”上的同志被政府判了刑。另外，我们还听到，有一名法官对此项判决投了自己的反对票，他就是曼努埃尔·乌鲁蒂亚法官。他这一高尚的姿态后来为他赢得了共和国临时总统的职位。一个法官的投票至多也不过是一种令人尊敬的姿态而已——从当时情况看显然就是这样——但是随之而来的后果严重得多，因为我们因此任命了一个坏总统，一个不能理解革命进程、不能理解与他的反动心态格格不入的一场革命的深刻含义的坏总统。他的个性以及他不愿阐明自己明确立场的做法引起了许多冲突。最后，在庆祝“七·二六运动”一周年的日子里，面对人民的一片唾弃声，他无奈辞去了总统的职务。

一天，圣地亚哥来了一位名叫安德烈斯的联络员，他带来了有关武器的确切消息：武器均安然无恙，几天内就会运到。交货地点定在巴布恩兄弟经营的滨海锯木厂地区。他们兄弟几人感到参加革命他们的生意就可以大赚一把，因此，就合伙搞起了运送武器的事。（随后事态的发展使他们一家发生了分化，他们的儿子中有三个在猪湾入侵中被抓获，沦为反革命分子，留下了极为不光彩的一页。）

在那段时间里，一大批人都拼命利用古巴革命来谋求一己之私利。他们帮起义军一点儿小忙，为的是日后能从新政府那里捞到好处，看到这种情况真让人觉得不可思议。巴布恩兄弟一直希望以后能放手对国家的森林进行肆意的商业采伐，并有权随意把农民逐出去，从而扩大自己庄园的规模。差不多就在这个时候，我们队伍中又来了一个名叫安德鲁·圣乔治[1]的匈牙利血统的美国记者，他和

[1] Andrew St. George，自由新闻记者。古巴革命胜利后经常报道反卡斯特罗的古巴海外流亡分子的活动。

巴布恩兄弟是一路货色。

一开始，这个双面人只露出他的不错的一面——一副美国佬记者的面孔。但是，他同时还是美国联邦调查局的一名特工。因为我是队伍中唯一会说法语的人(当时没人会说英语)，所以就派我去照应他。说实话，在我的眼里，一开始他并不像个危险分子，只是在第二次采访中才露出了本相，公开表明他是一名特工。当时我们正在皮诺德尔阿瓜周围一带向佩拉德罗河的源头进发。这一带地势崎岖不平，我们都背着沉重的背包。佩拉德罗河有一条支流叫印第安河，我们在那里停留了两天，补充一下食品，搬运收到的武器。我们沿途经过几个村庄，建立了法外根据地，留下了一批革命同情者，今后不管出现什么情况，包括敌军的动向都由他们负责向我们报告。不过，我们总是露宿在树林里，只是偶尔在夜间如果不期路过一大片村舍，有些人才进屋睡一宿。大部分人总是睡在树林里以防不测。白天，在头顶上一片繁茂树冠的掩护下，人人都参与站岗放哨。

在那个季节里，我们遇到的最大的敌人就是一种叫"马卡瓜"的马蝇。这么起名是因为它们在一种叫"马卡瓜"的树上产卵孵卵，随后一段时间里便在树林里大量繁殖。这种马蝇专门叮咬身体裸露部分，抓挠时，由于皮肤上有污垢，叮咬过的地方很容易感染，有时还会引起脓肿。我们腿上裸露的部分、手腕和脖子上都有被这种"飞蝇"叮咬过的痕迹。

五月十八日我们终于得到了有关武器运到的消息，还收到一份初步的武器清单。这一消息很快在营地传开了，战士们都兴奋不已，因为大家都想得到好一点的武器，暗暗希望这次能满足自己的愿望，要么是直接得到新武器，要么就是别人得到了新武器，把原有的武器传给自己。我们还听说，鲍勃·泰伯拍摄的马埃斯特腊山区游击斗争的影片在美国放映了，反响相当强烈。听到这一消息大家都感到欢欣鼓舞，唯独安德鲁·圣乔治除外。他除了是一名美国联邦调查局的特工外，还沾染了一种新闻记者的自负心理，所以感到这次被同行耍了，眼看到手的荣耀被别人夺走了。听到这一伤心的消息的第二天，他就坐快艇离开了巴布恩庄园，前往圣地亚哥了。

就在获知武器运达地点的同一天，我们还发现队伍里出现了一个逃兵，这样我们的处境就变得非常危险，因为营地里所有的人都知道武器要来了。我们派出侦察员去寻找他。几天以后，侦察员回来说他已经乘船前往圣地亚哥了。我们推测他是向政府当局通风报信去了，不过，后来有消息说，他只是因为身体和精神都受不了这里的艰苦生活才开了小差。不管怎么样，我们都必须提高警惕，防止意外。我们每天都在战士中进行教育，要大家有思想和精神的准备，要大家加强身体锻炼。但是，效果不是总能让人完全满意。经常有人为了芝麻绿豆大的一点理由就请求离队，如果遭到拒绝，就会发生像刚才讲的不辞而别的情况。临阵逃脱者一旦被抓住是要立即处决的，这点必须让大家记住。

那天晚上，武器运到了。对我们来说，这是世上最振奋人心的场面了。在一个个战士贪婪的眼神的注视下，这些具有杀伤力的武器揭开了面纱：三挺带有三角支架的重机枪，三挺麦德森式机枪，九支 M－1 卡宾枪，十挺约翰逊式机枪和总共六千发子弹。尽管每支卡宾枪只配有四十五发子弹，但毕竟是极受推崇的武器，所以要根据战士在战斗中的立功情况以及他们在马埃斯特腊山区的资历分配。有一支卡宾枪授予现在已晋升为少校的拉米罗·巴尔德斯，两支分发给卡米洛率领的前卫队。还有四支则准备用于掩护带有三角支架的重机枪。一挺机枪分给了豪尔赫·索图斯上尉率领的一个排，另一挺分给阿尔梅达率领的一个排，第三挺归总参谋部，由我负责使用。三挺重机枪是这样分配的：一挺由劳尔负责，一挺归吉列尔莫·加西亚负责，第三挺归克雷森西奥·佩雷斯。就这样，我成了一名全职战士了，因为，在此以前我一直是一名随军医生，只是偶然参加一两场战斗而已。现在，我跨入了革命战争的一个崭新阶段。

我永远也忘不了颁发给我机枪的那一时刻。那支枪又破又旧，可是对我来说，就是一件了不起的宝贝了。上面还指派了四名游击队员帮助我使用这件武器，这四人后来却走上了各自不同的道路。其中的普波·贝亚顿和马诺洛·贝亚顿兄弟杀害了克里斯蒂诺·纳兰霍少校后，持武器逃往奥连特山中，被一位农民抓获，最后被革命政府处决。另一个是十五岁的小伙子，差不多总是背着那挺机枪的全副沉重装备，他就是霍埃尔·伊格莱西亚斯，现在任起义青年联合会的主席和起义军的少校。第四个现在是起义军部队的中尉，名叫奥尼亚特，但是当时我们都亲切地叫他的绰号“坎廷弗拉斯”。

武器的到达并不意味在部队内部进行的加强政治教育、增强战斗力的艰苦卓绝的工作就可以结束了。几天以后，五月二十三日菲德尔下达了新的解散命令，其中有一个班几乎连锅端地被解散。就这样，我们的兵员缩减到一百二十七人，绝大多数人都有了武器，其中有八十人还拥有了精良的武器。

连同班长全部被解散的那个班，只留下一个叫小克鲁西(何塞·德拉克鲁斯)的战士，后来他成了大家最喜爱的战士。小克鲁西天生就是个诗人，长期以来他和城市诗人卡利斯托·莫拉莱斯一直和韵对诗。莫拉莱斯是“格拉玛号”上的老兵，自封为“平原上的夜莺”，对此，小克鲁西在他的民谣中给予克制的回应，故作奚落地称卡利斯托为“你这只大山里的老秃鹫”。

我们这位了不起的诗人同志把古巴革命的全部历史，从离开“格拉玛号”的那一刻算起，都用他的民谣表现出来了。只要停下休息，他就一边抽着烟斗，一边编起了民谣。由于马埃斯特腊山区纸张匮乏，他编的民谣全都记在他心里。所以，在皮诺德尔阿瓜战斗中，敌人的一颗子弹夺走了他的生命，也夺走了他心中全部的民谣，结果，没有一首歌谣流传下来。

在锯木厂地区，我们得到了菲德尔和劳尔少年时代的老朋友恩里克·洛佩斯极其宝贵的支持。当时他在巴布恩兄弟的庄园工作，充当我们在供应补给方面的联络员。有了他我们在整个地区活动都不会有什么危险。这一地区许多公路上跑的都是政府军的卡车，我们曾多次准备打埋伏，袭击敌人车队，截获车辆，但是，都没有成功。也许正是这些失败为我们即将发动的军事行动奠定了胜利的基础，这场军事行动的胜利对我们心理上的震撼比战争史上任何一次战役都要大得多。我指的就是乌韦罗之战。

五月二十五日，我们得到消息说，一支由卡利斯托·桑切斯率领的远征军乘“科林西亚号”已在马亚里登陆了。几天以后，我们就听到了这支远征军的灾难性的结局：卡洛斯·普里奥·索卡拉斯自己都没来参战，就把他手下的人送上了不归路。听说他们登陆了，我们感到必须刻不容缓地转移敌军视线，牵制敌人，才能保证他们安全抵达目的地，重新组织队伍，投入战斗。我们这样做完全是出于对其他组织的大力支持，尽管我们连该组织的组织成分和他们的真正目标都一无所知。

那时，我们开展了一场非常有意思的讨论，这场讨论主要是由菲德尔和我引发的。我主张，我们不应该错过拦截攻打敌军巡逻车的机会，特别应该埋伏在他们毫无提防的公路两边，伏击敌人军车。但是，菲德尔心中已经制订好了攻打乌韦罗的计划，他认为，攻占敌军的乌韦罗营地，意义要重大得多，会给我们带来更加令人瞩目的胜利。如果攻打成功，将会引发巨大的心理震撼，成为家喻户晓的新闻。这和在公路上截获一辆敌军巡逻车完全不是一码事。即便截获了一辆军车，政府也可以报道为一场伤亡有限的公路交通事故。虽然这样的报道可能会引起人们怀疑，但是，人民依然蒙在鼓里，对我们在马埃斯特腊山区抵抗政府军的活生生的现实还是一无所知。这倒不是说截获敌军巡逻车的意见被全盘否定了，一旦条件成熟，完全也可以这么干。但是，不应该成为我们军事行动的重点。

当时的讨论并没有让我心服口服，今天，几年过去了，我必须承认，菲德尔当时的判断是正确的。即便是我们伏击了敌军的一辆巡逻车，但毕竟是一场孤立的战斗，影响远不能与乌韦罗一战相比。那时候，大家渴望战斗不免情绪急躁，因此容易采取极端的立场，看不到更长远的目标。不管怎样，我们已经开始为乌韦罗战役作最后的准备了。

攻打乌韦罗兵营

攻击点一经决定，我们就必须精确地制订进攻的方式。还必须着手解决一系列重要问题：摸清敌人现有兵力，确定敌人哨所的数量、通讯联络的方式、行车通道、老百姓人数及其分布情况等等。这一切，希尔韦托·卡德罗同志都替我们打听得一清二楚，工作出色得实在令人敬佩。今天他已经是我们军队的一名少校司令了，据我了解当时他还是那家锯木厂经理的女婿。

我们认为，敌人或多或少掌握了一些确切的情报，知道我们在这一地区活动，因为我们抓到了两个身上都带有政府军的军人身份证件的奸细，他们供认，卡西利亚斯派他们来是为了刺探军情，摸清我们阵地的情况和我们通常的集合地点。这两个家伙磕头求饶的丑态实在令人作呕，但也会让人产生恻隐之心。不过，在那种极端艰难的岁月里，绝不能无视战争的法则。这两个奸细第二天就被就地正法。

同一天，也就是一九五七年五月二十七日，总参谋部召集全体指挥人员开会，菲德尔在会上宣布在随后的四十八小时以内将会打响一场战斗，他命令我们做好人员思想准备，检查好武器，随时投入战斗。当时作战的详细指示还没有下达。

卡德罗将担任向导，因为他非常熟悉乌韦罗营地，包括营地的进出口和所有通道。那天夜里，我们就开始行军，虽然这是一次行程约十六公里的长途行军，好在是沿着巴布恩公司专门为通向锯木厂而修建的公路走，一路都是下坡。可是我们还是走了将近八小时。因为一路上，我们必须格外警惕，这样行军速度就放慢了，尤其是接近危险区的时候。最后，我们接到了进攻的命令。命令很简单：拿下敌人的哨所，用密集的火力把敌人的木制兵营彻底摧毁。

我们知道，这座兵营除了四周零星堆放着一些原木外，没有什么像样的防御工事。火力较强的就是分布在兵营四周要害处的那几个卫兵哨所，每个哨所里有三四名士兵。我们的总参谋部设在一个小山头上，从那可以俯视敌人兵营，指挥作战。我们要穿过树林到达离兵营几米远的地方，总参谋部明确地指示我们，不要向外围的几座建筑物开火，因为里面居住着妇女和儿童，锯木厂经理的妻子也在里面，她知道我们要发起进攻，但为了避免日后被人怀疑，她不愿离开。当我们进入进攻阵地时，我们最关心的就是老百姓的生命。

乌韦罗兵营设在海边，因此要包围它，只需从三面发起进攻。

从佩拉德罗方向过来的那条海岸公路被敌军的一个哨所控制，豪尔赫·索图斯和吉列尔莫·加西亚指挥的两个排奉命攻打那个哨所。阿尔梅达负责拔掉那个稍稍偏北面对大山的哨所。菲德尔驻在小山头上，居高临下观察兵营的动态，劳尔则带领他的一个排从正面发起进攻。我带着机枪和几个副手负责进入中间的阵地。卡米洛和阿梅赫拉斯本应从劳尔和我中间从正面向敌人发起进攻，但由于天黑，他们估算错了。所以，战斗打响后，他们没有从我右侧而是从我左侧向敌人开了火。克雷森西奥·佩雷斯指挥的一个排奉命沿着从乌韦罗至奇维里科方向的公路推进，阻击政府军的任何增援部队。

我们原以为这次是出其不意突然袭击，可以速战速决。谁知时间一分一秒地过去了，我们还没有将战士按事先设想的理想方案部署好。我们的两个向导——卡德罗和另一个当地人埃利希奥·门多萨向我们报告了当时的情况。可以看得出，不等我们按计划进入阵地向敌人发动突然袭击，天就会亮了。豪尔赫·索图斯向我们报告说，他们还没有进入指定的阵地，但是现在时间太晚了，无法再推进了。当菲德尔用他那支带有望远瞄准具的步枪向敌人开火引起敌方瞬间的还击后，我们才确定了敌人兵营的位置。我们占据了一个小高地，从那里可以清楚地观察敌人的兵营，只可惜距离敌军太远，所以我们又朝前推进寻找更有利的阵地。

所有战士都向前推进。阿尔梅达朝离他不远的、设在小兵营入口处的哨所移动。我的左翼是卡米洛，他戴着贝雷帽，系在脖子上的一块手绢在脖颈后微微飘动，这是法国军队中外籍军团戴帽的方式，不过，他的帽子上还别着“七·二六运动”的徽章。双方开始全面交火了，我们在炮火中小心翼翼地向前推进。

有的战士被敌人从原来的班排打散了，也加入了我们这个小班。来自皮隆、外号叫“炮弹”的马里奥·莱亚尔同志和阿库尼亚加入了一个自发形成的战斗小组。敌人的抵抗异常激烈，我们冲到了一片平坦的开阔地带后，遭到敌人不停的密集而又精准的火力抵抗，所以推进时只能格外警觉。我的阵地离敌人的前哨阵地不到五六十米，两个敌人士兵就在我眼前从战壕里跳出来，我举枪就朝他们开火。但是，他们很快就躲进了外围的建筑物里去了。这些百姓居住的建筑物在我们眼里是神圣不可侵犯的。尽管我们和敌人之间现在只隔一条光秃秃的狭窄的地带，敌人的枪弹就在耳边呼啸而过，我们还是奋不顾身继续朝前推进。在战场枪炮的一片嘈杂声中，我隐约听到附近有痛苦的呻吟，接着又传来几声喊叫。我想，肯定是受伤的敌人士兵。于是我弯着身子贴着地面往前冲，边冲边喊，命令他投降，不料却是自己的同志莱亚尔，他头部中弹受伤。我迅速对他进行了检查，发现子弹打穿了他头部的顶骨区域。莱亚尔渐渐失去了知觉，半边肢体(我记不清是哪半边了)已经瘫痪，不能动弹。我手中唯一能当绷带使的就是一张纸，只能把这张纸敷在他的伤口上。没过多久，霍埃尔·伊格莱西亚斯过来照料他了，我们继续围攻敌军哨所。接着，阿库尼亚也受伤了。我们不再向前推进了，开始不停地向前面的敌军战壕射击，敌人也毫不示弱地进行还击。正当我们要重整旗鼓，决定攻下仓库——看来只有此举才能让敌人放弃抵抗——时，兵营里的敌人就缴械投降了。

这样一场战斗几分钟就叙述完了，但是，实际的战斗，从打响第一枪到攻下敌人兵营，用了大约两小时四十五分钟的时间。在我左翼，先头部队的几名战士——我记得是维克托·莫拉和另外三个战士——抓获了最后一个负隅顽抗的敌人。有个士兵从我们前面的战壕里走了出来，双手把枪高高举过了头。喝令敌人投降的叫喊声此起彼伏响成一片。我们火速向敌人兵营扑过去，不料兵营里又响起一阵突突突的机枪声。后来我发现，纳诺·迪亚斯中尉就在这最后的机枪声中倒下壮烈牺牲了。

攻打到仓库前，我们抓获了刚才从我枪口底下逃生的两个士兵，还俘获一名战地军医和他的医助。这个军医是个满头花白、沉默寡言的人，他后来命运如何我不清楚，至今我也不知道他是否参加了革命。说到这个军医，还有一件很可笑的事。我的医学知识本来就不怎么样，再说当时受伤的人太多，我工作的重点也没有放在医务上，所以，就把受伤的人员带到这个军医跟前，让他负责治疗。这时，他问我多大了，什么时候学医毕业的。我说，那是几年前的事了。他一听便直率地对我说："嘿，小伙子，这事还是你来干吧，因为我刚毕业不久，还没什么经验呢。"一来是缺乏医疗经验，二来当了俘虏惊魂未定，他竟把原来多少还知道点儿的医疗本事全都忘得一干二净了。所以，我只好放下了手中的枪，再次穿上医生的白大褂，其实这工作只不过让我多洗几次手而已。

这是一场我们经历过的最血腥的战斗之一。战后，我们总结了经验，对这次战斗作出了比以我个人眼光观察更加全面的概括。战斗进程大致如下：当菲德尔鸣枪发出开战的信号后，所有的战士就开始向自己的目标推进。政府军随即以猛烈的炮火还击，我们的领袖所在的小山头多次成为敌人火力攻击的目标。战斗刚进行了几分钟，胡利奥·迪亚斯就被一颗子弹正好击中头部，他就在菲德尔身边倒下牺牲了。几分钟过去了，敌人仍在疯狂地抵抗，我们的目标还无法实现。中路最艰巨的任务落在了阿尔梅达身上，他要不惜一切代价拔掉敌人的那个警卫哨所，为他和劳尔手下部队的正面进攻扫清道路。

战士们后来向大家讲述了我们的向导埃利希奥·门多萨拿起武器投入战斗的情况。他是个很迷信的人，随身还带着一个能保佑他的"圣像"。当别人劝他要小心时，他总是带着鄙视的口吻说，他的"圣像"会保佑他免除一切灾难。几分钟后，他倒下了，一颗子弹不偏不倚地洞穿了他的身体。

固守在工事里的敌人打退了我们的进攻，还造成了我们多名战士伤亡。从中路很难突进，豪尔赫·索图斯企图在一个绰号叫“警察”的战士弗朗西斯科·索托的掩护下，沿着通向佩拉德罗的公路边的阵地，从侧翼包抄敌人阵地。但是，这名“警察”随即就被敌人打死了，索图斯不得不纵身跃入大海才避免一死。从那一刻起，他就脱离了战斗，他排里的其他战士仍然试图往前攻，可是也被敌人的火力压了回来。我记得一个叫维加的农民也牺牲了，马纳尔斯肺部中弹受伤，基科·埃斯卡洛纳在向前推进时臂部、臀部和手部三处都受了伤。敌人哨所四周用木栅栏严密防卫，他们盘踞在里面用自动步枪和半自动步枪阻击我们，给我们这支小部队造成重大伤亡。

阿尔梅达下达了最后的攻击令，不惜一切代价削弱前面敌人的火力。在激战中，西列罗斯、马赛奥、埃梅斯·莱瓦、培尼亚都受伤了，阿尔梅达自己的肩部和左腿也受了伤。莫尔同志牺牲了。尽管如此，敌人的警卫哨所还是在这次进攻中被拔除，通往兵营的道路也打开了。在另一侧，吉列尔莫·加西亚发狂似的端起他的机关枪一下子撂倒了三个仍在拼命抵抗的敌人。另一个士兵钻出哨所，拔腿就跑，结果没跑几步也被击毙。劳尔指挥的排兵分两路，火速向敌军兵营推进。加西亚上尉和阿尔梅达上尉指挥的两个排在这场战斗中起了决定性的作用。每个排都完成了指定的任务，摧毁了敌人的警卫哨所，为最后的攻击扫清了障碍。另外，特别值得一提的是路易斯·克雷斯波，他从总参谋部所在的小山头上冲下来也投入了战斗。

敌人的抵抗被粉碎了。他们挥起了一块白色的方巾，兵营就这样被我们攻占了。就在这时，突然响起了一阵枪声，有人——很可能是我们的一名战士——又向敌人开火了。敌人兵营里随即就回敬过来一梭子子弹，正好击中了纳诺·迪亚斯的头部。直到他牺牲前的最后一刻，纳诺·迪亚斯一直手端机枪给敌人造成重大伤亡。克雷森西奥指挥的那个排几乎没有参加战斗，因为他的机枪卡壳了。所以，他警戒着从奇维里科方向过来的那条公路，扣住了几个逃跑的敌人。这次战斗持续了两小时四十五分钟，尽管双方火力密集，但是没有伤及一个平民。

清理战场时，我们发现我方有六名同志阵亡，他们是莫尔、纳诺·迪亚斯、维加、“警察”、胡利奥·迪亚斯和埃利希奥·门多萨。莱亚尔和西列罗斯伤势严重。还有一些人不同程度受了伤，他们是：马赛奥肩部受伤，埃梅斯·莱瓦胸部表皮受伤，阿尔梅达左臂左腿受伤，基科·埃斯卡洛纳右臂右腿受伤，马纳尔斯肺部受伤，培尼亚膝部受伤，曼努埃尔·阿库尼亚右臂受伤。总共十五名同志丧失了战斗力。敌方十九人受伤，十四人被击毙，另有十四人被俘，六人逃跑。这支总共五十三人的队伍，由一名少尉指挥，他自己受伤后便打出白旗投降了。

我方有八十名战士，敌方五十三人，总共有一百三十三人投入战斗，在两个半小时多一点的战斗中就有三十八人也就是四分之一以上的人伤亡，这么一想你就不难理解这场战斗多么惨烈了。在这场战斗中，进攻者个个赤露着上身往前冲，敌人在简陋的防御工事里顽强抵抗。应当承认，双方都表现出了极大的勇气。对我们来说，这场胜利标志着我们的队伍已经走向成熟。自从这场战斗以后，我军士气大振，决断能力和求胜的愿望也大大增强。尽管随后的几个月局势艰险，但我们已经掌握了取胜的秘诀。乌韦罗一战注定了所有远离敌军大部队集结地的小兵营的厄运，没过多久，这些小兵营一一全部被拔除。

战斗刚打响时，一颗子弹就击中了敌人兵营的电话线，切断了他们同圣地亚哥的联络。只有两三架小飞机飞过战场的上空，直到数小时后，敌方空军才派出侦察机，不过那时我们已经回到深山老林里了。后来，我们还得知，敌人除了十四名士兵被击毙外，他们在兵营中养的五只鹦鹉也被打死了三只。只要想象一下这几只小鸟的惨状便能了解这幢木制兵营当时所遭受的厄运了。

我重新干上军医这一行以后也遇上不少催人泪下的故事。我照料的头一个伤员就是伤势最严重的西列罗斯同志。一颗子弹撕裂了他右臂的肌肉，穿过肺部后，显然又嵌在了他的脊椎里，使他的双腿瘫痪。当时他伤势严重，危在旦夕。但是，我只能给他打一针镇静剂，然后用绷带把他胸部紧紧包扎起来，让他呼吸能顺畅些。唯一可以挽救他生命的办法就是我们把十四个俘虏带走，把莱亚尔和西列罗斯两个游击队伤员留在敌人那里，因为敌方的军医以名誉向我们保证，他们会很好地照料他们的。我把这一决定告诉西列罗斯，还安慰他一番。他没说话，只是对我苦笑了一下，但这一笑比任何言语都更说明他知道自己一切都完了。其实我们心里也明白。所以，那一刻，我真想在他的前额上亲吻一下，向他作最后的道别。然而，如果我真作出这一举动，那将比任何别人亲吻他更能表明我们宣判了自己同志的死刑。一个军医的责任提醒我，既然他自己已经知道了他最后的命运，我千万不能再去确认，雪上加霜地加剧他生命最后时刻的痛苦。尽管我心里也痛苦难熬，我还是尽量热情地向这两个留在敌人手里的战士说了声再见。他们都明确向我表示，宁愿死在自己同志中间，也不能把他们留下。但是我们也有责任为了他们的生命战斗到底。就这样，他们还是留下了，没有随我们撤离，我们的两个兄弟就和十九名曾受到我们全力医治的巴蒂斯塔政府军的伤病员留在了一起。这两位同志在敌军里受到的待遇还算过得去。不过，西列罗斯还是没能抵达圣地亚哥就死了。莱亚尔伤愈后一直被囚禁在皮纳斯岛直到战争结束，至今革命战争中这场重要战斗还在他身上留着难以抹去的伤痕。

我们尽可能把各种装备和器材，尤其是药品都装上巴布恩家的一辆卡车运走了。最后，我们朝山中隐蔽地点转移，到了那里正好还有时间为伤员处理一下伤口，还在公路的弯道处把阵亡的同志安葬了，向他们作了最后的道别。我们知道敌人一定会紧追不舍，所以决定所有能走的人都要迅速尽快地摆脱敌人，留下伤员我来照料。恩里克·洛佩斯奉命负责给我提供交通工具，寻找隐蔽地点，找帮手搬运伤员，并联络必要的熟人，以便通过他们接收药品，医治伤员。

我们一夜没合眼，每个人都在讲述自己战斗中的曲折经历。几乎没有一个人睡得着觉，要不就是刚要入睡就听到有人又滔滔不绝讲起了他的亲身经历或者亲眼所见。我本来就对统计数字特别感兴趣，所以边听边把大家估计的敌人死亡人数一一记了下来。结果，敌人的尸体竟然比参战的敌人总数还多——人们的想象力会把自己的战绩装饰得更辉煌。这类事情提醒我们，所有情况都要经过多人的核实才行。在确认敌人伤亡数目之前，我们都格外谨慎，甚至要求战士提供死亡敌人身上的东西作为物证。起义军的战报始终应该关注的主题就是实事求是。我们努力向战士们灌输尊重事实的思想，使他们感到，必须把实情置于任何短暂的利益之上。

清晨，我们目送这支打了胜仗的队伍出发了，他们一个个伤心地与我们告别。我的助手霍埃尔·伊格莱西亚斯和奥尼亚特留下来协助我。一个名叫西内西奥·托雷斯的向导也留了下来没走，此外，比洛·阿库尼亚(他今天已是起义军的少校)也留下来照顾他受伤的叔父。

照料伤员

从乌韦罗战斗结束的次日凌晨起，政府军的飞机就在战场上空盘旋。和大部队告别后，我们集中力量清理掉我们进入树林后留下的痕迹。我们就在离一条卡车通道仅一百米的地方等候恩里克·洛佩斯，他要带我们到隐蔽的地方去。

阿尔梅达和培尼亚走不了路，基科·埃斯卡洛纳也无法行走。马纳尔斯因为肺部有伤，我也建议他不要自己走。曼努埃尔·阿库尼亚、埃梅斯·莱瓦和马赛奥都还能自己走路。我和比洛·阿库尼亚、西内西奥·托雷斯向导、霍埃尔·伊格莱西亚斯、亚历杭德罗·奥尼亚特等人负责保卫、护理、转移这些伤员。已经是早晨八九点了，一个交通员才来报信说恩里克·洛佩斯的女儿病了，他要到圣地亚哥去一趟，来不了了。他还说他会派几个志愿人员来帮助我们，但是我们一直也没有等来他们。

我们的处境很艰难。基科·埃斯卡洛纳的伤口感染了，我也无法确定马纳尔斯的伤势到底严重到什么程度。我们到附近的几条公路侦察了一番，没有遇上敌人，于是决定把伤员转移到三四公里以外的一个农民的茅屋里。茅屋已被主人弃置，只留下了主人没法带走的许多小鸡。

用吊床搬运伤员是最累人的活了。头一天，锯木厂来了两个工人帮助我们搬运。第二天天刚亮，我们狼吞虎咽地饱餐了一顿鸡肉以后便迅速撤离，因为乌韦罗战斗结束以后我已经在那里待了一整天，几乎是在同一个地点没挪窝，这地方还紧挨着公路，敌人顺着公路就能赶到。现在我们为数不多的这么几个人就在巴布恩公司修建的那条通往山林深处的公路的尽头集合起来，开始了一次行程虽不长却十分艰险的下山跋涉，最后总算到了一条印第安小河边。我们沿着一条狭窄的小道往上爬，来到一个小茅屋前，一个叫伊斯雷尔的农民夫妇和他们的内弟住在那里。虽然在这崎岖不平的大山里转运伤员把大家累得精疲力尽，但是总算安全转移成功了，这两位农民甚至把他们自己的双人床也腾出来让伤员睡。

一路抬着伤员会越走越沉，所以一些老旧的武器和缴获的各种战利品都被我们藏在先前住的农舍附近。由于农舍周围总会留下一些痕迹，再说眼下时间也富余，所以我们决定返回原先的住地清除痕迹，这可是生命攸关的大事。与此同时西内西奥也出去联络他在佩拉德罗地区的熟人。

没过多久，阿库尼亚和霍埃尔·伊格莱西亚斯对我说，他们听到对面山坡传来有人说话的声音。我们顿时从内心感到眼下该我们在这种极端艰苦的环境下和敌人拼死一搏了。大部队把伤员托付给我们，他们是革命的宝贵财富，我们有责任保卫他们，哪怕牺牲自己。我们又往前推进了一些距离，尽量让交火离茅屋越远越好。小路上出现了我们过去好像没见过的赤脚脚印，这表明闯进山里来的人和我们走的是同一条路。我们小心翼翼地向前靠近，听到几个人毫无顾忌地在说着什么。我把汤姆逊式冲锋枪的子弹上了膛，在比洛和霍埃尔的助威声中，一个箭步冲了过去，给他们一个措手不及。原来他们是被菲德尔释放了的乌韦罗战斗中的战俘，晕头转向地找不到一条出山的路。他们有人光着脚，一个年长的下士累得神志都不太清楚了，还呼哧呼哧地说，他很佩服我们，佩服我们对这一带的山林这么熟悉。他们没有向导，只有菲德尔签署的一张安全通行证。我们这次犹如天降神兵，给他们留下了深刻的印象，我们借此警告他们，以后绝不许以任何借口再闯入我们的山林。

他们是城里人，哪受得了山里这么多苦，也不知道该怎么对付这些困难。我们带他们来到一片空地上，那里的一间茅屋就是我们饱尝鸡肉的地方。我们给他们指点了通向海边的小路以后，最后一次提醒他们，从这片山林往里都是我们的地盘，一旦发现有外敌入侵，我们的巡逻队——因为在他们眼里我们就是一支精干的巡逻队——就会立马通知大部队。尽管如此，为了谨慎起见，我们还是尽早离开为妙。

那天夜里我们就睡在那个殷勤好客的农民家里，但是天刚亮我们就转移到山林里去了，临走前吩咐房东弄几只老母鸡来给伤员补补身子。结果等了一整天也不见这对农民夫妇回来。后来，才知道，他们就在自己的小屋里被敌人抓走了，而且，第二天敌人还让他们当向导去了我们前一天住过的地方。

我们一直保持高度警戒，所以，谁也无法对我们搞突然袭击。但是，在当时的条件下，一旦跟敌人发生冲突，结果是不难预料的。傍晚时分，西内西奥带来了三个志愿人员：一个名叫费利西亚诺的老汉，还有另外两个年轻人。两个年轻人后来都成了我们起义军的成员。一个叫特奥多罗·班德拉斯，后来在埃尔希圭战斗中牺牲了，牺牲时是中尉军衔；另一个叫伊斯雷尔·帕尔多，他一家人都参加了起义军，他是年龄最大的一个，今天他已经是个上尉军官了。我们现在所在的地方风险太大，所以这些同志帮助我们很快地就把伤员转移到了别处的一个茅屋里。我和西内西奥则在等那对农民夫妇给我们送母鸡，差不多等到天黑也不见人影。当然他们当了俘虏肯定是回不来了。我们怀疑他们会出卖我们，就决定次日一早离开此地。晚上我们就在茅屋附近挖一些根茎蔬菜胡乱吃一顿了事。

第二天正好是“格拉玛号”登陆六个月的日子，我们一大早就开始撤离。这样的转移对任何已经习惯在山区长途跋涉的人来说显然路程太短，不在话下，却累得要命。一次只能抬一个伤员，运送伤员时我们只好把吊床悬挂在粗大的树枝下，担架员的肩膀一个个都磨得血肉模糊。每隔十或十五分钟就得换班休息，所以，抬一个伤员就需要六至八个人。我一路上陪着阿尔梅达，他几乎半拖着身子向前挪着走，我们走得很慢，差不多每到一棵树前就要停下喘一口气。最后，当伊斯雷尔发现林中有一条近路时，运送伤员的人也折回来接阿尔梅达了。

原想要赶到帕尔多的家的，后来，一场瓢泼大雨使转移伤员的难度加大了。但是，我们最终还是在傍晚时分赶到了。短短的四公里的路程就走了十二小时，每公里竟花了三小时。

幸亏有西内西奥·托雷斯和我们在一起，他熟悉路，又熟悉当地人，什么事都能帮得上忙。两天后安排马纳尔斯到圣地亚哥就医的也是他。我们还准备把基科·埃斯卡洛纳也送到那里就医，因为他的伤口已经感染了。那些天里，相互矛盾的消息也不断传来，有时听说塞莉娅·桑切斯被投入监狱了，有时又听说她被敌人杀害了。流言蜚语也不胫而走，说什么政府军的一支巡逻队又把我们的埃梅斯·卡德罗同志抓去了。我们都很茫然，不知道该不该相信这些常常令人毛骨悚然的消息。比如，塞莉娅是我们唯一熟悉的可靠联络人，她如果被捕了就等于我们完全与外界隔离了。幸好，有关塞莉娅的消息不是真的。尽管埃梅斯·卡德罗确实被敌人抓去了，但是，他在独裁政权的地牢里居然还奇迹般地活着。

在佩拉德罗河畔居住着一个大庄园的管家戴维·戈麦斯，我们之间合作很愉快。有一次戴维还为我们宰杀了一头母牛，我们只好走出山林去把牛肉扛回来。牛是在河边宰杀的，被卸成一块一块，必须趁夜阑人静抓紧搬运。我首先派出由伊斯雷尔·帕尔多带领的第一组去搬运。随后，又派出班德拉斯带领的第二组。班德拉斯不守纪律，也没有服从我的命令，把搬运牛肉的事全推给第一组干了，结果，花了整整一夜时间才把牛肉搬运回来。由于阿尔梅达负伤了，我们就又组建了一支小型作战部队，由我指挥。我感到自己责任重大，于是就警告班德拉斯，如果他这种态度不转变，就不配当一名战士，充其量只是个革命的同情者而已。后来他果真改了。说到遵守纪律方面，他从来算不上一个模范战士。不过，他却是个敢打敢冲、胸襟开阔的人。他质朴无华，胸无城府，经过革命的冲击，开阔了眼界，认清了现实。他酷爱林木和农艺，在山林里还开垦耕种了孤零零的一小片土地。他住在一间简陋的小茅屋里，养了两头小猪，给每头猪都起了名字，还养了一只小狗。有一天，他拿出一张他两个儿子的照片给我看，这两个孩子当时和他前妻一起住在圣地亚哥。他对我说，哪一天等革命胜利后，他得回去找个正经能种东西的地方，不能像现在这样只有一小块几乎从山顶悬吊下来的农田，贫瘠得长不出什么庄稼。

我跟他谈起了合作社的事，不过，我的想法他不太理解。他想自己在土地上搞单干，自个儿出力就行。尽管如此，我还是一点一点说服了他，使他相信跟大伙儿合起来干更好，机械化生产能提高产量。要是班德拉斯今天还活着的话，他无疑是农业生产战线的一位先锋战士。在马埃斯特腊山区，他就自学文化，为将来打好基础。他是一位摆脱了偏见的农民，懂得用自己的努力去书写历史的价值。

我曾和庄园管家戴维进行过一次长谈，他让我把急需的重要物资列出一份清单给他，因为他要到圣地亚哥去，可以把这些东西采购回来。他是个典型的管家和种族主义者，既对自己的主子忠心不二，又鄙视农民。当政府军知道他和我们的关系后，就把他抓了起来，严刑拷打，我们都以为他被敌人打死了呢。可是，释放回到家后他最关心的就是让我们相信，敌人的毒打并没有让他屈服开口。我不知道戴维今天是在古巴呢，还是追随那个被革命没收了土地的原先的庄园主走了。尽管他也感到必须进行一场变革，也知道这场变革的紧迫性，但是他绝想象不到这场变革会触及到他本人，触及到他的世界。这场革命是在众多普通百姓真诚的努力下发展壮大起来的，我们的使命是在每个人身上发掘优秀扶植高尚，把每个人转化为革命者，不论他们是对革命不怎么理解的像戴维这样的人，还是像班德拉斯那样尚未见到革命的曙光便已倒下牺牲的人。革命也有盲目无谓的牺牲，今天我们这些看到革命成功的人有责任铭记那些在革命进程中倒下的人，有责任努力工作使将来少出现一些落伍者。

返回大部队

一九五七年六月整整一个月的时间我们都在照料乌韦罗战斗中的伤员，同时还组织了一支小型精干的作战分队，准备返回菲德尔的大部队。

我们通过管家戴维与外界保持联系，他不仅给我们送来粮食，还给我们出主意、及时提供情报，使我们的境遇有了很大的改善。在最初的那些日子里，我们还没有得到潘乔·塔马约宝贵的援助。潘乔·塔马约是当地的一位老农，后来他与我们联系上后他家就成了我们的联络点。战后他被贝亚顿兄弟俩给杀害了。

当时西内西奥身上已经开始显露出丧失革命斗志的苗头。他经常拿“七·二六运动”筹集到的钱去喝酒，一喝就喝得烂醉，喝醉了就发酒疯。他还拒不执行上级下达的命令，一次饮酒作乐后，他公然违抗明确的命令，给我们招募来了十一个没有武器的新人。一般情况下，我们都尽量避免招募没有武器的人。不过，无视这一规定的并不止西内西奥一个人。不管在什么情况下都有人想方设法加入我们这支年轻的游击队组织。农民们只要打听到我们的驻地，就经常给我们带来想入伍的新同志。尽管有多达四十人加入了我们这支小部队，但是，由于不断有人开小差——有时是得到我们同意的，有时是不辞而别——所以，我们这支队伍的实际成员从来也没有超过二十五到三十人。

我的哮喘有点恶化了，由于缺医少药，连走路都感觉很困难，几乎跟伤员没什么区别。药品从城里运到之前，我就采用当地民间的土方疗法，每天用一种芳香植物风干的花瓣儿当烟叶抽，这样病情多少减轻了一些。在我们准备出发的日子里，这种疗法帮助我恢复了健康。但是，出发的日子还是一天天被推迟了。最后，我们组织了一个侦察小组去搜寻在乌韦罗战斗后被我们扔下的那些无法使用的武器，以充实我们游击队的武器库。

在我们当时的处境下，所有的旧武器，包括一支不带瞄准具的 0.30 英寸口径的机枪，哪怕有各种各样的缺陷将来都是宝贝。所以，我们花了整整一个晚上寻找旧武器。最后，我们把六月二十四日确定为部队出发的日子。我们这支队伍有五名正在康复的伤员，五名伤员护理，十名从巴亚莫招募来的新战士，四名从附近地区招募来的新战士，还有两个自己跑来的——总共二十六名。这次行军的组织机构如下：前面是比洛·阿库尼亚指挥的先头部队；中间可以说是参谋部吧，由我指挥，因为阿尔梅达大腿受伤光走路就够他受的；马赛奥和培尼亚指挥的两个班殿后。

当时，培尼亚是中尉军衔，马赛奥和比洛还是战士，而阿尔梅达军衔最高，是上尉。由于出现了一些小麻烦，六月二十四日那天我们也没能走成。一开始据说有个向导要带一个新招募的人来，所以我们只好等他们。后来又听说这个向导要捎来一批新的药品和粮食。塔马约老汉来来去去的，经常给我们带来一些消息，也带来罐头食品和衣物之类的给养。考虑到行军的都是正在康复的伤员和刚招募来的新兵，所以，我们必须在什么地方找一个山洞把部分补给品暂时储藏起来，因为我们在圣地亚哥的联络人的允诺终于兑现了，戴维给我们带来的一批重要物资无法随军转移走。

六月二十六日，我以牙医的身份首次亮相，虽然当初在马埃斯特腊山区我已经有了一个更朴实的称号——“拔牙师”。头一个甘心情愿让我试验的是伊斯雷尔·帕尔多——他今天已是一名上尉军官——治疗效果很不错。第二个找上门来的是霍埃尔·伊格莱西亚斯，他的那颗犬牙要是放上一管炸药就能拔出来了。可是当时我再怎么使劲也拔不出来，其实，直到战争结束他那颗牙还原封不动地长在那儿。除了我的拔牙技术不高以外，没有麻醉药也是一个原因。所以，我经常使用“心理麻醉法”——如果我在他们口中大动干戈让病人疼得受不了哇哇直叫的话，我就用不堪入耳的话把他们臭骂一顿。

有些彷徨不定的人只要一想起行军就会吓得开小差逃跑，好在总有新人不断补充。塔马约给我们带来了四个人，其中有一个叫费利克斯·门多萨的，来时还带了一支步枪。他说他和他的另一个伙伴遭到政府军的袭击，他的伙伴被抓走了，他噌地一下子从一块大岩石上翻身而下，平安无事地摆脱了。我们后来才知道他所说的“政府军”原来就是由拉洛·萨蒂尼亚斯指挥的那支侦察小分队，他们并没有把他的那个“伙伴”抓起来，而是带他加入了菲德尔的部队。四个新来的人中还有一个叫埃韦利奥·萨沃里特，今天已是起义军的一名少校了。

费利克斯·门多萨和那几个人来了以后，我们已经有三十六人了。但是，第二天就有三个人当了逃兵，接着又有人加入进来，所以我们总共还有三十五人。然而，行军开始后，我们的人数又一次减少。我们沿着佩拉德罗山坡往上爬，每天也爬不了多少距离。

我们从收音机中听到了古巴全岛都发生了暴动的消息。七月一日，我们听到弗兰克的兄弟霍苏埃·派斯和其他一些同志阵亡的消息，他们就是在圣地亚哥目前正进行的激战中牺牲的。尽管我们的行军路程不长，但是部队士气低落。有些新战士请求离队，为的是“到城里去执行更有意义的战斗任务”。在沿博特亚山下山途中，我们路过了贝尼托·莫拉的家，他就在马埃斯特腊那一带紧靠着峭壁边的那间简陋的小茅屋里招待了我们。

快到莫拉家时，我把这支小部队召集在一起，告诉大家现在正是危急关头，政府军就在我们附近游弋，我们的给养可能会被迫中断数日，几乎要不停顿地行军。我说，谁要是觉得受不了现在就说。有几个人很坦率地说他们很害怕，我们就让他们离队了。还有一个叫奇乔的，信誓旦旦地代表一伙人发言，表示一定要跟随我们，至死不变心，语气坚定果断。谁知，当我们刚过了莫拉的家，在一条小溪旁安营扎寨准备过夜时，同样是这伙人却向我们表示他们强烈要求离开游击队，这着实让我们大吃一惊。不过，我们还是批准他们离队了。我们开玩笑地把那个地方取名为“死亡之溪”，因为奇乔和他的那伙朋友赌咒发誓大表决心，结果刚到这条小溪前什么誓言决心立马统统化为乌有。从此这条小溪的这个倒霉的名字就一直挂在战士的嘴边，直到我们离开了马埃斯特腊山区才渐渐被人遗忘。

现在我们只剩下二十八人了，但是第二天出发时又添了两个新兵：希尔韦托·卡波特和尼古拉斯。他们以前当过兵，这回是为自由而战才来到马埃斯特腊山区的。送他们来的是我们在当地的另一个联络员阿里斯蒂德斯·格拉，他后来成了我们纵队不可多得的人才，大家都叫他“食品王”。在整个战争期间，“食品王”为我们干了不少事——在很多情况下，干这种事比同敌人真刀真枪作战更危险——例如，组织骡子运输队频繁辗转于巴亚莫和我们作战区之间。

在短距离行军期间，我们千方百计抓紧行军间隙教新战士熟悉武器，让两个当过兵的家伙教他们使用步枪、装卸子弹、模拟射击练习等等。糟糕的是，训练课刚开始，一个教员就用实弹开了一枪。我们不得不把他从教学岗位上撤下来。尽管他脸上那副惊恐状逼真得非得具有极大的表演天才不成，但是还是遭到大家怀疑的目光。这两个当过兵的家伙吃不了我们行军的苦，最后还是跟着阿里斯蒂德斯离开了。不过，希尔韦托·卡波特后来又回来了，他在皮诺德尔阿瓜的战斗中英勇牺牲了，牺牲时是中尉军衔。

我们离开了位于拉梅萨的暂时居住的波洛·托雷斯的家，后来他的家成了我们的一个作战指挥中心。现在一个叫图托·阿尔梅达的农民给我们带路，我们必须先到内华达，然后穿越图尔基诺峰的北坡最后抵达菲德尔的营地。我们正朝那个方向走时，突然发现远处有两个农民，他们一见我们转身就跑。我们马上追赶过去，原来这是两个叫莫亚的古巴黑人姑娘，她们是基督教徒。尽管由于宗教信仰的缘故她们反对任何形式的暴力，但是在当时以及在整个战争期间她们还是全力支持我们的。

饱餐一顿后，我们的体力也恢复了，但是路经马尔贝尔德(去内华达的必经之地)时，发现这一地区到处驻扎着政府的军队。经过短暂考虑后，我们这个小小的参谋部和向导共同决定，转身向回返，直接越过图尔基诺峰。在当时的情况下这条路线更崎岖难行，但是危险会小一些。

我们从小晶体管收音机中听到了一些令人担忧的消息，消息说埃斯特拉达帕尔马地区目前激战正酣，劳尔受了重伤。（时过境迁，说实在的，我至今也说不清这个消息到底是收音机里听来的呢，还是谣传。）我们不知道该不该相信这条消息，因为以往的经验告诉我们，所有此类报道都不可信。不过，为了能尽快赶到菲德尔那里，我们还是努力加快步伐。我们走了整整一夜，还在一个巴斯克后裔的农民家待了一阵子。他叫比斯凯诺，孤零零一个人住在图尔基诺山山麓丘陵地带的一个小茅屋里。唯一伴随他的就是那些马克思主义的书籍，他在屋外挖了个洞，把书都小心翼翼地藏在洞里，搬了块大石头压在洞口。他向我们夸耀他身上富有战斗性的马克思主义精神时颇有点得意，因为马克思主义当时在那个地区还是鲜为人知的东西。比斯凯诺给我们指点了该走的路后，我们又继续慢慢往前走。

西内西奥现在越走离他自己的家乡越远了，像他这样一个没有头脑的家伙——现在已经感到有点不自在了——眼下这种局面只能使他一直处于痛苦的煎熬之中。一天，天气晴好，部队停下让大家休息调整一下。一个名叫奎尔沃的新兵正在执勤放哨，他手里是一支雷明顿步枪，这是看他本性善良才发给他的。这时西内西奥也扛起步枪跑到他的哨位上。半小时后我听说了这一情况，赶忙就去找他们，因为我本来不太信任西内西奥，再说步枪也是相当宝贵的东西。但是，这两个人已经跑了。班德拉斯和伊斯雷尔·帕尔多发现逃跑者带走的是重型武器，而他们自己手中却只有左轮手枪，赶忙就去追赶他们，可是这一次他们没能找到开小差的逃兵。

一没有武器，二无法与革命的领导人保持直接的联络，在这种情况下，要想保持部队的士气实在是太困难了。虽说是行军，脚下却根本没有路，几乎可以说是全凭在深山老林里摸索着往前蹚。战士们既没有实战经验，还常遭到敌人围追堵截。敌人像巨魔一样总是在大家的幻觉中赫然出现，也时时成为农民战士私下议论的话题。来自平原地区的新兵不愿意行军，再加上他们又不熟悉陡峭的行军路上的种种困难，引发了游击队员士气方面持续的危机。当时，一个被人称作“墨西哥人”的家伙曾带头煽动大家叛逃，但没有成功。此人曾升至上尉，但今天已成了革命的叛徒，流亡在迈阿密。

当霍埃尔·伊格莱西亚斯的表兄埃梅斯·莱瓦告发他们后我才发现了这一情况。我召集了会议处理这一问题。这个“墨西哥人”以他祖宗三代的名义发誓说，即使有过离开部队的念头，他也无意放弃斗争；他只是打算组建一支游击小分队去追杀那些告密的奸细，因为在我们部队里没有用武之地。其实他是想通过追杀奸细来抢钱，这是一种典型的土匪行为。后来，在翁布里托的战斗中，我们队伍中只有埃梅斯一个人阵亡。我们一直怀疑他的死主要就和这个“墨西哥人”有关，因为埃梅斯以前告发过他。然而，没有一个人能证明这一点。

“墨西哥人”仍然留在部队中，他不是以一个男子汉的名义，就是以一个革命者的名义，反正总是以各种名义向天发誓，说他不会脱离队伍，不想脱离队伍，也不会煽动其他人脱离革命队伍。经过艰苦的短途行军之后，我们抵达离拉斯库埃瓦斯不远的图尔基诺山西坡的帕尔马莫查地区。当地农民热情地欢迎我们。我又以极大的热情在农民中履行我这个新的“拔牙师”的职责，以此和当地农民建立了直接的联系。

吃完饭恢复体力后我们便继续迅速向我们熟悉的帕尔马莫查河和因菲尔诺河地区前进。六月十五日我们抵达那里。当地的一个叫艾米利奥·卡雷拉的农民告诉我们，拉洛·萨蒂尼亚斯已经在附近设下了埋伏，他很担心，因为如果对敌人巡逻队发动袭击的话，就会危及到他的住家。

六月十六日，我们这支新组成的游击小分部与来自菲德尔纵队下属的由拉洛·萨蒂尼亚斯指挥的排会师了。拉洛给我们讲了为什么他一定要参加革命的理由。他是个商人，以往总是从城里为我们供应给养。谁知有一次他也遭到了伏击，无奈之下他杀了人，就这样逼迫他加入了游击队。拉洛现在接到了指示，要他在此等候准备阻截敌人桑切斯·莫斯克拉部队的先头部队。我们这才知道，一贯我行我素的桑切斯·莫斯克拉最近又一次闯入帕尔马莫查河地区，菲德尔指挥的纵队眼看就要把他们包围住了，他们硬是靠强行军翻过图尔基诺山，转移到山的另一面，再次避开菲德尔的部队逃脱了。

我们已经接到消息说，敌人这支部队就在附近。几天前，我们刚抵达一家农民的茅屋前就看到了敌人在前一天还占据的战壕。但是我们并没有看出，敌人不断向我们发起进攻实际上却是这支专制的部队准备撤退的一个信号。这表明马埃斯特腊山区的军事行动已经有了质的变化，我们已有足够的军事力量去围堵敌人，敌人由于担心遭到全歼，不得不全线撤退。

有了教训以后敌人变得很聪明了，他们只是偶尔闯入马埃斯特腊山区骚扰一下就往回跑。不过，敌军中顽固不化、暴躁好斗、嗜杀成性之极者就数桑切斯·莫斯克拉了，一九五七年时他还是一个普通的中尉，第二年六月在我们最后打败了敌军的全面进犯后他就被晋升为上校。他所以在军界迅速得以擢升同时又腰缠万贯，就是因为他屡屡率领部队闯入迷魂阵般的马埃斯特腊山区，疯狂地对农民进行烧杀抢劫。

一次蓄谋已久的背叛

再次和大部队会师，确实令人兴奋不已。游击队员增加到近两百人，队伍的纪律更严明，士气更高涨，还增添了新武器。我先前提到的质的变化现在在马埃斯特腊山区表现得相当明显。我们有了名副其实的解放区，警戒措施也不是非需要不可的了。战士们有了一定的自由，夜里躺在吊床里休息时可以彻夜聊天了，也可以到马埃斯特腊山区村子里老百姓家串串门，彼此建立更融洽的关系。老同志欢迎我们的热情更是让我们感到极大的欢欣鼓舞。

费利佩·帕索斯和劳尔·奇瓦斯是当时的两个大名鼎鼎的人物，不过他们的个性完全不同。劳尔·奇瓦斯完全靠他兄弟爱德华多的名声生活。爱德华多曾是古巴一个时代的真正象征，但劳尔·奇瓦斯不具备一点儿他兄弟的长处。他缺乏口才，也缺乏智慧，甚至连一点悟性也没有。仅仅是他出奇的平庸才使他成为正统党的一个独特的、具有象征性的人物。他很少说话，巴不得马上就能离开马埃斯特腊山区。

费利佩·帕索斯有个性，享有大经济学家的声誉，而且大家都知道他为人光明磊落，这是因为在卡洛斯·普里奥·索卡拉斯统治时期，他虽担任国家银行行长，守着国库，却从不染指公共财富。要知道，卡洛斯·普里奥·索卡拉斯政权是以严重贪污盗窃侵吞国家财产才引起世人关注的。也许大家会认为，在那个年代只要自己始终保持出污泥而不染就已经是一个了不起的美德了。一个政府官员循规蹈矩地干好自己的行政工作，对国家的严重问题不闻不问可能也算是一种美德吧。但是，天天面对让人瞠目结舌的社会弊病却保持沉默、不加谴责能算是一个革命者吗？费利佩·帕索斯却能很诡诈地对社会弊病缄口不言。巴蒂斯塔发动政变以后，他离开了国家银行行长的位置，以他正直、智慧和天才的经济学家声誉把自己装饰起来。他自鸣得意地认为他可以到马埃斯特腊山区来接管领导权。这个小小的马基雅弗利式的人物认为自己命中注定是个掌握国家命运的人。或许这种背叛“运动”的念头在他心里早已酝酿多时，或许是后来才有这种念头的，但是，他的行为从来也不完全是光明磊落的。

帕索斯打着我在下面将要分析的那个联合声明(《山区宣言》)的幌子，自封为“七·二六运动”驻迈阿密的代表，还打算被委任为共和国的临时总统。这样一来，普里奥就放心了，因为确保有他的一个心腹来领导临时政府了。

那时候我和菲德尔之间没有什么时间交谈，但是他告诉我他要努力使这个文件真正具有战斗性，把它作为纲领性宣言的基础。面对着这两个对人民斗争的召唤无动于衷的石器时代的人物，这可不是一件轻而易举的事。

从根本上来说，这份宣言颁布了“一个口号，即一切反对派的政党、民众团体和革命力量联合起来，组成伟大的民众革命阵线”。

宣言提出了一系列主张：“在共同斗争的联盟中建立民众革命阵线”；任命“临时政府总统”；明确宣布民众革命阵线既不要求也不接受他国对古巴内部事务的干涉；明确宣布“不接受任何军人集团组成共和国的临时政府”。这一文件表达了让军队完全脱离政治的决心，保证武装力量不卷入政治的性质。文件宣布在一年内将举行大选。

这一纲领将成为临时政府的基石，它宣布所有的政治犯，不论是平民还是军人都将获得自由；绝对保证报纸和电台的自由，一切个人权利和政治权利将受宪法保护；经由地方民众团体协商后任命所有城市的临时市长；严打形形色色的政府官员的腐化堕落行为，采取提高所有政府机构工作效率的措施；建立政府文职部门；促使工会政治民主化，推动所有工会和全行业工会联盟的自由选举；立即发起全面扫盲和全民教育运动，强调公民对社会和国家应有的权利和义务；“把旨在分配闲置土地的土地改革机构放到合适的地位，在对原土地占有者的土地实行赎买后，让租用土地的甘蔗种植户转变成土地拥有者，让所有的佃农和擅自占用国家或私人小块土地的暂耕农都转变成土地拥有者”；采取合理的财政政策，维护货币稳定，把国家信贷投到富有成效的工程中去；加速工业化进程，创造新的就业机会。

除此以外，宣言还特别强调两点：

> 首先，现在就需要任命共和国临时政府的总统，需要向全世界表明，古巴人民在争取自由的号召下能团结起来，需要支持一个具备公正无私、清廉正直、德才兼备和作风正派等优良品质因而能充分体现这一立场的人。古巴有足够这样的人才来主持共和国临时政府的工作。

（不用说，至少宣言的签署者之一费利佩·帕索斯在内心深处认为，古巴没有多少这样的人才。如果有的话，也只有一个人，那就是他自己。）

> 其次，这个人应该由所有非政党性质的民众团体来任命，这些团体的支持能使这位临时总统不介入任何政党，从而确保大选绝对干净和公正。

宣言还说：“商讨地点不一定非安排在马埃斯特腊山区，我们可以派代表到哈瓦那、墨西哥或者其他必要的地方。”

菲德尔一直不断要求他们在土地改革问题上更明确地表态，但是要打破这两个石器时代穴居人的铁板一块的阵线是非常困难的一件事。“把旨在分配闲置土地的土地改革机构放到合适的地位”，这是连《海军日报》也会赞同的政策。甚至又退一步，加上了一个条件：“在对原土地占有者的土地实行赎买后”。

革命确实兑现了原先的承诺。必须强调的是，当敌人(帕索斯等人)拒绝承认山区的权威、企图阻挠未来的革命政府时，他们便打破了在宣言中达成的默契。

协议虽然也不能让我们满意，但是还是必不可少的。而且，在当时，协议具有进步意义。当协议成为革命发展的阻力时，就应该终止。但是，我们愿意遵守协议。敌人的背信弃义帮助我们打破了这种令人头疼的联盟，让人民看清了这些人的真正用心。

我们知道，这是一个束缚我们行动的最低纲领。但是，我们也必须认识到，我们不能把马埃斯特腊山区的意愿强加给别人。在很长一段时期内我们还不得不依靠各方面的“朋友”，虽然他们无非是想利用我们的军事力量，利用人民对菲德尔·卡斯特罗的高度信任，来实现他们骇人听闻的阴谋。他们尤其是想通过外来的、与其北方主子有着千丝万缕联系的资产阶级来维护帝国主义对古巴的统治。

宣言有其积极的一面：它提到了马埃斯特腊山区，并明确指出："谁也不要受政府宣传的蒙骗，误解马埃斯特腊山区的形势。马埃斯特腊山区已经成为一座坚不可摧的自由堡垒，在我国同胞中深入人心，不可撼动。正因为这样，我们将知道如何去报答人民对我们的忠诚和信任"。"我们将知道如何去报答"其实是指"菲德尔·卡斯特罗将知道如何去报答"，因为另外两个家伙即使作为旁观者，也无法跟上马埃斯特腊山区斗争的发展。他们随后就马不停蹄地离开了马埃斯特腊山区。其中奇瓦斯还遭到巴蒂斯塔警察粗暴的突击搜查。后来，这两个人都跑到美国去了。

这是一场精心谋划的政变：古巴寡头政治的一小撮头面人物跑到马埃斯特腊山区"捍卫自由"，与被禁限在马埃斯特腊山区深山荒林里的游击队的领袖签署了一份联合宣言，然后就跑到迈阿密随心所欲地玩弄起了这张王牌。他们没有考虑到，政治上发动政变要想真正成功取决于对手的力量，而这一次，对手是手里有了武器的人民。我们的领袖充分信任游击队的军队，他果断出手采取行动，挫败了一场政变。数月后，当《迈阿密协议》的结果公开后，菲德尔义正词严的回应使敌人陷入一片慌乱无所适从。他们谴责我们制造分裂，说我们把马埃斯特腊山区的意志强加于人。但是他们又不得不变换他们的策略，设下了一个新的陷阱：《加拉加斯协议》。

《山区宣言》于一九五七年七月十二日签署，并在当时的报纸上公之于众。对我们来说，这份宣言只不过是前进途中的一次短暂的停歇而已。我们务必继续贯彻执行我们的基本使命，在战场上打败压迫者的军队。当时正在组建一支新的纵队，由我率领，我因此晋升为上尉。其他提升军阶的有：拉米罗·巴尔德斯晋升为上尉，他指挥的排编入我领导的纵队；西罗·雷东多也晋升为上尉，他负责指挥另一个排。我的这个纵队由三个排组成：第一个排是拉洛·萨蒂尼亚斯指挥的前卫排，他同时兼任纵队副司令。另两个排分别由拉米罗·巴尔德斯和西罗·雷东多指挥。我们这支号称“失去土地的农民”的纵队由近七十五人组成，虽然穿着不一，武器各样，然而，我为他们感到自豪。几个晚上以后，我的这种自豪感反而越发强烈，感到自己对革命更加亲切了。如果有可能的话，我也更加急于想用行动证明我的晋升是当之无愧的。

我们给“卡洛斯”发了一封表示祝贺的感谢信，“卡洛斯”是弗兰克·派斯搞地下活动时使用的化名，当时正是他遇害前的最后几天。所有会写字的游击队的指挥员都在信上签了名(马埃斯特腊山区的许多农民虽然还不太会写字，但是，他们已经是游击队的重要成员了)。签名分两栏，第一栏是姓名，第二栏是军衔，轮到我签名时，菲德尔只是对我说了句：“签上少校。”就是以这种最不正式的方式，几乎是菲德尔随口的一句话，我就成了这支游击武装力量的第二纵队的少校了。这支纵队就是后来闻名遐迩的第四纵队。

这封信是山区游击队战士对他们城里一位兄弟的热情

洋溢的问候，他一直在圣地亚哥英勇奋战，为我们筹集给养，减轻敌人对我们压力。信是在一个农民家里写的，现在我已记不清是哪个农民家了。

谁都难免有一点儿虚荣心，那天我感到自己是世界上最得意的人了。我晋升的标志——一颗小星，是由塞莉娅授予我的，同时我还收到一份礼物：从曼萨尼略订购的一只手表。晋升少校后我接到的第一个任务就是带领这支新组建的纵队给桑切斯·莫斯克拉设下圈套，诱他上钩。遗憾的是，这个巴蒂斯塔的最奸诈的党羽，已经离开了这一地区。

我们必须想办法证明，在未来的新区里我们可以过上这种半独立的生活，这个新区就是现在我们正要开拔前往的翁布里托地区。所以，我们就开始策划一系列重大行动。

首先必须准备隆重庆祝即将来临的七月二十六日这个大喜的日子。菲德尔放手把这件事交给我操办，但要求我慎重行事。在最后一次会议上我们遇到了一位军医塞尔希奥·德尔巴列，他虽然早已加入游击队组织，却刚干上这一行。今天他已是我们武装部队的总参谋长。那时候，由于马埃斯特腊山区条件的限制，他还只能干他军医这一行。

储藏在米兰达糖厂的武器落到了警察的手里，这些武器本打算用于开辟另一条战线的。还有几位重要的领导人，其中包括福斯蒂诺·佩雷斯也被逮捕了。由于平原地区遭到了这些挫折，所以我们急于想证明我们的力量并没有被杀绝。菲德尔反对分散我们的武装力量，但是由于平原地区同志们一再坚持，他最后还是让步了。后来证明菲德尔的观点是正确的，从那时起，我们便倾注全力巩固和加强马埃斯特腊山区，作为扩大游击队武装力量的第一步。

攻打布埃锡托

我们纵队刚获得独立作战的地位以后，随之也出现了新的问题。为了确保今后战斗的胜利，我们必须建立高度严格的纪律，组织起指挥系统，设立总参谋部。鉴于我们的战士缺乏纪律性，要完成上述工作并不轻松。

我们的一支独立游击小分队刚组建不久，大家原本很喜爱的一位同志——马赛奥中尉就离开了部队。他是到圣地亚哥执行任务，但是，以后我们就再也没有见到他，因为他在战斗中投敌了。

我们也晋升了几位同志：威廉·罗德里格斯晋升为中尉，劳尔·卡斯特罗·梅卡德尔也晋升为中尉。我们想以这种方法把这支小小的游击队的武装力量搞得像模像样。一天早晨，听说一个战士开小差了，我很失望。他还带走了一支0.22英寸口径的步枪，在当时那种糟糕的环境里这种枪是非常珍贵的。这个逃兵是前卫排的奇诺·翁，他很可能是逃到位于马埃斯特腊山脚下他自己的家乡了。我们立即派两个人去追赶他，但是自从伊斯雷尔·帕尔多和班德拉斯寻找逃兵无果而归后，我们对寻找他也不抱希望了。伊斯雷尔·帕尔多熟悉这一带地形，精力又旺盛，所以被派在我身边执行特殊任务。

我们开始精心制订雄心勃勃的作战计划，首先夜袭埃斯特拉达帕尔马，接着武力攻打邻近的亚拉和贝吉斯塔两个村庄里的敌人小股驻军，而后按原路返回山区。这样，靠着这种攻其不备的战略，发动一次袭击就能拿下三座敌军兵营。为此，我们在尽可能少用子弹的基础上，进行了射击训练，结果发现，除了那挺又旧又脏的麦德森机枪外，其他所有的武器都很好。在给菲德尔的一封短信中，我们提纲挈领地向他汇报了这一计划，请他做出最后的决断。虽然没有接到答复，但是七月二十七日我们从收音机里听到了有两百人攻打埃斯特拉达帕尔马的消息，根据官方的报道，这场战斗是由劳尔·卡斯特罗指挥的。

《波希米亚》在当时唯一没有受当局审查的一期杂志中刊出了游击队在埃斯特拉达帕尔马重创敌军的一篇报道，说一座旧兵营被游击队烧毁了。文章还提到了菲德尔·卡斯特罗、塞莉娅·桑切斯，公布了从山上下来的全部七位精英将士名单。报道中事实真相和记者生花之笔编造的神话杂糅在一起，连他们自己都难分真假。事实上，发动这场攻击的人数远远少于两百人，担任指挥的是吉列尔莫·加西亚少校(当时是上尉)。其实根本也没有进行什么实质性的交战，因为巴雷拉上校此前不久已经撤退了，这也合乎常理，因为他担心七月二十六日我们会发动大规模袭击，也很可能是他对自己的处境缺乏信心。埃斯特拉达帕尔马一战基本上是一次简单的快速出击。第二天，政府军就来围追我们游击队。我记得，由于组织工作有漏洞，我们有一个战士在圣洛伦索附近一个地方倒下睡着了，结果被敌人抓走。听到攻打埃斯特拉达帕尔马的消息后，我们决定，在七月二十六日随后的几天里迅速组织攻打另一个兵营，继续保持起义军高昂的战斗气氛。

在向马埃斯特腊山区行军途中，派去追赶逃兵的两名战士中有一个在靠近拉赫里加的地方赶上了我们。他告诉我们，和他一同执行任务的那个同志对他说，奇诺・翁是他的好朋友，他是不会出卖好朋友的，随后还劝我们这位同志一起离开部队算了，还说他自己是不愿意再回游击队了。我们这位同志命令他停下，但是他仍然一个劲地往前走，最后我们这位同志只好开枪把他打死了。

我把全体部队集合到面向着这一悲惨事件现场的小山上，告诉大家我们要到现场看看，给大家解释这一活动的意义，解释为什么临阵逃脱要被处死，为什么一个人只要背叛革命就必须被处以极刑。我们排成一路纵队从这个临阵逃脱者的尸体前默默地走过。大多数战士以前从未见到过死人的情况，这一次他们受到了震动，但这种震动与其说是由于死者对革命不忠而触发的，还不如说是他们对死者还有个人感情，他们身上当时很自然还有政治的软弱性。当时的形势是很艰难的，处死叛逃者的作用只是以儆效尤。这里也不值得公布他的名字了，我只想说，死者是附近地区的一个普通的年轻农民。

我们一路经过了一些熟悉的地区。七月三十日，拉洛·萨蒂尼亚斯和他的一位老朋友联系上了，他叫阿曼多·奥利弗，是矿区的一个商人。我们约定在靠近加利福尼亚一带的一座房子里见面，会面时阿曼多·奥利弗还带来了另一个叫豪尔赫·阿比希的人。我们谈了打算进攻米纳斯和布埃锡托的想法。向别人泄漏这一军事秘密是要冒极大风险的，但是拉洛·萨蒂尼亚斯熟悉并信任这些同志。

阿曼多告诉我们，每到星期天卡西利亚斯总要路过这一地区，因为他在那里有个情妇，这是政府军官兵积重难返的陋习。我们急于想在敌人发现我们踪迹之前迅速发起进攻，打他个下马威，抓住这个臭名昭著的家伙。于是决定在第二天，即七月三十一日夜里发起进攻。阿曼多·奥利弗负责为我们提供卡车、数名向导和一名矿工。向导熟悉地形，矿工负责炸毁连接布埃锡托公路和曼萨尼略至巴亚莫公路的多座桥梁。第二天下午两点我们就出发了，两三小时后我们登上了马埃斯特腊山山顶，把背包行李一藏，只带着野战装备继续行军。一路上我们得走好长一段时间，经常路过一些住宅。有一间住宅我们经过时正在举行晚会，我们把所有的人都召集在一起，“给他们宣读防暴法令”，明确告诉他们，如果有人知道游击队来了，就拿他们问责。随后我们又匆忙离开，继续行军。当然，像这样的遭遇并不会引起多大危险，因为那时候马埃斯特腊山区既没有电话，也没有任何其他的通讯工具。告密者必须跑步才能赶在我们的前头。

我们到了桑铁斯特万同志的家，他提供一辆轻型卡车让我们使用。阿曼多·奥利弗还送来了两辆卡车。所有游击队员都乘上了卡车——第一辆车上的是拉洛·萨蒂尼亚斯，我和拉米罗在第二辆车上，西罗和他指挥的排乘坐第三辆——仅三小时就开到了米纳斯村庄。米纳斯驻军的警惕性很差。所以，我们把后卫排留在这里，由比洛·阿库尼亚中尉(今天的起义军少校)指挥，主要的任务就是确保不让敌人向布埃锡托增援。其他人则继续向布埃锡托的外围推进。

在村口，我们截住了一辆运煤的卡车，并派一名战士押着这辆车走在前面，看看是否有敌人的卫兵在值勤，因为有时候进入布埃锡托时，敌人岗哨会检查来自马埃斯特腊山区的物资。结果发现没有一个值勤的，所有的士兵都在做着他们的美梦呢!

我们的计划很简单，不过倒是有点儿炫耀实力的色彩：拉洛·萨蒂尼亚斯攻打兵营的西侧，拉米罗和他指挥的排负责把这个兵营严严实实地包围起来，西罗带领参谋部的一班人员用机枪从正面发起攻击。阿曼多·奥利弗装着满不在乎的样子开小轿车抵达，然后突然打开前车灯使敌人卫兵暴露在灯光之下。这时候，拉米罗指挥的一班人马立即冲进敌人兵营，把敌人统统抓获。同时还得预先采取好措施，把在屋子里睡觉的士兵一网打尽。诺达中尉——他后来在攻打皮诺德尔阿瓜的战斗中牺牲了——指挥的班负责在战斗打响前扣押公路上所有的车辆。威廉则奉命去炸毁连接布埃锡托和中央公路的桥梁，拖延敌人行进速度。

这个计划最终也没能实现，因为对不熟悉地形又没有作战经验的战士来说太困难了。拉米罗指挥的排在夜行军中有几个战士走散了，抵达时误了点。阿曼多·奥利弗的小轿车也没有到。当我们的部队进入阵地时，不知什么地方的几条狗又汪汪地狂吠起来。

当我沿着村里的主路向前走时，只见一幢房子里出来一个人。我大声喝道："谁？站住！"那个人以为我是政府军的士兵，就报出了他的身份："乡村警卫队的！"我一把用枪顶着他，他扭头就跑回了屋里，砰的一声把门关上了。他吓得满屋子乱跑，桌椅都被撞得翻了个，玻璃器皿也丁零当啷砸得粉碎。我看，我们两人好像是达成了默契：我没有开枪，因为我们的主要任务是攻占兵营，他也没有大喊大叫地向他的同伴报警。

我们蹑手蹑脚地向前推进，让最后一批战士进入阵地。就在这时，兵营的哨兵朝我们这边走过来，可能是因为狗叫声，也可能是我和刚才那个乡村警卫队队员的冲突引起了他的警觉吧。我们俩走到面对面仅相差几米远时，我扣住了手中的汤姆逊冲锋枪的扳机，他也扣住了他的加伦德式半自动步枪的扳机，双方一触即发。当时，跟我在一起的还有伊斯雷尔·帕尔多。我大吼一声：“站住！”那个端着半自动步枪准备射击的家伙刚要动手，这就够了！我立刻扣动扳机就朝他胸部射击，不料枪没打响，却让自己处于毫无防御能力的境地。伊斯雷尔·帕尔多也朝他射击，但是，他那把 0.22 英寸口径的老爷枪也没有打响。我真不知道伊斯雷尔·帕尔多是如何活着逃出来的，只记得我以前所未有的速度拔脚就跑，雨点般密集的枪弹不停在我头顶上嗖嗖地穿过。我飞也似的在街角拐了个弯，跑到了紧邻的一条小路上，赶紧修起了我那支汤姆逊式冲锋枪。

然而，那个卫兵无意中却为我方发出了攻击的信号。因为是他打响了第一声枪。紧接着四面八方枪声大作，这个吓破了胆的卫兵就躲在一根柱子后面，直到枪声停了我们才发现了他。就在伊斯雷尔回去联络的时候，枪战中止了，敌人宣布投降了，战斗只持续了两分钟。小拉米罗指挥的战士听到第一阵枪响时，就从后面冲了进去，以一扇木门为掩护向敌人兵营发起了攻击。

兵营中的十二个卫兵六个受了伤。我方一名新近刚入伍的战士佩德罗·里韦拉同志胸部中弹牺牲。四个战士中三个受了轻伤。我们把兵营中有用的物资运走之后，一把火把兵营烧了，接着就带着俘虏乘卡车离开了，两个俘虏中一个是哨所中士班长，另一个是名叫奥兰的奸细。

天已大亮，沿途的村民给我们送来了冰镇啤酒和食物饮料。中央公路附近的一座木制小桥已被炸毁。在最后一辆卡车通过以后，我们炸毁了小河上的另一座木制小桥。奥利弗把炸桥的矿工带来交给了我们，他成了我们游击队的新成员，是一个不可多得的人才。他就是克里斯蒂诺·纳兰霍。后来成为我军的一名少校，但是，在革命胜利后遭人暗杀。

我们一路继续前进，抵达米纳斯后便停下召集了一次小型集会。可笑的是，当地商店的店主阿比希家族的一个成员竟以人民的名义，请求我们释放那个中士和奸细。我们解释说扣押这些俘虏是以他们的生命作担保，防止敌人对村民进行报复。但是，他死缠住我们一个劲儿地请求放人，我们只好同意放了这两名俘虏。他们也答应保证老百姓的安全。在离开这里返回马埃斯特腊山区前，我们把牺牲的那位同志安葬在镇上的公墓里。这时，有几架侦察飞机在我们头顶上空盘旋，为了安全起见，我们躲进一个商店，护理一下三个受伤的战士。有一个战士肩膀受了点儿轻伤，但是肉被撕裂了，所以，治疗起来还有点困难。另一个受轻伤的是手部被小口径的枪打伤。还有个战士头部肿了一个大包，显然是被兵营墙上的灰泥落下来砸的。因为枪声一响，兵营里的几头骡子有的被吓惊了，有的受了伤，就失魂落魄似的到处乱蹦乱踢，把墙上的灰泥全踢了下来。

我们在加利福尼亚高地下了车，分发了新武器。虽然我在战斗中没起什么作用，更谈不上有什么英勇的表现——敌人朝我开那几枪时我还背对着敌人在往回跑——我还是分到了从敌人兵营中缴获的一挺珍贵的勃朗宁机枪，彻底扔掉了那支破旧的汤姆逊式冲锋枪和那些关键时刻老是卡壳的不安全的子弹。精良的武器都发给了表现最好的战士，表现差的胆小如鼠的人被我们打发回家了，其中包括那一群“落汤鸡”。战斗刚打响，他们就被枪声吓得抱头鼠窜，结果慌不择路地都掉到了河里。表现好的有拉米罗·巴尔德斯上尉和劳尔·卡斯特罗·梅卡德尔中尉，拉米罗·巴尔德斯是这次战斗的指挥，劳尔·卡斯特罗·梅卡德尔和他手下的士兵则在这次战斗中起了决定性的作用。

我们再次回到山里时，听说政府已宣布实行紧急状态，重新实行了新闻检查制度。我们也听到了弗兰克·派斯在圣地亚哥街头被害的消息，这是革命遭受的重大损失。他的遇害标志着古巴革命中最纯洁最灿烂的一个生命凋谢了。圣地亚哥、哈瓦那和全古巴其他地方的人都走上街头，爆发了自发的八月大罢工。政府的新闻半检查制度变成了全面的新闻检查，我们进入了一个新时期，原先喋喋不休的假反对党人士都缄口不言了，巴蒂斯塔豢养的刺客在全古巴范围内兽性大发疯狂进行谋杀，这样，就把战争扩展到了全国范围。

我们失去了勇敢无畏的战士弗兰克·派斯，但是，弗兰克·派斯遇害产生的强烈反响表明不断有新的力量源源加入革命斗争，人民的战斗精神在持续高涨。

翁布里托伏击战

纵队刚成立一个月，大家就已经对窝在马埃斯特腊山区游而不击的生活感到厌倦了。我们驻扎的地方叫翁布里托(意为“小人”)山谷，之所以这样命名是因为从平原向马埃斯特腊山望去，可以看到山峰上有两块巨大的石板垂直地摞在一起，活像一个小小的人形。

战士们仍然很年轻，缺乏经验，所以只有对他们加大训练，将来才能应对真正困难的局面。但是革命战争中情况瞬息万变，往往使我们不得不随时准备投入战斗。马埃斯特腊山区已经成了众所周知的古巴的解放区，所以我们必须粉碎任何来犯的敌人。

一九五七年八月二十九日，准确地说是八月二十九日夜间，一个农民向我们报告，敌军的大队人马正沿着通向翁布里托的公路准备上山，这条公路也许在翁布里托山谷就中断了，也许一直通向康拉多高地再翻山而去。我们现在已经不会轻易听信假情报了，所以，我扣下了那个人，命令他说出真相，并吓唬说，谎报军情将会受到严惩。但是，他再三地发誓说他说的没有一句假话，并说，政府军已经到了离马埃斯特腊山两三公里远的胡里奥·萨帕特罗的农场了。

我们趁着夜色进入了阵地。拉洛·萨蒂尼亚斯指挥的一个排奉命占据一小片干枯的、低海拔的蕨类树林的东侧，俟敌停下，随即开火。拉米罗·巴尔德斯带领的火力稍弱的战士占领西侧，进行“战场音响大战”，惊扰敌人。他们虽然武器装备稍欠，但是所在的阵地危险性小，敌人部队须穿过一条山涧才能攻到他们那里。

估计敌人走的小路就紧挨着拉洛的战士隐蔽的那座小山坡，西罗指挥的战士将从侧翼向敌人发起攻击，我指挥一小股武器精良的射手准备打响开战的第一枪。拉米罗排里最精锐的一个班由劳尔·梅卡德尔中尉指挥，他们要作为突击部队，负责最终解决这场战斗。作战计划非常简单：敌人经过路上的一个小弯道时几乎要绕着一块巨石拐九十度的弯，我先让十到十二个士兵通过，然后开枪打死最后一名士兵，目的是要把敌人一分为二切成两段。我指挥的战士迅速把前面的敌人歼灭后，劳尔·梅卡德尔指挥的战士随即迅速向前冲去，收缴死者的武器，然后，我们将在比洛·阿库尼亚中尉指挥的后卫排的火力掩护下迅速撤退。

天刚亮，我们就来到拉米罗·巴尔德斯的阵地——一片种植咖啡的树林里——观察下面山坡上胡里奥·萨帕特罗的住所。日出时，士兵们进进出出正忙着洗漱、整理内务、吃早饭。过了一会儿，有人戴上了钢盔，这证实了刚才那个农民提供的情报是可靠的。我们所有的战士都进入了阵地做好了战斗准备。

我进入自己的哨位，我们都紧紧地盯着正在费力地往上爬的敌人部队最前面的几个士兵。等待的时间长得没完没了，我的手指一直在拨弄着这支新的勃朗宁机枪的扳机，准备让它在第一次战斗中就大显身手。最后，有人报告说，敌人越来越近了，我们已经能听到他们毫无顾忌的说话声和刺耳的叫喊声。第一个士兵从我们面前过去了，接着第二个第三个也过去了。我推算了一下，他们的队伍拉得太开，如果按原计划让十二个士兵都过去，时间就不够。我刚数到第六个士兵时，就听见队伍前面有人大喊一声，一个敌人士兵吃惊地抬起了头。我立即打响了第一枪，第六个士兵应声倒下。接着，枪战迅速扩散开来，等到我的机枪再次开火时，这六个士兵已从公路上消失得无影无踪了。

我命令劳尔·梅卡德尔指挥的班发起进攻，这时，有些志愿人员也来参战了，敌人的两个侧翼受到了我们火力的夹击。我们已有人冲在前面了，其中有前卫排的奥雷斯特斯中尉、劳尔·梅卡德尔本人、阿方索·萨亚斯、阿西维亚德斯·贝穆德斯以及鲁道夫·巴斯克斯。他们以一块巨石为掩护，向敌人部队开火。敌人有一个连的兵力，直接由梅罗布·索萨少校指挥。鲁道夫·巴斯克斯夺过了被我击伤的那个士兵手中的武器。遗憾的是，他原来是个军医，只带着一把乡村警卫队使用的那种 0.45 英寸口径的左轮手枪和十到十二发子弹。其他五个士兵都跑了，仓皇跑到小路的右侧，沿着不远的一个河床向后撤退。过了一段时间以后，才传来敌人部队发射的第一阵巴祖卡火箭炮声。敌人在遭到我们袭击后，现在才算惊魂甫定。

除了我的那挺机枪外，那挺马克沁机枪就是我们唯一拥有的重型武器了，但是从来没有在战场上使用过。这挺机枪是发给胡利奥·佩雷斯使用的，可他摆弄来摆弄去也没搞明白怎么使。在拉米罗·巴尔德斯这一侧，伊斯雷尔·帕尔多和霍埃尔·伊格莱西亚斯端着他们几乎是原始的武器冲向敌人。两侧的霰弹枪也嗒嗒嗒嗒响了起来，战场上震耳欲聋一片恐怖，敌人陷入更加慌乱的局面。由于我们事先安排了阻挡敌人的第二道防线，所以我下令两侧的各排撤退，当他们开始后撤时，我们也开始后撤，留下后卫排的火力抵挡敌人，直到拉洛·萨蒂尼亚斯指挥的一个排全部撤完为止。

没过多久，比洛·阿库尼亚完成任务回来了。他告诉我们霍埃尔·伊格莱西亚斯的表兄埃梅斯·莱瓦在战斗中牺牲了。撤退途中，我们遇到了菲德尔派来的由伊格纳西奥·佩雷斯上尉指挥的一个排，之前我已经通报了菲德尔我们将会和敌人的精锐部队有一场冲突。我们从战场上往后撤了大约数千米后便准备再次对敌人进行伏击。敌人来到了曾经爆发战斗的那个小高地，就在我们的眼前他们焚烧了埃梅斯·莱瓦的尸体作为报复。我们虽然一个个怒火中烧，但也没有办法，只能从远处向他们开火，他们则用火箭筒还击我们。

直到这时我才搞清楚，那个大喊一声引得我匆匆开了第一枪的敌人士兵原来是在喊："太好了，快到了！"可能是指他们快到山顶了。这次战斗证明我们平时的军事训练太差，近距离——敌人的先头部队离我们阵地也就不超过十到二十米的距离——都打不中一支行军中的敌人部队。尽管如此，对我们来说，这还是一次了不起的胜利，因为我们阻止了梅罗布·索萨部队的推进，他们只得在黄昏时分撤退，我们可谓是略胜他们一筹。我们从敌人手里缴获了一件小武器，算是一种微不足道的补偿吧，但是，我们却折损了一位英勇的战士。所有这一切都是在我们用少量的武器对抗敌人整整一个连的情况下取得的。敌军至少有一百四十人，全都装备有现代战争所需要的精良武器，他们用火箭筒甚至可能使用迫击炮攻击我们的阵地，不过，和我们一样他们差不多也是漫无目标地乱射一气。

这一仗以后，我们又晋升了一批有功人员：阿方索·萨亚斯因为作战英勇晋升中尉，还有其他一些人也得到提升，名字我已经记不清了。那天夜里，也许是第二天，敌人撤退以后，菲德尔和我们进行了一次交谈，他极度兴奋地提到他们袭击拉斯库埃瓦斯一带巴蒂斯塔政府军的过程。我还听到了一些勇敢无畏的战士在战斗中阵亡的消息，牺牲的有来自曼萨尼略的胡文蒂诺·阿拉尔孔，他是最早加入游击队的战士之一；还有帕斯托·帕洛马雷斯、亚约·卡斯蒂略和里戈韦托·奥利瓦。奥利瓦是巴蒂斯塔政府军里一名中尉的儿子，像所有其他人一样，这个年轻人也是一位了不起的战士。

菲德尔打赢的那一仗比我们这一仗意义重大得多，因为它不是一次伏击战，而是攻打一个设防的要塞。尽管他们没有彻底摧毁敌军，但是还是给敌人造成了重大伤亡，敌人次日就从阵地上撤退了。那天的战斗英雄之一是一个叫“黑人皮龙”的战士费利克斯·卢戈内斯，据说那天他在一家农民的茅屋前看到“一大堆奇怪的像管筒一样的东西，旁边还堆着一些木箱子”，原来那是敌人丢弃的火箭筒。但是，即使我们也只是听说过这种武器的名字，从来也没见过是什么模样，更别说皮龙了。由于腿部有伤，他还是扔下火箭筒就从茅屋往后撤了。我们就这样坐失良机，没有把火箭筒搞到手。在攻打敌人的防御工事时火箭筒还是非常有效的一种武器。

我们这一仗还产生了另一个负面影响。一两天后听说政府军发布的一份战报中提到他们打死了五六个游击队员。后来，我们才知道，除了尸体遭敌人蹂躏的我们的那位同志外，还有四五个农民也被他们杀害了，我们也要向他们表示哀悼。因为这些农民没有把游击队抵达的消息报告给他们，这个穷凶极恶的梅罗布·索萨便认定他们应该对这次伏击负责。我至今还记得这几个农民兄弟的名字，他们是：阿维盖尔、卡利斯托、巴勃利托·莱冯（海地血统的）和贡萨洛·冈萨雷斯。他们在某种程度上或者根本就是无辜的，与我们没有任何瓜葛。他们知道我们在那个地区，像所有的农民一样他们也同情我们的事业。但是，我们部队的调动他们根本不知道。了解到巴蒂斯塔政府军头目采用的这种手法后，我们便不让农民了解我们的意图。如果有农民碰巧路过我们准备伏击敌人的地区，我们就把他们留在部队里，直到伏击战结束。那几个不幸的农民是在他们住的小茅屋里被杀害的，敌人随后又放火把茅屋烧毁了。

这一仗还告诉我们，在一定条件下，对行军中的敌人发动袭击是很容易的。而且，我们开始相信，正确的战术是，敌人靠近时，把攻击目标对准敌人队伍的最前面，设法打死第一个或者头几个士兵。这样一来，敌军部队就会拒绝往前冲，陷入僵局，动弹不了。这一战术经过实战运用渐渐更加细化，更加具体，最终形成一整套战术体系，使敌人尝尽了苦头再也不敢进犯马埃斯特腊山区了。更让政府军丢人的是，敌军士兵甚至拒绝在行军中充当先头部队。不过，现在仍然需要经过更多的战斗实践才能使这一战术趋于完善。

与菲德尔的部队会师后，我们就可以谈谈我们自己的战绩了。战绩虽然微不足道，还是很感人的，因为这是力量悬殊的两支部队——装备简陋的革命战士和装备精良的压迫者的军队——之间的一场较量。

这一战多少标志着战争中的一个转折点——巴蒂斯塔政府军部队开始从马埃斯特腊山区撤退了。从此以后，只有桑切斯·莫斯克拉这个自恃胆大包天的家伙偶尔闯进来过几回。在巴蒂斯塔政府军头目中要论胆大妄为、暴戾恣睢和偷鸡摸狗，则非桑切斯·莫斯克拉莫属了。

回忆帕托霍同志

几天以前，一份电报给我们带来了危地马拉爱国志士惨遭杀害的消息，遇难者中就有胡利奥·罗伯托·卡塞雷斯·巴列。

在革命这一充满艰辛的职业中，在震撼整个南美洲大陆的阶级战争中，死人的事是经常发生的，也是无法预料的。但是，一个有着患难之交的同志和朋友、一个曾经和我共同憧憬过美好岁月的同志被敌人无情杀害，作为他的朋友，我听到这一消息内心总感到十分痛苦。胡利奥·罗伯托正是这样一位伟大的朋友。他身材矮小，又很瘦弱，因此我们都叫他“帕托霍”，危地马拉俚语中这是“小个子”或“小家伙”的意思。

帕托霍在墨西哥目睹了我们革命的诞生，并自愿参加我们的活动。不过，菲德尔不再想让更多的外国人加入到他们国家的解放斗争中去，我是有幸早帕托霍一步参加了古巴革命。

古巴革命胜利后不几天，帕托霍就变卖了他为数不多的家产，只拎了一个小手提箱便来到了古巴。他在政府机关的各个部门供过职，曾是国家土地改革研究所工业化司的第一任人事处处长。但是他从没有满足于自己的工作。帕托霍另有所求，他在谋求解放他自己的国家。正如古巴革命使我们所有这些人发生了深刻变化一样，古巴革命也使帕托霍发生了深刻的变化。这个离开危地马拉时对失败还不能充分理解的迷茫的年轻人现在已经成了一名高度自觉的革命者。

我们第一次见面是在逃离危地马拉时乘坐的火车上，那是一九五四年哈科沃·阿本斯政府被推翻后的两个月。我们正在去塔帕丘拉的路上，从那里可以抵达墨西哥城。帕托霍比我小几岁，但是我们立刻建立起了终身的友谊。我们一起从恰帕斯来到了墨西哥城，一起面临着同样的问题——囊中羞涩，屡遭挫折，不得不在一个即使不是敌视、也是冷漠的环境中挣钱谋生。帕托霍一文不名，我也只剩几个比索。于是我买了架照相机，我们就在城市的公园里给过往的游人拍照，一起干起了这种非法的工作。我们的合伙人是个墨西哥人，他有一个小暗室，可供我们冲洗胶卷。我们在城里四处奔波，给顾客发送我们拍摄的蹩脚的照片，就这样我们渐渐熟悉了整个墨西哥城。我们要磨碎嘴皮和各种各样的顾客打交道，竭力让他们相信我们照片里拍的小孩确实非常可爱，掏一比索买这样一张摄影杰作实在是很划算的事。就这样我们才得以勉强糊口，混了好几个月。革命生活中出现的意外情况渐渐地把我们分开了。我已经说了，菲德尔不想把他带到古巴，这倒并不是因为他身上有什么毛病，而是不想把我们的军队变成不同国籍的杂牌军。

帕托霍当过记者，在墨西哥大学学过物理，辍学一段时间后又复学，学业上并没有很大成就。为了挣钱糊口他奔波各地，从事过各种工作，从来不开口求人。我至今仍然不知道这个敏感而严肃的年轻人是否过于羞怯，或者自尊心太强而无法正视自己的弱点，不愿意为个人的困难去求朋友帮忙。帕托霍是个性格内向的人，他悟性很强，文雅而有涵养，也很敏感。他一步步成熟起来，在生命的最后的日子里，他随时准备将自己最大的情感奉献给他的人民。帕托霍是危地马拉劳动党党员，在党内生活中他严格要求自己，渐渐成长为一个优秀的革命干部。这时，他早期过于敏感的性格如脱胎换骨般消失殆尽。革命净化了人的心灵，优化了人的品质。就像经验丰富的农民弥补了作物的缺陷，强化了它的优点一样。

帕托霍来到古巴后，我们总是住在同一间房间里，这对两个老朋友来说是再好不过的了。不过，在他这一段新生活中，我们无法保持早期那种亲密无间的关系了。有时只有看到他一丝不苟地在学习他们国家一种当地的印第安语时，我才能琢磨出他心里在盘算什么。一天，他告诉我他要走了。他说，他为国尽责的时候到了。

帕托霍没有接受过军事训练，他仅仅感到这是义不容辞，他要回国拿起枪杆，投入战斗，想方设法像我们一样进行游击战。就在那段时间里我们进行了一次难得的长谈。我没有谈别的，只是向他提出了游击运动特别应该注意的三点建议：不停地转移运动，始终小心谨慎，永远高度警惕。转移运动——绝不要固定在一处不动，绝不要在同一地点连宿两个晚上，要不断地到处转移；小心谨慎——一开始什么都要提防，即使是自己的影子、友善的农民、报信者、向导以及联络人也要提防，在拥有自己的解放区前什么都不要相信；高度警惕——永远要有警卫站岗值勤，凡事都要侦察调查，在安全的地方建立营地，最重要的是，绝不要在同一个屋里睡觉，绝不要在可能被敌人包围的屋里睡觉。这是我们游击经验之大成。除了和他热烈地握手致敬外，这是我唯一能奉献给朋友的东西。我能劝他不这么干吗？我有什么权力劝他不这么干？我们从事的事业一度也被认为是不可能成功的，现在帕托霍不是亲眼看到它成功了吗？

帕托霍走了，过了一段时间后就传来他牺牲的噩耗。一开始我们真希望是名字搞混了，是误传。但是，不幸的是，他的尸体已由他母亲确认了，毫无疑问他死了。遇难的不仅是帕托霍一个人，还有一批和他一起战斗的同志，他们都和帕托霍一样无私无畏、聪颖智慧，但是我们不认识他们。

我们再次面临失败的苦涩，那个无法给出答案的问题再次出现在我们面前：为什么他不从别人的经验里吸取教训呢？为什么那些游击队员不能更细心地品味我们简单的忠告呢？现在急需调查一下这件事的前因后果，调查帕托霍的死因。我们仍然无法确切知道到底出了什么事，但是我们确实知道的是，他们没有选择好游击斗争的区域，他们在体力上准备不足，他们不够小心谨慎，当然，他们也缺乏警惕性。镇压者的军队袭击了他们，打死了一些人，击溃了其他人，然后又掉头追捕他们，几乎把他们杀绝了。他们有些人当了俘虏，有些人像帕托霍一样在战斗中阵亡。游击队被击溃后，多半是会遭到当局追捕的，就像我们在阿莱格里亚-德皮奥遭袭击后的遭遇一样。

为了争取自由，年轻人的鲜血又一次滋润了这块南美洲大地。又一场战斗失败了，在磨砺砍刀时，我们必须起身为在战场上倒下的同志致敬默哀。我们心爱的战士倒下了，换来了宝贵的经验和悲惨的教训，我们一定不能重犯他们的错误，要用一个接一个的胜利为每一个死者报仇，争取最后的解放。

帕托霍离开古巴时没有留下任何东西，也没有给我们留下什么话，他没有什么衣物或个人财产要担忧的。然而，我和帕托霍在墨西哥的共同的老朋友给我捎来了帕托霍没有带走的写在笔记本里的一些诗篇。这是一个革命者的最后诗文，也是对革命、对祖国、对一位女性的恋歌。这最后几行是帕托霍向他在古巴认识并爱上的一位女性倾诉的，也是他最后的嘱咐：

收下吧，它只是我的一颗心
用你的双手
把它捧紧
当黎明来临
松开你的双手
让温暖的太阳把它苏醒……

帕托霍的心留在了我们中间，留在了他最心爱的人的手中，留在了全体人民充满爱心的手中，等待着新的一天到来，在温暖的阳光下苏醒。这新的一天的曙光一定会照耀危地马拉，照耀整个南美洲大陆。今天，在工业部里还有不少帕托霍的朋友，为了纪念他，部里一所规模不大的统计学校就用“胡利奥·罗伯托·卡塞雷斯·巴列”命名。今后，当危地马拉获得自由后，这一深受大家热爱的名字一定会用来命名学校、工厂、医院，命名任何为创建新社会人民将战斗和工作的地方。

triste pero aleccionadora: Sergio Acuña, el desertor de días atrás, fue a la casa de unos parientes, allí se puso a relatar a sus primas sus hazañas como guerrillero, lo escuchó un tal Pedro Herrera, lo delató a la guardia, vino ~~el famoso~~ cabo Roselló* ~~(ya ajusticiado por el pueblo)~~, lo torturó, le dio cuatro tiros y, al parecer, lo colgó. Esto enseñaba a la tropa el valor de la cohesión y la inutilidad de intentar huir individualmente del destino colectivo; pero, además, nos colocaba ante la necesidad de cambiar de lugar pues, presumiblemente, el muchacho hablaría antes de ser asesinado y él conocía la casa de Florentino, donde estábamos. Hubo un hecho curioso en aquel momento, que sólo después atando cabos, hizo la luz en nuestro entendimiento: Eutimio Guerra, había manifestado que en un sueño se había enterado de la muerte de Sergio Acuña, y, todavía más, dijo que el cabo Roselló lo había muerto. Esto suscitó una larga discusión filosófica de si era posible la predicción de los acontecimientos por medio de los sueños o no. Era parte de mi tarea diaria hacer explicaciones de tipo cultural o político a la tropa ~~y explicaba claramente~~ que eso no era posible, que podía deberse a alguna casualidad muy grande, que todos pensábamos que era posible ese desenlace para Sergio Acuña, que Roselló era el hombre que estaba asolando la zona, etc. ~~; además~~. Universo Sánchez dio la clave diciendo que Eutimio era un «paquetero», que alguien se lo había dicho, pues éste había salido el día antes y había traído cincuenta latas de leche y una linterna militar. Uno de los que más insistían en la teoría de la iluminación era un guajiro analfabeto de 45 años a quien ya me he referido: Julio Zenón Acosta. Fue mi primer alumno en la Sierra; ~~estaba~~ haciendo esfuerzos por alfabetizarlo y, en los lugares donde nos deteníamos, le iba enseñando las primeras letras; estábamos en la etapa de identificar la A y la O, la E y la I. Con mucho empeño, sin considerar los años pasados sino lo que quedaba por hacer, Julio Zenón se había dado a la tarea ~~de alfabetizarse~~. Quizás su ejemplo en este año pudiera servir a muchos

* No hay certeza de la veracidad de la noticia sobre la identidad del asesino.

conocía algo la región. Se había propuesto la división en dos patrullas para aligerar la marcha y dejar menos rastro, pero Almeida y yo nos opusimos para conservar la integridad de aquel grupo. Reconocimos el lugar, llamado Limones y, después de algunos titubeos, pues algunos compañeros querían alejarse, Almeida, jefe del grupo en razón de su grado de capitán, ordenó seguir hasta el Lomón, que era el lugar de reunión dado por Fidel. Algunos compañeros argumentaban que el Lomón era un lugar conocido por Eutimio y, por tanto, que allí estaría el ejército. Ya no nos cabía, por supuesto, la menor duda de que Eutimio era el traidor, pero la decisión de Almeida fue cumplir la orden de Fidel.

Tras tres días de separación, el 12 de febrero, nos reunimos con Fidel cerca del Lomón, en un lugar denominado «Derecha de la Caridad». Allí ya se tuvo la confirmación de que el traidor era Eutimio Guerra y se nos hizo toda la historia; ella empezaba cuando después de La Plata fuera apresado por Casillas y, en vez de matarlo, le ofreciera una cantidad por la vida de Fidel; nos enteramos de que había sido él el que delatara nuestra posición en Caracas, y que, precisamente, él había dado la orden de atacar la Loma del Burro porque ese era nuestro itinerario (lo habíamos cambiado a última hora), y también él había organizado el ataque concentrado sobre el pequeño hueco que teníamos de refugio en el Cañón del Arroyo, del cual nos salvamos con una sola baja por la oportuna retirada que ordenara Fidel. Además, se tenía confirmación también de la muerte de Julio Acosta y de que un guardia por lo menos había muerto y se decía que algunos heridos. Tengo que confesar que ni el muerto ni los heridos pueden cargarse a mi fusil, porque no hice nada más que una «retirada estratégica» a toda velocidad en aquel encuentro. Ahora estábamos de nuevo reunidos, nosotros doce menos Labrada, extraviado un día antes, con el resto del grupo: Raúl, Almejeiras, Ciro Redondo, Manuel Fajardo, Echevarría, el Gallego Morán y Fidel, en total, 18 personas; era el «Ejér-

切·格瓦拉在《古巴革命战争回忆录》一书上的修改手迹

切·格瓦拉在埃斯坎布雷山区

自左至右：吉列尔莫·加西亚、切·格瓦拉、乌尼韦索·桑切斯、劳尔·卡斯特罗、克雷森西奥·佩雷斯、豪尔赫·索图斯和胡安·阿尔梅达在马埃斯特腊山区

切·格瓦拉和塞莉娅·桑切斯在马埃斯特腊山区

马埃斯特腊山区一村庄(切·格瓦拉摄)

游击队战士和农民围在一遭杀害的农民尸体前，蹲在右侧的是切·格瓦拉

记者琼·丹尼尔采访切·格瓦拉

切·格瓦拉和阿根廷记者豪尔赫·里卡多·马塞蒂在一起

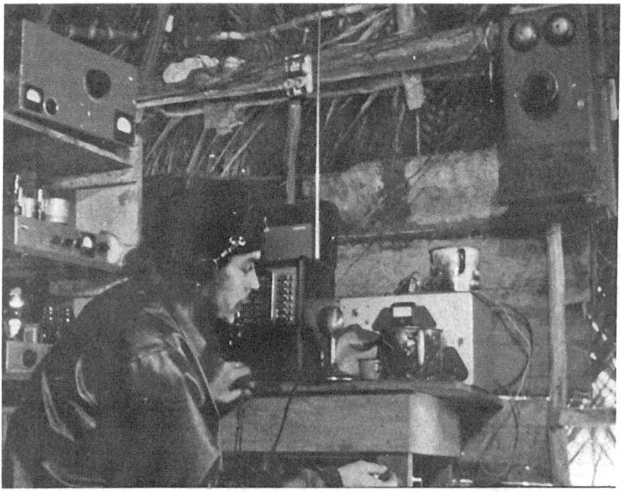

切·格瓦拉在埃斯坎布雷山区

切·格瓦拉在马埃斯特腊山区的翁布里托

切·格瓦拉(中)和第四纵队成员在翁布里托高地打起的一巨幅旗帜前的合影

切·格瓦拉和卡米洛·西恩富戈斯

一九五八年下半年出现的海报，指责切·格瓦拉和卡米洛·西恩富戈斯为共产主义分子

一九五八年十二月在圣克拉拉倾覆的装甲列车

一九五八年十二月切·格瓦拉在福门托对当地群众发表讲话

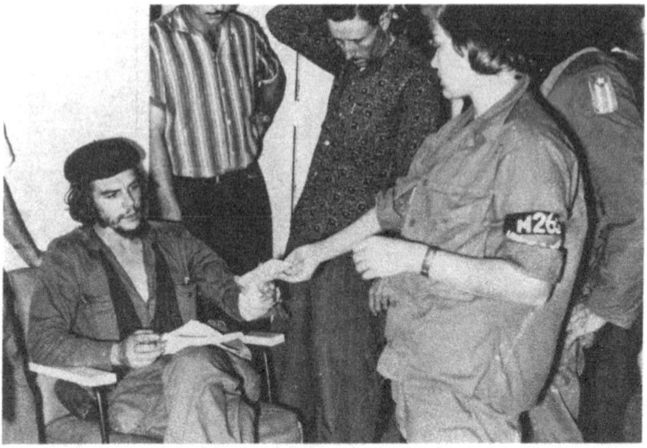

上：在圣克拉拉敌军投降前，切·格瓦拉收到阿莱达·马奇的信件
下：切·格瓦拉和阿莱达·马奇在圣克拉拉的莱昂西奥比达尔兵营

一九五八年十二月切·格瓦拉和阿莱达·马奇在拉斯比利亚斯

自左至右：何塞·阿古丁、切·格瓦拉、阿莱达·马奇、哈里·比列加斯和拉蒙·帕尔多·格拉在圣克拉拉市中心

“小巴克”罗伯托·罗德里格斯

自左至右：一九五八年十二月拉米罗·巴尔德斯、奥洛·潘托雅和米格尔·马纳尔斯在圣克拉拉

第二部分　再忆古巴革命战争

革命起始

一九五二年三月十日富尔亨西奥·巴蒂斯塔策划了一次不流血的政变，这种通过军事政变接管政府的历史当然并非始于兵营叛乱之日，必须由此上溯到久远的古巴历史中去追本求源——可以追溯至一九三三年美国大使萨姆纳·韦尔斯[1]的干预之时，还可追溯至一九〇一年的《普拉特修正案》[2]，甚至可追溯至美国的兼并主义者直接派

[1] Sumner Welles(1892—1961)，美国外交官，二十世纪三十年代罗斯福政府在拉丁美洲推行的“睦邻政策”的主要制定者。一九三三年被罗斯福任命为助理国务卿，同年被派往海外担任美国驻古巴大使。他试图在马查多独裁政权及其反对派之间进行调停，但是没有成功。

[2] 一九〇一年古巴在美国军事当局的控制下制定了共和国宪法，美国强行把《普拉特修正案》作为附录载入宪法。该修正案的基本内容是美国有权干涉古巴内政和古巴应为美国提供海军基地。

遣的特使、他们心目中的英雄纳西索·洛佩斯[1]登陆古巴之时。我们得追溯至约翰·昆西·亚当斯[2]的时代，他在十九世纪初叶宣布了他们国家对古巴的政策：古巴像是从西班牙人手中夺过来的一个苹果，终将落入山姆大叔的手中。这些都是美国在南美大陆侵略长链中的各个环节，其矛头不仅仅针对古巴，也针对其他国家。

这一潮流，这一帝国潮流的涨落起伏是以民主政府的纷纷倒台和新政府不顾人民大众不可抗拒的压力强行粉墨登场为标志的。历史在拉丁美洲各国表现出惊人的相似：代表极少数人利益的独裁政府通过政变纷纷掌握政权；有广泛民众基础的民主政府千呼万唤才艰难出现，但是为了生存他们经常，甚至在执政之前就不得不事先作出让步，实行妥协。尽管在这个意义上说，古巴革命是整个南美洲的一个例外，但是必须找出古巴革命进程的历史根源。正因为古巴革命，本书作者才随着震撼南美大陆的社会运动的潮流颠沛流离，有幸遇上另一位拉丁美洲的流放者：菲德尔·卡斯特罗。

---

[1] Naciso Lόpez（1797—1851），美国农奴制的坚定支持者。他竭力动员美国南方势力把古巴从西班牙殖民主义者手中解放出来，作为农奴制的强大伙伴，加入美国，成为实行农奴制的一个州。为此他两次招兵买马，远征登陆古巴，煽动叛乱，结果均遭失败，最后于一八五一年八月被西班牙殖民军俘虏后处决。

[2] John Quincy Adams（1767—1848），美国第六任总统。一八二三年四月二十八日他在致休·纳尔逊函中称：古巴是一个迟早会落入“美国怀抱的熟果”。

在墨西哥一个严冬的夜晚我和他会面了。我至今还记得我们一开始就谈起了国际政治问题。没出几小时——拂晓前——我就成了未来远征军中的一员。但是，在此我想说明我是如何在墨西哥以及为什么会在墨西哥遇见古巴当前这位国家领导人的。

事情发生在各国民主政府处于低潮的一九五四年，当时，美国躲在美洲宣传的烟幕后，对危地马拉发动了一场有预谋的冷酷无情的侵略行动。拉丁美洲最后一个还没倒台的革命民主政权——哈科沃·阿本斯政府也在这场侵略面前屈服了。那次侵略的策划者显而易见是美国国务卿约翰·福斯特·杜勒斯，令人感到不安的巧合是，杜勒斯也正好是危地马拉主要的帝国主义企业——联合果品公司的法律顾问和股东。

我离开危地马拉时倍感灰心失意，是悲痛让我和所有的危地马拉人站在了一起，希望为痛苦不堪的国家摸索出重建未来的道路。

菲德尔来到了墨西哥，想在中立国寻找基地为日后更大的斗争准备武装力量。攻打古巴圣地亚哥的蒙卡达兵营以后，内部分裂开始显现。那些意志薄弱的人都已分化出去，怀着各自的理由投入到主张不作出太大牺牲的政党和革命团体中去了。新成员陆陆续续加入到刚组建的“七·二六运动”，这个组织是以一九五三年攻打蒙卡达兵营的日子命名的。因此，对负责新兵训练的人来说——训练新兵在墨西哥必须秘密进行——一项极端困难的工作刚刚开始。他们是在与墨西哥政府、美国联邦调查局的特工人员以及巴蒂斯塔的特工人员同时作战。这三股力量以种种方式勾结在一起，利用金钱收买贿赂是他们采用的必不可少的手段。除此以外，我们还得与拉斐尔·特鲁希略派来的间谍作斗争，与那些人类的渣滓——尤其是流亡在迈阿密的人类渣滓——作斗争。克服了所有这些困难后，我们还必须完成一件极为重要的工作：起航……登陆……以及接下来的一切行动。当时这些事情在我们看来似乎很容易，其实只有今天我们才能估量出这些事情花费了我们多大的心血，让我们作出了多大的牺牲、搭上多少战士的生命啊！

在少数几个密友的帮助下，菲德尔以非凡的实干精神全身心地投入到组织远征古巴的武装战士的工作中去，他几乎没有时间给大家上军事战略课。我们这些人从阿尔韦托·巴约[1]少校那里学到不少东西。我刚加入起义军时，对于是否能取得胜利似乎心里还没有把握。只是一种共同的追求浪漫冒险的天性和为纯洁理想即便牺牲在异国海滩也在所不惜的信念从一开始就把我和这位古巴起义军司令拉近了。听了阿尔韦托·巴约少校的头几节课后，我立刻就有一种完全可以打赢这场战争的感觉。

就这样几个月过去了。我们的枪法练得精准了，还出现了多名神枪手。我们在墨西哥发现了一个大牧场，就以

[1] Alberto Bayo，西班牙老战士。

此牧场为基地，巴约少校管军事训练，我负责人员管理，开始了最后准备，打算一九五六年三月离开墨西哥远征古巴。然而，在那段时间里，墨西哥有两个警察分队——均由巴蒂斯塔出资豢养——正在缉捕菲德尔·卡斯特罗。其中一个警察分队可算是撞了大运抓住了菲德尔，可以发一笔大财了。但是他们犯了个荒唐的错误，抓到菲德尔后却没有把他杀了，一大笔眼看到手的钱化为乌有了。仅仅几天之内，菲德尔的许多追随者纷纷被捕。我们位于墨西哥城郊外的牧场也落入警察手中，我们也都被捕入狱。

这样一来，第一阶段的工作到了最后的关头又不得不再次推迟。

我们有些人被判监禁五十七天，在监狱里我们就是这样掐着手指一天一天熬过来的，而且时时刻刻都有被引渡的危险(这一点我和卡利斯托·加西亚少校都可以作证)。即使这样，我们也从来没有失去对菲德尔·卡斯特罗的信赖。菲德尔为了我们之间的友谊做了一些在我们看来几乎可以说是违背了他革命原则的事。我至今还记得当时我是这样向他解释我的特殊情况的：我是个外国人，非法居住在墨西哥，还遭到一系列的指控。我告诉他，千万不要因为我而延误了革命的时机，可以把我撇下，不要管我。我理解眼下的形势，不管把我遣送到什么地方，我都会努力战斗。营救我最理想的办法是让他们把我遣送到附近的国家，不要遣送回阿根廷。我至今仍记得菲德尔听了后大声说：“我不会撇下你们不管的!”他确实也没有撇下我们，宝贵的时间和资金都挪用于解救我们出狱。菲德尔对他所尊敬的人亲口做出的许诺是激发起人们对他狂热般的耿耿忠心的关键。坚信革命原则，忠于革命领袖，两者的结合才使起义军凝聚成一个强大的铁拳。

我们都隐蔽在安全的地方秘密地进行活动，尽可能不在公共场合露面，几乎不到外面大街上去，时间就这样一天天过去了。几个月后，我们发现队伍中出现了叛徒，但不知道是谁，他把我们的一批军火给卖了。我们还发现，他把那艘快艇和一台无线电发报机也卖了，不过还没有签订“法律合同”的手续。首批付款向古巴当局透露，这个叛徒实际上是了解我们内部活动方式的。但是，这同样也帮了我们大忙，因为它也向我们透露了同样的信息。

从那一时刻起，我们的准备工作无奈之下变得格外紧张。“格拉玛号”以前所未有的速度打造成形。我们除了在快艇里塞满军服、步枪、军用设备和两门几乎没有炮弹的反坦克炮以外，还码放了尽可能多的食品，但实际上也没有多少。终于在一九五六年十一月二十五日凌晨两点我们踏上征程去实现被官方报刊嘲弄的菲德尔的豪言：“一九五六年，我们不自由，毋宁死。”

我们熄灭了“格拉玛号”上所有的灯火，悄无声息地驶离了图斯潘港口。快艇里塞满了各类军事装备，又挤进了大批游击队战士。天气非常糟糕，尽管在这样的天气下是禁止出海航行的，但是，出海的河口还算平静。驶入墨西哥湾后不久，我们就打开了船上的灯。为了抵御晕船，我们拼命地到处翻找抗组胺药丸，结果还是没找着。大家只得唱起了古巴国歌和“七·二六运动”颂歌，足足唱了五分钟后，船上出现了令人啼笑皆非的痛苦场面：战士们个个双手紧按腹部，满脸痛苦相。有人把头埋在水桶里，有人一动不动歪歪斜斜地躺在甲板上，个个都吐得满身狼藉。船上八十二人中除了两三名水手和其他四五个人以外，其余人都晕船。不过，四五天以后，情况就稍有好转。原先以为船里什么地方有渗水的裂缝，后来发现实际上是一个水龙头没拧紧。为了减轻载重，我们已经把一切多余的东西都扔到海里去了。

我们选择的航线是在古巴南部海域绕一个大弯，顺着牙买加和大开曼群岛的沿海行驶，最后在奥连特省的尼克罗镇附近登陆。小艇航行得很慢。十一月三十日我们从收音机里听到了古巴圣地亚哥爆发骚乱的消息。这是我们伟大的弗兰克·派斯为配合我们远征军的到来而组织的行动。第二天(十二月一日)夜里，由于淡水、食品和燃料都用完了，我们便调正船头直对古巴航行，拼命寻找克鲁斯角的灯塔。

深夜两点，漆黑的夜空笼罩在狂风暴雨之中，情况险峻，人人都心急如焚。瞭望员在驾驶台上来回不停地踱着步，搜索着始终不愿意在海平面上出现的灯光。前海军上尉罗伯托·罗克再一次爬上窄小的驾驶台，寻找克鲁斯角的灯光。谁知他一脚没站稳，“扑通”一下掉进了大海里。又往前航行了没多久，总算见到了灯光。但是，小船在风浪中艰难地颠簸飘摇使得最后几小时的航程好像没完没了遥遥无期似的。当我们抵达古巴拉斯科罗拉达斯海滩一个叫贝利克的地方时，天已经大亮了。

一艘海岸警卫队的舰艇发现了我们，立即用无线电向巴蒂斯塔政府军作了通报。我们刚上岸进入沼泽地，敌机就在我们头顶上狂轰滥炸了，慌乱中大家随身只扛了一些重要物资。穿越美洲红树林时，敌机自然就看不见我们，无法追堵了，但是我们已经被独裁者的陆军在后面紧紧地盯上了。我们有一位同志既没有经验，办事也不负责任，却自告奋勇地说他认路，结果把我们都领入了沼泽地，后来费了好几个小时才算走了出来，踏上了硬实的路面。这时，我们也迷失了方向，转来转去总是又回到原来的地方。

我们这一群幽灵魔鬼，就好像是随着一架神秘的具有灵性的机械装置的节拍在不停地往前走。在海上颠簸了七天七夜，每时每刻都遭受着饥饿和晕船的折磨。接着又在陆地上艰难跋涉了三天——极其恐怖的三天，从十二月五日凌晨离开墨西哥算起到现在整整十天了。又经过一夜的行军，这一夜不是有人晕倒，就是有人累得动弹不了，有时我们干脆只好停下让大家休息，最后，我们到了一个叫阿莱格里亚-德皮奥的地方，这个地名竟和我们的遭遇完全相反，意思是“虔诚信徒的乐园”。这是一小片树林，林子的一边挨着一块甘蔗地，另一边通向溪谷，溪谷再往后是大片浓密的树林。这个地方并不适合我们安营驻扎，尽管这样，我们还是停下准备休息一天，第二天晚上再继续行军。

流徙深山

在阿莱格里亚-德皮奥遭遇敌人突袭后的第二天，我们一直在丛林中穿行，林子中一会儿是红土，一会儿又出现“犬齿”状的岩石。虽然我们躲开了四面八方敌人零星的枪声，却怎么也找不到一条像样的路。这时，一个参加过西班牙内战的老兵查奥指出，像我们这样走准保会落入敌人的埋伏圈。他建议我们先找一个合适的地方停下，等天黑了再继续走。

我们几乎没有一点儿水了，仅剩的一个炼乳罐头也出了麻烦。负责保管炼乳罐的贝尼特斯往口袋里装罐头时无意中把罐底朝上，使原先在罐头上打的几个便于吮吸的小洞的洞口朝下了，结果，当我们去分享自己那一份口粮——一小管含维生素的炼乳和一小口水——时，却失望地发现炼乳早已在贝尼特斯口袋里流得到处都是，连军服上都是黏糊糊的。

我们终于在一个山洞里安顿了下来，这个山洞的一边视野很开阔，但遗憾的是，另一边无法切断敌人的进攻。不过，这时候我们更担心的是被敌人发现，而不是自卫的问题，所以，我们决定先在那儿待上一整天。我们五个人都明确发誓要血战到底。宣誓的人是：拉米罗·巴尔德斯、胡安·阿尔梅达、查奥、贝尼特斯以及本书的作者我。我们这五个人都经历过阿莱格里亚-德皮奥的失败，在随后的多次战斗中也都挺过来了。

夜幕降临后我们又开始行军。我利用自己了解的天文学知识，辨出了北斗星，两天来，我们就在北斗星的指引下向东朝着马埃斯特腊山区的方向跋涉。走了好长一段时间后，我才发现给我们引路的那颗星并不是北斗星。我们纯粹是运气好，才使行军方向大致准确。天亮时，我们到了靠近海岸的悬崖边。

往下一看，脚下五十米左右就是大海，还有一池似乎是非常诱人的淡水。晚上，成群的螃蟹就在我们周围爬来爬去。我们饿极了，顺手抓了几只，弄死后，也无法生火，就把果冻似的蟹黄生吃了，吃完后一个个渴得嗓子直冒烟。

我们找了半天才发现一条还不错的小路，顺着这条路一直往下就可以走到淡水池边。但是，来回攀上爬下的，结果连我们也走迷糊了。先前在山上还能看到的淡水池再也不见踪影了，无奈只能将就尝一下“犬齿”岩石面上的小孔里集聚的雨水来减轻一下口渴感。我们用微型哮喘吸气泵把小孔里的雨水抽吸到嘴里，但每人只能吸到几滴。

大家情绪很低落，一直在山里盲目地转来转去。海面上不时地有飞机低空飞过。要步行越过海岸边的大礁石会耗尽体力，因此有人建议还是沿着悬崖走为好。但是，这也有个严重的问题：敌人会发现我们。所以我们干脆就在丛林中的荫凉处停下不走了，等太阳落山后再说。傍晚时，我们发现了一片小海滩，就在海滩边洗了个澡。

我以前不知是在一本小说还是科普杂志中看到一种制造优质饮用水的好办法，说是淡水加上三分之一的海水就行。我就用水壶里剩下的淡水作了试验，结果糟透了：调成了一份咸得要命的饮料，引来同志们一片责怪声。洗过了澡，劲头恢复了，我们又开始行军。那天夜里，如果我没有记错的话，天空还挂着一轮皎洁的明月。我和阿尔梅达走在行军队伍的前面。突然，我们发现，渔民在海边搭建的恶劣天气时避风躲雨的一间小棚屋里好像有人在睡觉。我们估计是政府军的士兵，但是，由于已经走得太近，再折回去也不行了，我们索性快步冲上前去。阿尔梅达刚要喝令他们投降，却惊喜地发现他们原来是“格拉玛号”上的远征军成员：卡米洛·西恩富戈斯、潘乔·冈萨雷斯和巴勃罗·乌尔塔多。我们立刻相互通报了各自了解的有关其他同志和这次战斗的零星的消息、情况和看法。卡米洛那几个人把他们在逃脱前从地里拔起的甘蔗给了我们，甘蔗的甜汁多少缓解了我们的食欲。他们则贪婪地嚼着我们的螃蟹。他们还找到了解渴的办法，用中空的小棍吮吸大岩石面上的小孔中存积的雨水。

我们一起继续艰难地往前走——现在一共八个人，“格拉玛号”上现在还活着的战士就这么几个了——也不知道是否还有其他人活着。按理说，应该还有和我们类似情况的其他人活着，但是我们不知道在什么地方能找到他们，只知道沿着我们右边的大海继续往前走就是向东方前进，也就是向马埃斯特腊山区前进，到了那里我们就能保存实力。但我们免不了总是在想，如果是在大海和沿海的悬崖峭壁之间与政府军突然遭遇，我们就哪儿也跑不了了。我不记得我们沿着海岸走了一天还是两天了，只知道我们当时用来充饥的是沿海边长的一些带刺的小果子——每人能分到一两个暂时缓解一下饥饿感。口渴让我们嗓子冒烟，因为我们必须严格地分配最后所剩的一点儿水。

黎明时分，总算到了海边，大家也累得快趴下了，便停下来打了个盹，等着天再亮些看看下一步怎么办，因为我们面前的悬崖峭壁看来实在是太陡了。

天刚有些亮，我们便四处去查看情况。一间用棕榈木盖的大宅子兀立在我们眼前，看来房子主人是个相当富裕的农民。我立刻就本能地感到，既然房子的主人很可能会对我们有敌意，我们就不能接近这类房子。再说了，没准儿政府军还占着这间房子呢。贝尼特斯不同意我的看法，最后我们还是来到了房子跟前。

贝尼特斯翻过带刺铁丝网围栏时，我守在外面，当时还有一个人和我们在一起，不过现在记不清是谁了。突然，在朦胧的晨曦中我看到一个清晰的身着军服的士兵身影，手里握着 M-1 步枪。我想，这下可糟了，大难临头了！尤其是贝尼特斯更是在劫难逃了，他离那个士兵太近，我没法再提醒他。贝尼特斯几乎快走到那个士兵的身边了，才猛然转身跑了回来，老老实实地说，他往回跑是因为看到了“一个身背霰弹枪的人”。还说，那时候再向那个士兵打听情况就太不明智了。

贝尼特斯和我们所有的人都感觉像是死里逃生一样。但是，我们的冒险旅程并没有到此结束。对这一地区进行一番谨慎侦察以后，我们意识到必须攀上悬崖，因为这里的悬崖并不十分陡峭。其实我们已经快到奥霍-德布埃伊（“公牛眼”）地区了。所以这么起名是因为有一条小河从上往下正好穿过悬崖流入大海。

不料还没等我们攀上悬崖天就放亮了，我们只能先找个山洞隐蔽起来，从洞口望去，静悄悄的地平线一览无遗地呈现在我们眼前。接着我们又看见一批士兵从一艘海军小艇上登陆上岸，我们数了一下，大约三十人。随后另一批士兵上了船，好像是在换岗。后来才知道他们都是劳伦特手下的士兵，这个海军中杀人不眨眼的刽子手刚刚杀害了我们的一批同志，正忙着士兵的换防呢。

现在，这些“身背霰弹枪的士兵”果真在贝尼特斯眼前出现了，这一残酷的现实着实让他吃惊不小。我们的处境很不妙。幸好敌人没有发现我们，否则我们也极难逃生，只有血战到底了。

一天过去了，谁也没喝一口水。饮用水都是严格定量分配的，我们用双筒望远镜的目镜作量具，每人分到的饮水量绝对相等。

到了夜里，行军又开始了，我们尽量让自己远离这一地区，因为这里有我们最痛苦不堪的战争经历；尽量让自己摆脱饥渴感和败阵而逃的感觉，因为我们已经明显感觉到无法避免的危险马上就要来临，大家就像耗子被逼到墙角一样，走投无路。

就这样漫无目的地走了一段时间后，我们发现了那条流入大海的河流，也可能是那条河的一条支流吧。我们一下子全都扑倒在河边，像一头头渴极了的牛，咕嘟咕嘟地狂饮不止，直到原先的空腹胀得不能再喝为止。把水壶都灌满了水后我们又继续行军。黎明时分，我们爬上了一座绿树葱茏的小山头。为了便于躲藏、便于更有效地防御，我们一伙人都分散开来。一整天我们都密切注视着低空飞行的小飞机，飞机上的扩音器叽里呱啦不停地叫唤，我们谁也听不懂，只有阿尔梅达、贝尼特斯和攻打过蒙卡达兵营的老兵听出来了，他们是向我们喊话叫我们投降呢！我们还不时地听到树林里传出的不知道是什么人的叫喊声。

那天夜里，我们七拐八拐地来到了一间住宅附近，里面不时地飘出乐队的阵阵演奏声。大家又一次产生了意见分歧。我、拉米罗和阿尔梅达坚决认为必须绝对避免在舞会或者任何这样欢庆的场合露面，因为只要我们稍有不慎，这些农民就会把我们的行踪泄露出去。贝尼特斯和卡米洛则认为，不惜一切代价也要进去，这样我们可以搞点吃的。最后决定让我和拉米罗进屋去探听消息，搞些食品。我们刚到宅前，音乐戛然而止，我们清晰地听到一个人在说“现在，让我们为我们士兵的辉煌战绩而干杯”之类的话。没等他讲完，我们立马转身就撤，没有惊动他们。回来后我们一五一十向大家汇报了屋子里到底哪些人在开庆祝晚会。

我们继续往前走，但是，战士们越来越不愿意走了。那天晚上，也可能是第二天晚上，几乎所有的同志都反对继续往前走，我们只好在普埃卡斯戈达斯一条公路附近敲开一家农民家的门。那一天是阿莱格里亚-德皮奥遭袭后的第九天。

我们进屋后受到了热情的接待，这个小小的茅屋成了我们没完没了大饱口福的地方，大家吃得都忘了时间，不知不觉天就亮了，不可能再走了。上午，听到消息的农民都来了。他们怀着好奇和担忧的心情，赶来会我们一面，给我们送来粮食和其他东西。

但是，这间原本为我们提供保护的小茅屋接着就成了人间地狱。一开始阿尔梅达腹泻不止，生命垂危。紧跟着一瞬间八条汉子饱餐后不思感恩，也忘恩负义地开始腹泻，把小小的屋子糟蹋得不成样子。有人又开始呕吐。巴勃罗·乌尔塔多由于连日行军，加上晕船和长时间饥渴交加，已经精疲力尽，连站都站不起来了。

我们决定当天夜里就离开。那些农民告诉我们，根据他们打听到的消息，菲德尔还活着。还说他们可以带我们去找菲德尔和克雷森西奥·佩雷斯可能躲藏的地方，但条件是我们得把武器和军服留下。我和阿尔梅达把二星式汤姆逊冲锋枪仍留在身边继续使用，八支步枪和所有的弹夹就留在这间农民的小屋里让他们保管。我们打算走走停停、分阶段向马埃斯特腊山区进发，中途就在农民家停留歇脚。因此，我们分成了两组，一组三个人，另一组四个人。

如果我没记错的话，我们一组有潘乔·冈萨雷斯、拉米罗·巴尔德斯、阿尔梅达和我，另外一组有卡米洛、贝尼特斯和查奥。巴勃罗·乌尔塔多病得太重，只好让他暂时留在那个农民家里。

我们前脚刚走，那个房东后脚忍不住就把这件事告诉了他的一个朋友，打听收藏武器的最好的办法。他的朋友竭力说服他把武器卖了。他们和第三个人作了一笔交易，结果这第三个人向政府军告发了我们。所以，就在我们离开这第一个好客的古巴家庭几小时后，政府军就对他们家进行了突击搜查，抓走了巴勃罗·乌尔塔多，武器也统统被没收。

我们当时正住在一个名叫阿赫里奥·罗萨巴尔的农民家里，他是个基督复临安息日会教徒，大家都叫他“牧师”。这位同志听到这个不幸的消息后，很快就和另一个农民取得了联系，这个农民对这一地区了如指掌，又十分同情起义军。就在那天晚上，我们又转到了一个更加安全的藏身的地方。当时我们遇到的那位农民叫吉列尔莫·加西亚，今天，他是西部军区的少校，也是我们党全国领导层的成员。

后来，好几个农民都接待过我们，如卡洛斯·马斯（他后来也加入了我们的队伍），佩鲁乔·卡里略以及其他一些同志，我记不起他们的名字了。一天黎明时分，我们穿过通往皮隆的公路，又在没有任何向导的情况下进行一段行军后，来到了克雷森西奥的兄弟——蒙戈·佩雷斯的庄园。在那里我们见到了所有仍活着的、没有被敌人抓去的远征军成员：菲德尔·卡斯特罗、乌尼韦索·桑切斯、福斯蒂诺·佩雷斯、劳尔·卡斯特罗、西罗·雷东多、埃菲赫尼奥·阿梅赫拉斯、雷涅·罗德里格斯、阿曼多·罗德里格斯。几天以后，莫兰、克雷斯波、胡利奥·迪亚斯、卡利斯托·加西亚、卡利斯托·莫拉莱斯和贝穆德斯也和我们会合了。

我们这支小部队的军服和武器都没有了。除了两支汤姆逊式冲锋枪外，我们没有从这场灾难中抢救出任何东西来。菲德尔为此声色俱厉地训斥了我们一顿。

在整个革命进程中，甚至直到今天菲德尔的告诫仍让我难以忘怀："你们还没有为你们的错误付出代价，因为在这样的情况下抛弃武器应该付出的是生命的代价。在与敌人针锋相对的对抗中，唯一生存的希望就是手中的武器，抛弃武器就是愚蠢的犯罪行为。"

皮诺德尔阿瓜之战

一九五七年八月二十九日和菲德尔的队伍会师后，我们又连续行军了好几天。有时两支队伍在一起，有时则拉开一段距离，但是最终是要一起抵达皮诺德尔阿瓜的锯木厂。我们得到情报说皮诺德尔阿瓜没有敌人驻军，最多也就是一支小小的警卫队驻扎在那里。

菲德尔作了如下安排：如果只是一支小小的警卫队，就吃掉它；如果没有驻军，就放出风，让大家知道我们的部队来了。然后，他带领他的部队继续向奇维里科地区进发，我们则就地埋伏，等待巴蒂斯塔政府军的到来。在这种情况下政府军往往会很快赶到，炫耀一下他们的力量，削弱游击队的出现在农民中产生的革命影响。

在皮诺德尔阿瓜战斗爆发的前几天里，在我们从多斯布拉索斯瓜亚沃前往战场的整个行军过程中，发生了好几件事，事件的主要当事人在随后的革命历史中都扮演了一定的角色。

其中一件事就是两个当地农民马诺洛·贝亚顿和普波·贝亚顿擅自离队，当了逃兵。他们是在乌韦罗战斗爆发前不久加入游击队的，随后参加了乌韦罗战斗，现在又擅自离开了我们的队伍。后来，他们又回来了。虽然菲德尔宽恕了他们的背叛行为，但是，他们永远也改不了土匪的半流寇习气。由于个人之间的原因，马诺洛在革命胜利后杀害了克里斯蒂诺·纳兰霍。后来，在拉卡瓦尼亚要塞被监禁期间，他越狱逃跑，跑到马埃斯特腊山区曾和我们一起作战的地方拉起了一小支游击队武装。在那里，他更是劣迹斑斑，杀害了革命初期就加入游击队的英勇无畏的潘乔·塔马约同志。最后，马诺洛和他的兄弟普波终于被一群农民抓住。两人在圣地亚哥被枪决。

还发生了一件让人难过的事：一个叫罗伯托·罗德里格斯的同志因违抗命令被解除了武装。他是个非常不守军纪的人，所以中尉班长对他实行了纪律处罚，扣留了他的武器。罗伯托·罗德里格斯却一把夺过另一个同志的左轮手枪，开枪自杀了。游击队中就此出现了一场小小的争论，导火索是因为我反对为他举行军葬礼，而战士们则认为他也属于阵亡战士之列。我解释说，不管这个同志过去表现多么好，在现在的环境下，自杀其实是一种犯罪行为。一开始大家对我的解释还有一些无法接受的抵抗情绪，最后等大家情绪平稳后，我们在下葬前为他举行了守灵仪式，没有举行军葬礼。

一两天前，罗伯托·罗德里格斯曾给我讲了一些他过去的情况。看来他这个人过于敏感了。他一直在努力适应我们游击队的艰苦生活，而且总是拿游击队的军纪约束自己。但是，游击队中的一切都和他虚弱的身体和桀骜不驯的天性水火不容。

两天后，我们向米纳斯-德布埃锡托地区派遣了一支小分队，以显示一下我们的力量，因为那天是九月四日。这支小分队由西罗·雷东多指挥，他回来时带回一个叫莱昂纳多·巴罗的俘虏。就是这个巴罗在后来的反革命队伍中扮演了一个重要的角色。他作为俘虏一直跟着我们好长一段时间。有一天他给我讲述了他母亲生病的凄惨情况，我信了他的话，还顺便劝他对自己的获释问题要有政治立场，并建议他乘长途公共汽车回哈瓦那看望一下母亲，然后到一个大使馆申请政治避难，宣布不再与我们为敌，并谴责巴蒂斯塔政权。他拒绝这样干，辩解说他不能谴责他的兄弟们正在捍卫的那个政府。后来我们一致同意，他在申请避难时只声明不再参与打仗就行。

我们派了四个同志把他送走，还特别指示这些同志，一路上千万不能让巴罗见任何人，因为来营地看望我们的许多农民他都认识。我们还要求他们一路上一定要步行，一直走到巴亚莫的郊区才能放他，然后自己从另一条路返回。

这几个战士没有按命令行事，他们一路上不仅不避人，还举行了一个集会，会上吹嘘巴罗是一个被释放了的战俘，是所谓的革命的同情者。随后他们一同搭吉普车前往巴亚莫，结果，路上遭到巴蒂斯塔政府军的拦截，这四个同志都遇害了。我们一直没弄清楚是否巴罗也参与杀害了他们。但是，有一点我们是清楚的：巴罗在米纳斯-德布埃锡托立刻就找到了自己的东家，充当了刽子手桑切斯·莫斯克拉的打手，开始在来市场做生意的人群中指认和我们游击队有过接触的农民。我犯下的这个错误使不少古巴人白白死在了敌人的枪口下。

古巴革命胜利后没几天，巴罗就被抓获正法。

这四名战士遇害后不久，我们便下山来到圣巴勃罗-德亚奥，受到了当地老百姓的热情欢迎。我们只用了几个小时未放一枪一弹就占领了这个地方(这里没有驻扎敌军)，随后便会见了当地许多人，开始广泛建立联络。那里的商人不仅赊账出售货物给我们(那时候，我们付账就是给他们开一张保证付款的票据而已)，而且还为我们提供运货的卡车，所以，卡车里的物资总是装得满满的。就是在那时候，我们遇到了赫赫有名的利迪娅·多塞同志，她后来一直负责我们纵队的联络工作，直至在哈瓦那牺牲。

把货物从圣巴勃罗-德亚奥运出来困难重重，因为从那里到皮科贝尔德，途经克里斯蒂娜煤矿，一路上坡地形陡峭，只有载货不多的四轮驱动卡车才能爬上去。货车总是半路就抛锚，我们只好把货物卸下，靠人背骡子驮送上山去。

在那些日子里，我们还目睹了一系列和我们山区游击队离别分手的情形，但是缘由各不相同。有一个同志是很优秀的战士，在我们向圣巴勃罗-德亚奥的行军途中由于酗酒而被游击队除名。因为当时他担任警卫工作，酗酒会危及整个部队的安全。还有一个叫豪尔赫·索图斯的，他卸下了班长的职务，带着菲德尔的介绍信到迈阿密去了。实际上，他从来也没有适应马埃斯特腊山区的环境，由于他专横跋扈，所以手下的战士都不喜欢他。他一生经历起起伏伏，在迈阿密，他的那种一意孤行的做派如果不是有叛变嫌疑的话，至少也是摇摆不定的。后来，他受到了宽恕，又加入了我们的部队，过去的错误都一笔勾销。在乌贝尔·马托斯闹事时期，他背叛了我们，被判处二十年监禁。在与一个监狱看守合谋下，他逃到迈阿密。就在他已经完成了对古巴领土进行海盗入侵的准备工作后，却突然死了，显然是在事故中触电身亡。

当时，其他与我们分手的同志还有马塞洛·费尔南德斯。他是“七·二六运动”在城市中的协调员，长期和我们一起战斗在马埃斯特腊山区，后来才离开我们回到他的责任区工作。

经历了这些事情以后，我们继续朝皮诺德尔阿瓜方向行军，并于九月十日抵达那里。皮诺德尔阿瓜是马埃斯特腊山山脊上围绕一个锯木场形成的一座小村庄。当时，这个村庄由一个西班牙人管理。村庄里有一些工人，但是没有一个士兵。那天晚上我们占领了这个小村庄。菲德尔把他的行程计划都向当地居民公开了，故意走漏风声，把消息传到政府军那里。

我们玩弄了一个小小的牵制敌人的花招。菲德尔的部队在众目睽睽之下继续向圣地亚哥进发，我们却在夜间迂回而行，埋伏下来准备袭击来敌。负责为我们提供给养的——假定敌人要不了多长时间就会到达的话——和往常一样还是塔马约老汉，他住在当地一个叫库埃瓦斯-德佩拉德罗的地方。

我们部署兵力时把战士都分散开，这样所有的公路都处于我们的监视之下。监视范围一直延伸到距皮诺德尔阿瓜村仅几里格[1]远的亚奥至皮科贝尔德的那条公路，就连直接通向马埃斯特腊山区、卡车无法通行的一条山间小路也有人监视。负责监视亚奥至皮科贝尔德公路的那一组战士人数很少，但个个都是神枪手，他们负责在必要的时候给大家发出警报。沿那条公路撤退也很方便，我们就打算战斗结束后顺那条路撤退。埃菲赫尼奥·阿梅赫拉斯负责警戒后面的一条行车通道，这条通道也是从皮科贝尔德方向过来的。拉洛·萨蒂尼亚斯和他指挥的排留在萨伯托一带，守卫着延伸到佩拉德罗河岸的几条锯木厂的公路。这一次的预防措施搞得格外周密，因为敌军得在马埃斯特腊山区的公路上转好长一段时间才能到达这些路段，按他们的习惯是不会排成一列纵队在山里行军的。西罗·雷东多

[1] League，长度单位，一里格约等于三英里。

和他率领的排负责守卫从锡韦里亚方向来的行车通道——这是处于乌韦罗和皮诺德尔阿瓜之间的一个地区，西罗守卫的这条位于马埃斯特腊山边缘的公路连接着两个锯木厂。

我们部队的战士沿着这条通向吉萨的上坡公路分散开来，埋伏在林子里一块秃露的巨大的岩石边上，准备袭击敌军的卡车，并把我们的火力集中在敌军最可能出现的路线上。从我们的阵地能远距离观察敌军的卡车动向。作战计划很简单：两面夹击向敌军开火，在公路的一个弯道处把敌军的第一辆卡车打瘫痪，同时向其余车辆开火，阻止它们前进。我们想如果这一出奇制胜的战术成功的话，就能截获敌人三四辆卡车。负责执行这一任务的排武器装备最精良，而且劳尔·卡斯特罗·梅卡德尔上尉指挥的战士还负责增援他们。

我们埋伏在那里，耐心地一连等了大约七天，还是不见敌人的踪影。第七天，我正在那个为埋伏的部队战士供应伙食的小型指挥所里，有人报告说，敌人快到了。因为卡车爬山是很容易暴露的，还没看到车的影子，爬坡时马达发出的嗡嗡的轰鸣声就传过来了。

我们做好了战斗的准备。我们在关键的位置上部署了伊格纳西奥·佩雷斯上尉指挥的战士，他们的任务是阻截敌人的第一辆卡车。攻击其他车辆的战士埋伏在两翼。战斗打响前二十分钟，下了一场瓢泼大雨——这在马埃斯特腊山区是很常见的——我们的战士全成了落汤鸡。下雨的时候，敌人的车队仍在前进，他们担心的是大雨，并没有想到可能还会遭到我们袭击。负责开战的那位同志端起那挺汤姆逊式冲锋枪就向敌人扫了一梭子，虽然他有效地打响了开战的第一枪，可是却没有击中一辆军车。随即枪声四起，第一辆军车里的士兵在我们的攻击下与其说是受了伤不如说受到了惊吓，纷纷从车中仓皇跳出来跑到公路上，他们打死了我们最杰出的战士兼诗人何塞·德拉克鲁斯(我们都亲切地叫他“小克鲁西”)后，便仓惶逃离，在林子中的巨大岩石后面消失了。

战斗的进展有些异常。一个敌人士兵见公路弯道处停着一辆军车，就钻到车底下躲了起来，怎么也不愿把脑袋露出来。一两分钟后，我赶到了作战现场，发现许多战士正在按误传的命令撤退——这是战斗中经常出现的意料不到的情况。阿基梅德斯·丰塞卡为了捡回敌人扔下的一支冲锋枪，结果自己的手受了伤。我不得不下令，所有战士停止撤退回到自己哨位上，并要求拉洛·萨蒂尼亚斯和埃菲赫尼奥·阿梅赫拉斯集结部队，支援我们。

公路上还有一个名叫塔坦的战士。当我冲到公路上时，他带着挑衅的口吻对我说：“看！他就在那儿，躲在军车底下。走，走，看看咱俩谁有本事！”我自尊心大受伤害，他话中带刺，好像我不敢过去似的，便不由得鼓起了勇气。但是，当我们不顾一切地朝那个我们连名字也叫不出的敌人士兵靠近时，那家伙正躲在军车底下端着枪向我们开火呢。这时，我们不得不承认，为了显示自己的男子汉气概，我们要付出的代价实在太大了。我和我的挑战者谁也没有在这场考验中过关。

敌人有五辆军车运送了一个连的兵力。安东尼奥·洛佩斯指挥的一个班的战士在开战后不折不扣地执行了命令，没让一个敌人通过。然而，还有一股敌人士兵在顽强抵抗，使我们的推进受阻。拉洛和埃菲赫尼奥带着他们的增援部队赶到了，他们随即向敌人军车发起冲击，使敌人的抵抗彻底哑火。敌人士兵慌了手脚，有的夺路而逃，有的扔下武器弹药，跳上了他们抢救出的两辆军车就开跑了。

我们是通过希尔韦托·卡德罗获得了有关敌人兵力和部分作战计划的情报的。这位同志以前在我们进攻另一个地区时被敌人抓住，当了相当长一段时间的俘虏。这次敌人来犯时把他也带来了，想让他把一小瓶毒药倒入菲德尔的食物里来毒死菲德尔。听到枪响时，卡德罗也像其他士兵一样从军车里跳了出来。但是，他并不是为了逃避战火，而是立刻向我们报到，重新加入我们的行列，讲述他这段遭受屈辱的经历。

缴获第一辆军车后，我们在车里发现两具尸体和一个受伤的士兵，他虽然满脸痛苦，但是临死前躺在那还摆出宁死不屈的样子。这时，一个战士撩起一枪就结果了他，都没给他留个投降的机会——其实他当时处于半昏迷状态，也无法表示投降。这个战士干出这种愚蠢莽撞的暴力行为是因为他曾亲眼看到他的家人一个个都死在巴蒂斯塔政府军的手里。我当即就对他这种行为进行了严厉的批评，那个战士也认错了。岂料这一切都被趴在卡车里防水油布下一动也不敢动的一个受伤的士兵听到了，他壮着胆子从油布里钻了出来，一个劲地哀求我们别杀他。他腿上中了一弹，骨折了。当时其他几辆军车周围的战斗还在进行，他就一直待在路边。每当有战士经过他身边，他总是大声地喊："别杀我！别杀我！切说了不杀俘虏！"战斗结束后，我们把他转移到锯木厂，对他进行了紧急救治。

其他军车上的敌人伤亡并不严重，但是，我们缴获了敌人大量武器。我们的战果是：一挺勃朗宁机枪，五支加伦德式半自动步枪，一挺带三角支架的机枪及其弹药，另一支加伦德式半自动步枪缴获后被埃菲赫尼奥·阿梅赫拉斯一把夺了过去。埃菲赫尼奥是属于菲德尔指挥的纵队的，他认为他们排在这次战斗中起了关键作用，因此有权获得一些缴获的武器。但是菲德尔事先已经将这个排划归我指挥，正因为这样，他们应该帮助我们收缴武器。不管他们怎么反对，除了那支已经被他们擅自夺走的半自动步枪外，我还是把这些战利品分给了我们纵队的战士。

安东尼奥·洛佩斯中尉班长由于在战斗中表现最英勇，获得了那挺勃朗宁机枪。几支加伦德式半自动步枪分给了霍埃尔·伊格莱西亚斯中尉、比雷列斯（他是已经加入我们部队的"科林西亚号"远征军的成员）、奥纳特以及其他两个战士，名字我记不清了。为了让敌人的损失更惨一些，我们随后放火把三辆缴获的卡车给烧了，因为它们已经损毁得无法再使用了。

我们正在集合部队时，几架敌机从我们头顶上空出现了，他们得知我们袭击的消息了。但是遭到我们地对空的射击后，敌机就匆匆飞走了。

如果我没记错的话，我们已经派帕尔多的一个兄弟——明戈洛去向菲德尔报警，通知他们政府军就要到了。但是，我们决定另派一个交通员去向菲德尔通报我们这次的战果(卡德罗也陪同前往讲述他脱险的经历)。另外，我们还让蒙戈·马丁内斯捎口信给西罗，战斗已经结束，他可以从阵地上撤了。

几分钟过后，我们听到了一阵枪响。原来是我们的神枪手小分队发现了一个士兵正鬼鬼祟祟地朝前跑，便大声喊叫让他站住。谁知那家伙还想抵抗，战士们只好向他开火，他扔下枪就跑了。我们的战士带回来一支斯普林菲尔德步枪作为他们的胜利证明。这也让我们很担忧，因为这个地区还有一些被打散的敌人士兵，但是，我们还是把这支枪记在了我们的战利本上。

两三天后，蒙戈·马丁内斯回来了。他告诉我们，路上他遭到一群敌人士兵的突袭，敌人用步枪打伤了他，他只得逃了回来。他确实满脸都是枪伤后被火药灼伤的痕迹。原来他就是前两天战士们缴获的那支斯普林菲尔德步枪的主人！事情原来是这样的，蒙戈·马丁内斯受伤以后，以为敌人就在附近，就另走了一条小路，结果在林子里迷失了方向，口信没送到，西罗·雷东多自然不知道我们的情况，也不知道已下令让他撤退。直到第二天，听到了老百姓对这次战斗的反响后，西罗·雷东多派了个交通员来到我们这里，撤退的命令这才传递给他。

当B26轰炸机在锯木厂上方低空飞行搜寻轰炸目标时，我们正不动声色地吃着早饭哩！屋里边边角角都坐满了我们的战士，大家喝着女房东送来的热巧克力。看到飞机老在屋顶上飞来转去的，女房东一点儿也高兴不起来，两眼紧盯着自家的房顶一刻也没有离开过。后来，飞机终于飞走了，我们一身轻松地刚准备离开，却突然发现从锡韦里亚方向来的公路上(就是几小时前西罗一直负责警戒的那条公路)又开来了四辆载满着政府军士兵的卡车。我们完全有可能再设下同样的圈套，但是已经来不及了，许多战士已经撤回到较安全的阵地上了。我们对空放了两枪——这是我们撤退的信号——便静悄悄地离开了。

由于这次战斗的消息传遍了古巴全岛，所以反响巨大。敌方的伤亡情况是：死三人，伤一人，再加上第二天最后清理战场时埃菲赫尼奥指挥的排又抓到的一个俘虏亚历杭德罗下士，他后来一直在我们部队里当炊事员，直到战争结束。小克鲁西的安葬地就是我们同敌人交锋过的战场，部队上下都为失去了这位优秀的同志——我们的农民诗人而悲痛万分。小克鲁西这只“马埃斯特腊山中的夜莺”过去总是和被他称作“大山里的老秃鹫”的城市诗人卡利斯托·莫拉莱斯兴致勃勃地吟诗弄歌，决一高低，岂料现在竟与我们天人永诀。

在这次战斗中表现出众的有：埃菲赫尼奥·阿梅赫拉斯、拉洛·萨蒂尼亚斯上尉、维克托·莫拉上尉、安东尼奥·洛佩斯中尉和他指挥的班、德米迪奥·埃斯卡洛纳以及阿基梅德斯·丰塞卡，那挺带三角支架的机枪就颁发给了阿基梅德斯·丰塞卡，他手上的枪伤好了后就一直使用这挺机枪。我方在战斗中有一人阵亡，一人轻伤，有人挫伤，有人划伤，蒙吉托被枪弹火药灼伤。

我们沿着几条不同的公路离开了皮诺德尔阿瓜，打算在皮科贝尔德地区重新整编部队，等待菲德尔的到来，他已经获悉有关这次战斗的情报了。

通过战后分析可以看出，尽管这一仗我们在政治上和军事上都取得了胜利，但是还暴露出很大的问题。要想全歼头三辆军车上的敌人，我们还应该更充分利用突袭的要素。此外，开战以后，一道撤退的命令在战场上误传开来，使战士们失去了对战斗的掌控，战斗情绪大受影响。在阻截敌人军车过程中我们显然不够果断，其实，守卫军车的敌军数量并不多。后来我们又在锯木场过夜，在完全不必要的情况下暴露了自己。最后的撤退过程也混乱不堪。所有这一切都证明我们亟须完善战备工作，加强部队的纪律性，这是我们今后必须倾注全力做好的一项工作。

一段不愉快的插曲

皮诺德尔阿瓜一战以后，我们开始着手改进游击队武装的组织结构，以提高战斗力。那时，菲德尔指挥的几个小分队已经使游击队的力量有所加强。

洛佩斯中尉在皮诺德尔阿瓜一战中英勇善战表现出众，他班里的战士个个都很有责任感，所以这次被挑选出来充实军纪委员会。军纪委员会的职责是监督管理，指导实施军戒条例、督促军风军纪的落实、检查军营清洁卫生工作和规范革命道德行为。但是这个军纪委员会是短命的，创立后不到几天无奈之下就被解散了。

大约就在那时候，在拉博特亚山附近我们通常用作行军途中驿站的一个小军营里，我们公审了两个月前携枪临阵逃跑的一个名叫奎尔沃的战士。虽然我们一直没有发现他那支步枪的下落，可是，他从事的活动我们都了如指掌。他打着为革命事业而战和处决奸细的幌子，简直就是在肆无忌惮地欺凌马埃斯特腊山区的老百姓，而且很可能与政府军狼狈为奸，沆瀣一气。

鉴于他的携枪潜逃行径，审判过程简单迅速，很快就对他判以死刑。这些害群之马往往利用当地恶劣的治安环境，乘机作恶犯罪。不幸的是，这些危害社会的不法分子在马埃斯特腊山区兴风作浪并不是什么罕见的事。

我们听说菲德尔去了奇维里科以后，已经结束了对索纳多尔地区的视察，就要回到我们这一地区，于是就决定向佩拉德罗河进发，努力尽快和他取得联系。

当时，沿海一带有一个叫胡安·巴兰萨的商人，谁都知道他与独裁政府和大庄园主的关系不一般，但是他对我们游击队也从没有什么强烈的敌意。他有一头骡子，这头骡子的耐力在这一地区是出了名的，我们以战争税的形式征用了这头骡子。

我们牵着这头骡子，一路来到了佩拉德罗河附近一个叫皮纳利托的地区。这时我们必须沿着陡峭的悬崖一路往下走才能走到河边。因此，多种选择放在了我们面前，要么把这头骡子宰了，提着一块块骡肉走下山崖；要么把骡子丢弃在这个陡峭嶙峋的大山里；还有就是让骡子跟着我们能走多远算多远。我们决定采取最后一种方案，因为提着骡肉行军实在是太困难了。

一路下山，有的地方险得我们自己都得抓住葛藤或者扒住秃露的山石块往下滑，连我们的吉祥物小狗都不肯走，非得让战士们抱在怀里才行，但是，这头骡子在下山过程中却脚步稳健，毫不迟疑，展现了惊人的杂耍般的技能。

在过佩拉德罗河时，这头骡子又不止一次地上演了这种高超精湛的技能。有一段河道里布满了大石块，它连续惊险地在一块块石块上跳来蹦去，最后竟然跨过了这条河，拯救了自己的生命。后来，它成了我的第一头常备坐骑，在马埃斯特腊山区与敌人多次的交火中它都跟着我们，直到有一天不幸落入了桑切斯·莫斯克拉的手中。

就是在佩拉德罗河畔发生了一件不愉快的事情，我们不得不撤销军纪委员会。当时军纪委员会的工作遭到好几个同志的抵制，他们对我们提出制定纪律条例的意见很反感，迫使军纪委员会采取了极端的措施。

有一个后卫警卫班对军纪委员会的成员搞庸俗的恶作剧。据搞恶作剧的人说，有一个非常严重的问题需要军纪委员会立即去处理。到现场一看原来是一摊马粪，他们故意以此来激怒军纪委员会的同志。事发以后，他们当中许多人被抓了起来，其中就有温贝托·罗德里格斯。此人名声本来就很坏，每当我们心情十分沉痛地要处决有过失的战士时，他总自告奋勇地喜欢充当死刑执行者。革命胜利以后，罗德里格斯在关押期间和另一个起义军战士合谋杀死了一个囚犯，随后两人又从拉卡瓦尼亚监狱越狱逃跑了。

当时，和温贝托一起被监禁的还有两三个同志。在游击队武装当时的条件下，监禁其实算不了什么。但是，如果罪行严重，这些违反军纪而被关押的人就会有一两天吃不上饭，这一惩罚确实很见效。

事发两天后，当主要闹事者还被关监禁的时候，有人报告说菲德尔离这里不远了，已经到了埃尔萨帕托地区。我随即赶到那里迎接菲德尔并和他讨论一些事情。我们见面还不到十分钟，拉米罗·巴尔德斯就赶来了。他告诉我们拉洛·萨蒂尼亚斯在对一个违反纪律的同志进行处罚时，头脑发热，用手枪抵住那个人的脑袋好像要枪毙他似的。谁知无意中手枪走火，当场把那个同志打死了。部队里的骚乱就此爆发。我立刻赶回营地，把拉洛看管起来。气氛严重对立，战士们都要求从速审判，立即处决他。

我们开始受理战士们的诉讼，调查寻找证据。大家看法有分歧，有人一口咬定说这是蓄意谋杀，有人认为是意外事件。抛开这些看法不说，游击队里是禁止对自己的同志进行体罚的，拉洛·萨蒂尼亚斯已经不是第一次违反这条规定了。

当时的局面很棘手，拉洛·萨蒂尼亚斯同志在战场上一直是个勇敢无畏的战士，他坚定地支持执行纪律，是个有高度牺牲精神的人。那些强烈要求对他执行死刑的人根本就不是我们部队里的优秀分子。

一直到天黑都不断有人宣称自己是这个事件的见证者。菲德尔来到了军营，他强烈地反对对拉洛·萨蒂尼亚斯执行死刑，但是，他认为不同每一个战士商议就作出这种决定也是不慎重的。审讯的第二阶段，菲德尔和我为被告辩护，这位被告一直不动声色地注视着这一关系着他命运的审判，脸上没有一丝恐惧的神情。在许多人情绪冲动地要求对他作出死刑判决后，轮到我表达意见了。我要求处理这一事件一定要谨慎，并努力解释说，那个同志的死要归咎于我们的斗争环境，因为我们正处于战争状态，说到底，真正有罪的是独裁者巴蒂斯塔。然而，那些对立情绪严重的战士对我的话根本就听不进去。

夜已经很深了，我们点了几把松明和几支蜡烛继续进行讨论。这时，菲德尔发言了，整整讲了一小时，他向战士们解释为什么在他看来拉洛·萨蒂尼亚斯不应该被处决。他列举了我们自己的过失，说明我们缺乏纪律性，还指出我们每天所犯的其他错误和这些错误给我们造成的问题。他解释说，说到底，我们是为了捍卫军纪才犯下这么一个应该受到谴责的错误的，我们永远不该忘记这一教训。四周的火把把林子照得一片通明，菲德尔巍然站在林中，滔滔话语，声声感人，我们的许多战士听了他们领袖的见解后都纷纷改变了自己的看法。

那天晚上，菲德尔铿锵话语内在的巨大说服力经受了考验。

然而，尽管菲德尔能言善辩，还是无法完全平息所有的反对意见。最后决定两种可能的惩罚方式由大家投票表决：立即实行枪决或者降职处分加上连带的其他惩罚。由于战士们情绪格外激动，许多因素都会在这场决定一个战士生命的投票中起作用。我们不得不暂时停止投票，因为有人打算投两次票，激烈的争吵一下子就歪曲了我们解决问题的方法。我们再次向大家解释了投票中的两种选择方案，要求大家作出明确的抉择。

我负责在一本小笔记本上计票。我们大家都非常喜爱拉洛，我们承认他有错。但是，因为他是革命的宝贵干部，我们都希望能免他一死。我记得，一个年轻的姑娘奥尼里亚·古铁雷斯——她参加我们队伍时还只是个小女孩——用极度悲痛的语调问，她是否也能以一个战士的身份参与投票，我们同意她参加投票。全部投票完毕以后，我们开始计票。

我把这次不寻常的投票结果写在一张差不多和药剂试验室使用的小纸片一样大小的小方纸上。双方票数非常接近。在最后几名投票人稍稍犹豫片刻后，结果出来了：一百四十六名游击队员中七十票要求判处死刑，七十六票同意另一种惩处办法。拉洛得救了。

但是事情并没有到此结束。第二天，一批反对大多数人决议的战士宣布他们决定脱离游击队运动。这些人中许多人素质不高，但是也有一些英勇善战的人。让人难以理解的是，军纪委员会主席安东尼奥·洛佩斯中尉以及他班里的许多战士也都对投票结果不满意，脱离了起义军。我至今还记得其中几个人的名字，一个叫库罗，另一个叫帕尔多·希门尼斯(巴蒂斯塔政府一名部长的侄子，但他还是参加了革命)。我不知道后来他们情况怎么样了。与此同时，卡尼萨雷斯三兄弟也离开了游击队。

他们的命运就不怎么光彩了，其中一个在猪湾入侵中被打死，另一个在那次未遂的雇佣军入侵失败后当了俘虏。这些人当初不服从大多数人的意志，放弃了斗争，后来都转而为敌人效劳。当他们又返回国土与我们作战时，就成了地道的卖国贼。

我们的革命战争已经开始具备新的特点。指战员的觉悟日益提高，我们开始切肤切骨地感到亟须进行土地改革，亟须在社会结构上作出深刻的根本性的变革，这对拯救曾经罪孽深重的国家是至关重要的。但是，我们的先进分子和大多数战士觉悟的不断提高却引发了和另一部分人的冲突，这些人参加革命斗争仅仅是出于对冒险刺激的渴望，或者是希望能光宗耀祖，并捞取经济利益。

其他一些满腹牢骚不满现状的人也离开了革命队伍。这些人早就被我淡忘了，但有一个人除外，他就是罗伯托。后来他编造了一个长篇的充满谎言的神话，使他丢人现眼的是，康特·阿圭罗还在《波希米亚》杂志上刊登了这篇谎言。拉洛·萨蒂尼亚斯的军职被撤，到一个人员不足的排里当一名普通的战士，判决要求他在今后的对敌斗争中为自己赢回名誉争取复职。他的叔叔，起义军的一名中尉华金·德拉罗萨决定陪伴他一起下排当兵。菲德尔把他手下最好的战士卡米洛·西恩富戈斯派到我这里以接替萨蒂尼亚斯上尉，他成了我们纵队前卫排的一名上尉。

我们必须马上出发围歼一帮土匪，他们打着我们革命的名义，在我们当初开始发动革命的地区以及加拉加斯和埃尔罗蒙地区兴风作浪，大肆作恶。卡米洛在我们纵队第一次领受的任务就是快速推进，抓获那些匪徒，然后将他们绳之以法。

剿匪

现在马埃斯特腊山区的环境已经让我们可以在相当大一片区域里自由自在地生活了。政府军几乎没有占领山区里的任何一点地盘，许多地方，他们从来就不敢贸然进入。但是，我们还没有组织起强大而严密的政府体制，无法有效阻止土匪在这一地区胡作非为，他们顶着从事革命活动的名义，却专门从事欺诈抢掠和其他种种不法勾当。

马埃斯特腊山区的政治局面同样也很不稳定。对山区老百姓的政治教育工作仍然流于形式。由于敌军的威胁始终存在，我们一时难以克服上述弱点。

敌人又一次来包围我们了。种种迹象表明他们企图进犯马埃斯特腊山区，在山区的百姓中制造紧张气氛。老百姓中的动摇分子已经在寻找办法，保全自己，以免在巴蒂斯塔的入侵中遭遇行刺者的毒手。桑切斯·莫斯克拉在米纳斯-德布埃锡托的小村子里驻扎下来，一次新的入侵意图再明显不过了。

我们在一九五七年十月的那些日子里，正驻扎在翁布里托山谷，为解放区做一些基础性的准备工作。我们在马埃斯特腊山区创建了首个工业生产的雏形——面包厂。同样在翁布里托地区还建立了一个军营，用作游击队的训练基地，把一批批想加入我们游击队的年轻人都集中在这里，交给我们信赖的农民负责训练管理。

阿里斯蒂迪奥是这拨年轻人的小头头，他在乌韦罗战斗爆发前几天还是我们纵队的成员。可是，战斗打响时他却不在，因为他摔了一跤，一根肋骨骨折。后来他也没有什么兴趣继续留在游击队打仗了。

阿里斯蒂迪奥是农民中的一个典型。他虽然加入了革命队伍，却根本不理解参加革命的意义。对当时的形势他有自己的盘算，认为还是等着观望一下、看清政治风向为好。他把左轮手枪卖了，换了几个比索，以后一见到爱信他话的人就说，游击队走了以后，他才不会傻乎乎地待在家里不声不响地束手就擒，让政府军抓去。他要主动和政府军取得联系。阿里斯蒂迪奥的各种各样的表白引起了我的注意。当时革命正陷入低谷，我以这一地区领导人的身份，要求从速对他进行调查，随后这个叫阿里斯蒂迪奥的农民就被处决了。

今天，我们可能会扪心自问，他是否真的罪大恶极应该被处极刑？是否有可能饶他一命，让他在今后的革命建设阶段出一点力？战争是严酷无情的，当敌人的侵略气焰甚嚣尘上时，即使对叛变嫌疑者也不能容忍。这事如果发生在几个月前，也许就能免他一死，因为那时游击队运动的力量比现在薄弱得多；或者发生在几个月以后，也可以绕他一命，因为我们的力量比现在要强大得多。但是，阿里斯蒂迪奥也该他倒霉，偏偏在这个时候暴露了一个革命战士身上的弱点——这时候我们的力量已足够强大，可以断然处决犯有他这种罪行的人，但是还不足以强大到采用其他制裁办法，因为我们没有监狱，没有任何其他禁闭他的地方。

离开这一地区有一段时间了，我们的部队开始沿着马格达莱纳河向洛斯科科斯进发。我们将在那里与菲德尔会师，然后去追剿土匪。这伙土匪的头目是个姓张的华裔，他们在加拉加斯地区肆意蹂躏百姓。卡米洛和前卫排的战士一早就跑在大部队的前面，我们赶到时，他们已经抓住了几个俘虏。我们在那里剿匪大约用了十天时间。

就在当地一间农民的茅屋里，这个姓张的土匪头子受到了审判并被判处死刑。他们杀害了好几个农民，还对其他人进行严刑拷打。他们盗用革命的名义，侵占革命的财产，在当地散布恐怖气氛。和张同时被判处死刑的还有一个农民，他奸污了一个十来岁的少女，同时还吹嘘自己有权有势，是起义军的交通员。我们还公审了一大帮这样的土匪，有城里的青年，也有当地的农民，他们都是因为贪图那种放荡不羁的生活才被那个姓张的土匪头子拐骗过来，干上这一行的。

大部分人都被宣判无罪，但是，我们决定用其中的三人筹划一次具有象征性意义的教育课。

首先，我们处决了姓张的土匪头目和那个犯有强奸罪的农民。他们被捆绑在林子里的一棵树上，两个人都很镇静。那个农民死的时候我们没给他蒙上眼睛，他面对着枪口高呼："革命万岁！"姓张的那个土匪头子面对死亡非常平静，不过他要求随军牧师吉列尔莫·萨蒂尼亚斯为他主持临终圣事，可是当时萨蒂尼亚斯恰好不在军营。由于我们无法满足他的请求，他说希望大家记住他曾请求过随军牧师为他祈祷，好像这一公开的表白可以为他今后减轻罪刑似的。

接着，我们对这个土匪集团里的三个男孩实行了象征性的枪决。他们都跟随那个姓张的土匪头目为非作歹，陷得很深。但是，菲德尔感到应该给他们一个机会。这三个孩子都被蒙上了眼睛，经受了一场模拟枪决的痛苦折磨。朝天鸣枪以后，三个孩子发现他们仍然活得好好的。其中一个孩子喜悦之情难抑，情不自禁地给了我一个响亮的吻，就像我就是他的亲生父亲一样。

美国中央情报局的特工安德鲁·圣乔治目睹了这些事件，他的文章发表在《展望》杂志上，被评为该年度最具轰动效应的报道，还因此而获奖。

回首往事，第一次在马埃斯特腊山区实行的这种办法似乎很残暴野蛮，不过当时对那些人也不可能有其他的惩罚办法。确实，他们并不完全该判死刑，但是，他们的所作所为也称得上是罪行累累了。这三个男孩后来都参加了起义军，据说在整个起义暴动期间，有两个人都表现得很出色。第三个男孩在很长一段时间里都在我的纵队里作战，每当战士们谈论起各自在战争中的英雄行为时，只要有人对他的讲述表示怀疑，他总是再三强调说："真的，我从来没有怕死过，这一点切可以作证！"

两三天以后，我们又抓住了一伙土匪，处决他们特别让人心疼。他们中有一个叫迪奥尼西奥的农民和他的小叔子胡安·莱夫利吉奥，两个人都是最初帮助过我们游击队的人。迪奥尼西奥曾经帮助我们揭露叛徒欧蒂米奥·格拉的面目，在革命最艰难的一段时间里也对我们鼎力相助，可是后来他疯狂地滥用了我们对他的信任。他的小叔子也是这样。他们为了自己的需要，侵吞了城市游击队组织给我们送来的全部物资，还建立了好几处牲口集中地，随心所欲地屠宰牛群。一旦走上了这条路，他们就越走越远，直至杀人越货。

那时候的马埃斯特腊山区，男人的财富主要是根据他所占有女人的数量来衡量的。迪奥尼西奥一直信守这一习俗，自以为是个有头有脸的人物。他利用革命赋予他的权力，霸占了三幢房子，每幢房子里都包养了一个女人，还储藏了大量粮食。在审判他的过程中，菲德尔严厉谴责了他滥用职权、背叛革命和用人民的血汗钱包养三个女人的腐化堕落行为。但是，迪奥尼西奥还是以一种农民的老实巴交的口气说，他没有包养三个女人，而是两个，因为其中一个本来就是他的妻子(这倒也没说错)。

和这两个人一起被处决的还有马斯费雷尔[1]派来的两个间谍，他们在从事间谍活动时被我们当场抓获，而且都供认不讳。另外还处决了一个名叫埃切维里亚的小男孩，他曾经在革命运动中被指派干过许多特殊的工作。埃切维里亚是一个起义军战士家庭的孩子——他的一个兄弟曾是我们的“格拉玛号”远征军成员——但是这个小家伙，在等待我们到来的过程中自己拉起了一小股武装，后来他经受不住鬼知道什么样的引诱，居然在游击区内开始组织武装袭击活动。

埃切维里亚临死的情景确实十分感人。他认识到自己的错误以后，不想被处决而死，便恳求我们让他在下一次战斗中献身。他发誓要死在战场上，就是不想让自己的家庭蒙受耻辱。被判处死刑后埃切维里亚(我们都叫他外号“小斜眼”)写了一封感人的长信给他母亲，信中说，这次对他的惩罚是公正的，希望他母亲继续忠于革命。

最后一个被处决的是一个叫“大师”的极有趣的人物。当时我正生着病，拖着虚弱的身子在大山里长途跋涉，毫无目标地游荡。在这段困难时期，他是唯一陪伴我的人。不久以后，他就借口生病，离开了游击队，沉溺于淫荡的生活不能自拔。他最妙的一招竟然是假冒我的名

[1] Rolando Masferrer(1918—1975)，报纸出版商，巴蒂斯塔当政时期的参议员。

义，伪装成格瓦拉军医，企图强奸一个来看病的农民姑娘。

除了马斯费雷尔派来的两名间谍外，其他的人直到被处死前都宣称他们效忠革命。我没有在行刑现场，可是在场的人后来对我说，随军牧师萨蒂尼亚斯去了现场，当他走近其中一个死囚身边准备主持临终圣事时，这个囚犯回答说：“嘿，神父！你还是另找个需要你的人吧，老实说，我才不信你说的那些玩意儿呢！”

革命就是由这样一些人闹起来的。造反者一开始是反对一切不公正的，要不了多久他们就成了孤独的造反者，习惯于满足自己的需求，根本不理解什么是变革社会秩序的革命斗争。只要革命对他们的行为稍有放松，他们就会栽大跟斗，很容易走上犯罪的道路。

革命赦免了其他几个偶然犯罪的少年犯，这样的青少年在今天的军队里也能发现。迪奥尼西奥和胡安·莱夫利吉奥和他们比起来也坏不到哪儿去，但是那时候必须要有铁腕手段。形势迫使我们采取了儆戒性的惩罚措施，这才遏制了违反军纪的行为，清除了在缺乏一个稳定政府的地区到处出现的无政府主义萌芽。

埃切维里亚只要再往前迈一步就能成为革命的英雄，成为像他的两个在起义军担任军官的兄弟一样的杰出的战士。但是，他不幸就在这个关口犯罪了，而且付出了生命的代价。我本不愿意在这里提他的名字，但是，他面对死亡堂堂正正，坚持革命，清楚地意识到对他的惩处是公正的，所以在我们看来，他的结局并没有玷污他的形象。恰恰相反，尽管这是一场悲剧，却极具价值。这场悲剧为我们树立了一个典范，因为它使别人认识到必须保持革命的纯洁性，不能让巴蒂斯塔政府军遗留下来的土匪习气污染革命。

在那次审判期间的一个案子中，第一次有辩护律师为被告辩护。这位律师以前曾因为意见相左和“七·二六运动”平原派的领导发生过多次纠纷，后来就到马埃斯特腊山区寻求避难。革命胜利后，他一直担任农业部长，直到《土地改革法》签署前被解除职务(既然他不想对《土地改革法》公开表态，此法律就由别人签署通过)。他就是温贝托·索里·马林。

当我们在起义军管辖的所有地区完成了建立和平和道德秩序的艰巨任务后，我们又掉转头向翁布里托一带进发。我们把纵队分成三个排。前卫排由卡米洛·西恩富戈斯领导，下有四名中尉，奥雷斯特斯·格拉(今天已晋升为少校)、博尔多、莱瓦和诺达。第二个排由劳尔·卡斯特罗·梅卡德尔上尉领导，他手下有三名中尉：阿方索·萨亚斯、奥兰多·普波和巴勃罗·卡夫雷拉。拉米罗·巴尔德斯领导我们小小的总参谋部，他手下有霍埃尔·伊格莱西亚斯中尉。霍埃尔还不到十六岁就已经指挥三十岁以上的人了。他给战士发布命令时，总是以尊称称呼；战士们年龄大，虽然对他不用尊称，但是不折不扣地服从他的命令。后卫排由西罗·雷东多指挥，下面的四名中尉分别是比洛·阿库尼亚、费利克斯·雷耶斯、威廉·罗德里格斯和卡洛斯·马斯。

到一九五七年十月底，我们又重新在翁布里托地区站稳了脚跟。然后我们开始下力气建立一个在自己军队强有力保护下的区域。在新近从哈瓦那来的两个学生——一个学工程，另一个学兽医——的帮助下，我们开始拟订一个建造小型水电站的计划，打算就建在翁布里托河上。我们还出版了自己的报纸——《芒比战士报》。我们用从城市带来的一台老式蜡纸油印机印出了头几期的《自由古巴人报》，编辑和印刷工就是这两名学生赫奥内尔·罗德里格斯和里卡迪诺·梅迪纳。

就这样，在这个不再需要大规模行军的稳定时期我们开始有条理地安排我们的生活，能这么做，多亏翁布里托的老百姓——尤其是我们的好朋友、被我们称为“查纳老太太”——的慷慨解囊。接着我们又在一间破旧的无人居住的茅屋里建了一个面包烘房，这样敌人的飞机发现不了任何新的建筑。我们还请人制作了一面“七·二六运动”的大旗，上面写着“快乐的 1958!”。我们在翁布里托高地的最高处升起了这面旗帜，这样从遥远的地方，甚至远在米纳斯-德布埃锡托都能看到这面大旗高高飘扬。在此期间，我们遍访这一地区，建立了真正的权威。同时，我们积极准备抵御桑切斯·莫斯克拉迫在眉睫的入侵，在他最可能经过的通向翁布里托的行车通道两边构筑了防御工事。

小狗遇难

尽管马埃斯特腊山区的环境很严酷，但是日子过得挺不错。我们在图尔基诺流域的一个崎岖陡峻的迷宫式的阿瓜雷沃山谷中徒步行军，耐心地尾随着桑切斯·莫斯克拉的部队。这个杀人不眨眼的魔鬼一路烧杀抢掠，整个地区原先好端端的农场庄园转眼间就化为一片烟灰弥漫的废墟，留下一派凄惨绝望的景象。我们知道马埃斯特腊山中有两三个地方驻扎着卡米洛的部队，从桑切斯·莫斯克拉的踪迹看，他必定会沿着卡米洛所在的其中一个山脊继续向上爬，不是内华达山脊，就是被我们称作的“瘫痪山脊”，即今天大家知道的“死亡山脊”。

卡米洛已经匆匆带领十二三个前卫排的战士离开了驻地，这么几个人还必须分别部署在三个不同的地方阻击一支一百多人的政府军部队。我的任务是从后面袭击桑切斯·莫斯克拉，把他们围堵起来。我们的根本目标是形成对敌人的包围圈，所以，一直跟在敌人后面耐心尾随了好长一段距离，所经之处都是被敌人后卫部队点燃的正在燃烧的农民的茅屋，不免心痛万分。敌人的部队离我们很远，但是我们还能听到他们的喊叫声，也不知道他们到底有多少人。我们的纵队沿着山坡艰难地向前推进，而敌人则是穿过一个狭窄的山谷中心向前走。

如果不是因为我们的吉祥物——刚降生还不到一个月的一只小猎狗——的话，我们一路的行军都会非常顺利。不管费利克斯·门多萨怎么再三地吓唬这只小狗，想把它撵回我们部队炊事员所在的作战中心的那所房子，它还是不停地跟在我们后面跑。马埃斯特腊山的那一带山里都没有小路，所以沿山坡行军非常困难。我们成功地穿过了一个可称作“树坟”的极难穿越的地方，称它为“树坟”是因为那里集中了一大片密密麻麻的枯树死树。“树坟”上面又覆盖着一层厚厚的新生的枝叶。不过，走这段距离着实费了我们九牛二虎之力。为了努力跟上向导，不至于失去联系，遇到树干和灌木丛我们都是从上面跳跃过去。

我们这支小部队就在这种情况下，默默无声地向前推进。大山里像往常一样回荡着低沉的哗哗的林涛声，几乎把部队行进中推挡树枝发出的断裂声都淹没了。但是，突然间，原先低沉的林海呼啸声——大山寂静的代码——被小狗忧郁而紧张的一阵尖叫声划破了。小狗落在了后面，正在拼命地叫唤，让他的主人回来帮它赶上去。有人返了回去，抱起了这只小狗，又继续往前赶。但是，当部队在一个小河床上停下一边休息一边密切观察敌人动向时，这只小狗又开始歇斯底里地嗥叫起来，怎么安抚它也没用。它是害怕我们把它撇下，所以才疯狂地吼叫起来。

我至今还记得当时我下达的果断的命令："费利克斯，赶快把它勒死，彻底了结它，不能让它再叫了！"费利克斯用茫然的双眼注视着我。他和小狗就站在我们这支精疲力尽的队伍中央，就像在圆心的位置。他慢慢地掏出一根绳子，套在小狗的脖子上后便开始抽紧绳子。原先还在娇柔地摆动着的小狗的尾巴突然痉挛性地胡乱拍打起来，尽管脖子上的绳子渐勒渐紧，痛苦的呻吟还是持续不断地从它嗓子里冒出来，我们的吉祥物就这样一点一点咽了气。我不知道到底用了多长时间才结束了这个小精灵的生命，但是，我们所有人都感觉好像是经历了好长好长一段时间。这只小狗最后惊悸地抽搐了一下，便不再痛苦地扭动了。它四肢摊开，软软地躺在那里，小脑袋瘫挂在一根细树枝上。

我们的行军又开始了，对于小猎狗的死谁也没说一句话。桑切斯·莫斯克拉的部队已经逼近了，没过多久，我们就听到了枪声。我们飞快地冲下山坡，在一片难以行走的地带中寻找最快的小道，以便追上敌人的后卫部队。我们知道卡米洛已经发起了攻击。费了相当长时间我们才抵达先前路过的那间房子，然后便沿着对面的山坡往上爬。部队移动很谨慎，因为我们估计可能随时会与敌人遭遇。双方交火异常激烈，但是并没有持续很长时间，大家都期待能和敌人大干一场，所以神经都绷得紧紧的。先前路过的那间房子没有人住，也没有敌人到过的迹象。两名侦察员爬上了“瘫痪山脊”，没多久就返回报告说：“山脊上有一座坟，我们挖开一看，发现埋着一个头戴金属钢盔的尸体。”他们还带回了一张死者的身份证件，是从他衬衣口袋里发现的，可见那里发生过一场冲突，死亡一人，死者是敌方的。我们了解的仅限这些。

我们慢慢地往回走，一点儿心气儿也没有了。两个侦察小分队在马埃斯特腊山脊的两侧除了发现了大量脚印外，其他什么也没有发现。我们返回时走得很慢，这一次是沿着山谷走的。

夜里，我们来到了一所住宅前，宅子也是空的，没人住。这里是贝尔德湖农庄，我们可以停下休息了。不一会儿猪肉丝兰烧好了，饱餐一顿后有人随着吉他的伴奏唱起歌来。因为农民房东匆忙中撇下了这些房子，什么东西都没带走。

我不知道是因为情绪伤感呢，还是因为子夜的黑暗，或者仅仅是因为疲惫不堪，反正那天夜里费利克斯是坐在地上吃的饭。他扔下了一根骨头，屋里的一只狗温顺地走过去，咬起了那根骨头。费利克斯把手搭在小狗的头上，那只狗仰着脸看着他。费利克斯也低头瞧着那只小狗，随后，我们俩备受良心责备的眼色又遇到了一起。一下子，全屋的人都沉默下来了。

我们两个人的身子都微微颤抖了一下，不过，谁也没有察觉出来。站立在我们面前的虽然是房东家的小狗，可它分明就是被我们亲手杀害的那只小狗啊！因为我们从它注视着我们的双眼里又看到了那只小猎狗温和、调皮和略带责备的目光。

贝尔德湖伏击战

终于酣畅地睡了一夜，不知是五点还是五点半，反正天快亮的时候我醒了。醒来后发现在战争生活中培养出来的第六感已经迟钝了，可能是因为太疲劳后在贝尔德湖村落里农民舒适的床上躺了一夜的缘故吧。我们一边悠闲地做着早饭，一边等着派出去和各游击分队联络的交通员给我们带回消息。

这个地区留下的农民已经为数不多了。那天早晨太阳出来刚有点儿暖意时，有个农民就给我们带来了奇怪而骇人的消息：政府军的士兵离这里只有半公里的路了，他看见他们正在一间茅屋里到处翻找母鸡和鸡蛋。我立即派他去摸清敌人的全部情况，告诉他要想办法和敌人接触，估算出他们的兵力。这个农民并没有急于去完成交给他的全部任务，然而，回来时却说，大批的士兵驻扎在距内华达山脚一二公里的山腰上的雷耶斯的家里。这些人就是桑切斯·莫斯克拉的部队。

这时，我们不得不火速安排好作战方式。我们的目标是在一个适当的地方先把敌人包围起来，然后一举歼灭他们。

首先，我得琢磨一下桑切斯·莫斯克拉会采取什么作战方案。他有两种可能的路线：一是顺着内华达山选一条路程艰难、耗费体力的小路，经过圣安娜，到达加利福尼亚，再从那里前往米纳斯-德布埃锡托。另外一条也许最合情理的路线就是桑切斯·莫斯克拉沿着图尔基诺河朝相反方向走，一直走到图尔基诺山脚下的奥库哈尔小村庄。因为这样走不仅路程短，还给他提供了种种潜在机会。

由于我们还吃不准敌人的计划，所以两面的阵地都必须迅速加强，防止他们突破我们的包围圈。如果他们决定穿越内华达山走山路，那么，除了卡米洛有可能尾追他们以外，我们不可能有足够的兵力与他们对抗。

前一天，卡米洛在孔拉多高地附近和他们交火，可是，当时我们还不知道卡米洛驻扎在什么地方。

不过，我们的交通员正火速赶来。为了占据有利阵地，居高临下地封锁桑切斯·莫斯克拉的路线，我们驻扎在翁布里托的后备部队都调集到内华达山地区和公墓一带。卡米洛已经到达，就驻扎在那一带。他们已经接到命令，战斗打响前，不要暴露自己，不要加入战斗，除非敌人要从他们防守的地区逃走。诺达中尉和比洛·阿库尼亚中尉带领的两个班已被派往西侧，劳尔·卡斯特罗·梅卡德尔上尉在东侧将包围圈合拢。如果敌人下山向海边逃窜，我们估计很有可能出现这种情况，那么，我指挥的小班加上增援部队就负责对他们进行伏击。

凌晨时分，完成对敌包围圈后，警报拉响了。我们看到敌人先头部队前面的士兵正沿着图尔基诺河的一条支流边上的主路向前推进。如果敌人沿着我这一侧过来的话，我们选择开战的战场两侧都是丘陵牧场，我们的部队可以隐蔽在一侧。但是，在战斗打响前他们无法进行观察，只能等战斗打响后才能发起攻击。这是主路一侧可能会发生的情况。主路的另一侧是一小片树林，树林的尽头是一棵芒果树，我的哨位就在那里。我的任务是近距离向敌人开火。霍埃尔·伊格莱西亚斯和其他同志在我前面一两米远的地方，要想歼灭第一批敌人，这个阵地是很理想的，但是，要想继续打下去就不行了。我们认为，敌人会很快撤退去寻找有利的阵地，那时，我们就不得不放弃伏击。

敌人几乎就在我们眼前经过，连声音都听得清清楚楚。牧场那边的战士已经发现只有三个敌人的士兵，但是他们无法及时地向我们报警。那时候，我唯一的武器就是一把卢格尔手枪，我前面的两三个同志更靠近敌人，他们的命运让我更担心。出于这个原因，我仓促地打响了第一枪。由于过于仓促，竟没有击中敌人。这时四周噼噼啪啪枪声都响起来了，我们向住着大批桑切斯·莫斯克拉部队的那所住宅发起了进攻。

在伏击的过程中，一种令人恐怖的寂静渐渐地蔓延开来。首轮交火后，当我们去收尸时，主路上一个人也没有。路边有几棵树，野生拂子茅灌木丛中有一条中间被踩得陷了下去的小路，敌人就从这条小路上溜掉了。由于没见到一个敌人，我们立刻开始对他们进行搜索包围。

我们正在林子里搜索时，霍埃尔·伊格莱西亚斯也来到灌木丛中这条敌人逃跑的小路上，跟在他后面的还有鲁道夫·巴斯克斯和赫奥内尔·罗德里格斯。我听到霍埃尔·伊格莱西亚斯在大声向敌人喊话，命令他们投降，保证不杀俘虏等等。突然，林子里响起了一阵急速的枪声，立刻有人向我报告说霍埃尔·伊格莱西亚斯受了重伤。细想起来，霍埃尔·伊格莱西亚斯还真是福大命大：三挺加伦德式机枪近距离向他射击，他的步枪被两颗子弹击中，枪托被击碎。另一枪灼伤了他的一只手，还有一枪打中他的面颊，两颗子弹击穿他的手臂，另两颗穿过他的腿，其他子弹呼啸着与他擦肩而过。他浑身上下都是血，不过，相对来说都未触及要害。我们立即把他拖了回来，用吊床把他送到战地医院治疗了。

我们必须继续找到那三个敌人士兵才能集中兵力回到战场上。不一会儿，就听到席尔瓦在大声喊："他们在这儿呢！"只见他端起12号口径的霰弹枪，对准他手指的方向就是一梭子。林子里马上就传出敌人高喊投降的声音。就这样我们抓住了这三个家伙，缴获了他们的三挺加伦德式机枪。不过，我们最优秀的战士也受了伤，这是当时的伤亡情况。

我们沿着运送我们伤员的同一条路把俘虏送走后，才集中精力指挥这场战斗。从战俘的口中，我们得知桑切斯·莫斯克拉手下的士兵约八十至一百人。无法知道这个数字是否准确，反正战俘是这么说的。敌人把守的阵地防御工事很坚固，他们有自动武器、轻型武器，还有大量弹药。

我们知道，最好避免和敌人发生正面冲突，因为虽然我们的人数和敌人大体相当，但是武器质量差，何况桑切斯·莫斯克拉的阵地工事坚固，便于防守，我们取胜的把握并不大。因此，我们决定不断地骚扰敌人，让他们动弹不得，直到夜幕降临，才可以发起攻击。

然而，几个小时后，有消息说，由谢拉上尉指挥的敌人增援部队正从海边往山上爬。我们立刻组织了两个分队去阻截他们。一支由威廉·罗德里格斯带领，他们奉命攻击多斯布拉索斯-德尔图尔地区的敌人。另一支由莱瓦中尉带领，他们奉命等候敌人增援部队的到来，当敌人爬到离战场仅两公里的一座山顶时，立即发起攻击。这是对我们非常有利的阵地，可以在此全歼敌人的先头部队。我亲自负责这个阵地的战前准备工作，其他同志则负责准备别处的伏击工作。

整个前线异常平静，我们只是偶尔朝敌人驻地的锌皮屋顶射击一阵，以便控制他们。然而，下午两三点钟时，阵地上响起了长时间的交火声。后来，我才听到一个不幸的消息：西罗·雷东多在攻打敌人防线时牺牲了，他的尸体没有找到。不过，他的武器倒让卡米洛给夺回来了。我们这边也听到了枪声，表明敌人的部队到了。没过片刻，激烈的枪炮声响了起来。我们西面的防御工事被赶到与桑切斯·莫斯克拉会合的敌人增援部队摧毁了。

我们被迫撤退。杀人凶手又一次逃过一劫。我们下达了有条不紊撤退的相关命令，随后便放弃了阵地，慢慢向后撤。先撤到瓜亚沃小河边，后来又撤到了翁布里托山谷，这是我们最安全的隐蔽处。

到了翁布里托山谷，我们汇总了各路战斗的结果，才梳理出全局的情况。根据战士们的说法，我们歼灭了很多敌人，不过，我们无法核实这一消息。在莱瓦中尉指挥下守卫最南端阵地的战士也说打死了不少敌人。但是，保存在南部战区战士们阵地上的背包都丢失了。一大早一个叫阿尔韦托的战士带着几个战俘被派往那个阵地，返回时，他决定停下来睡一觉，而没有继续投入战斗。就在他睡觉时遭到了敌人的突袭，被敌人抓走了，所有的背包也被敌人抢走了。后来我们听说，这位战士在翁布里托地区被敌人杀害了。

我方受伤的有罗伯托·法哈多；霍埃尔·帕尔多，他是两天前在与桑切斯·莫斯克拉的一次交火中负伤的；一个叫雷耶斯的战士也负伤了，他在后来的战斗中牺牲了，牺牲时是上尉军衔；受伤的还有哈维尔·帕索斯和霍埃尔·伊格莱西亚斯。西罗·雷东多在战斗中牺牲了，大家悲痛万分，我们非但没能乘胜追击彻底打垮桑切斯·莫斯克拉，还失去了伟大的战士西罗·雷东多同志。

我给菲德尔写了封信，建议身后为西罗·雷东多晋升军衔。不久以后，就追授了他新的军衔。这条消息刊登在我们的《自由古巴人报》上。

贝尔德湖之战和西罗·雷东多的牺牲均发生在一九五七年十一月二十九日。

刚准备撤退时，一颗子弹击中了离我头部几厘米远的一棵树干。赫奥内尔·罗德里格斯把我训斥了一通，怪我没有弯下身子。可能是他过去学过工程学总喜欢数学推理的缘故吧，他后来对我解释说，要说活到革命成功那一天，他的机会比我要多，因为他从不拿生命进行不必要的冒险。这话不假，经受了贝尔德湖战斗的战火洗礼的赫奥内尔·罗德里格斯从来没有拿自己的生命进行不必要的冒险。他英勇无畏、坚定果断、聪明灵杰，永远是战士的楷模。但是，偏偏是这么优秀的一位战士没有能活着看到革命战争的胜利。几个月以后，他在敌人对我们发动的大规模进犯中阵亡。

那天晚上，我们在瓜亚沃过的夜。我们必须做好准备防止敌人发动突然袭击，在不用一路浴血拼杀的情况下抵达翁布里托，这就是当时最主要的任务。

孔拉多高地

贝尔德湖伏击战结束后有一段日子我们忙得不亦乐乎。我们心里很清楚，我们还没有足够的军事实力和敌人连续作战，还无法对敌人实行有效的包围，也无法抵抗敌人的正面进攻。因此，我们加强了在翁布里托山谷的防卫措施。翁布里托山谷离贝尔德湖只有几公里远，要到翁布里托，必须走通往圣安娜的盘山公路，再穿过山间的瓜亚沃河，从圣安娜就能抵达翁布里托。不过，也可以沿着瓜亚沃河南行，翻过拉博特亚山，抵达翁布里托山谷。沿着从米纳斯-德尔弗里奥方向来的公路也能抵达那里。

我们必须守卫好上述每一个地方，建立持久的观察哨所，防止敌军直接闯入树林对我们进行突然袭击。

大量多余的物资已经运送到拉梅萨地区，放在波洛·托雷斯的家里，伤员也护送到了那里。伤员中唯一不能走路的是霍埃尔·伊格莱西亚斯，因为他腿受伤了。

桑切斯·莫斯克拉的部队驻扎在圣安娜，其他敌军的部队已经上了加利福尼亚公路，谁也不知道他们会被调往哪里。

贝尔德湖一战结束四五天后，战斗警报又拉响了。桑切斯·莫斯克拉的部队直接沿着从圣安娜到翁布里托这条最合乎常理的路线向我们进犯了。我们立即通知了等待在那里准备伏击的战士，他们对埋设的地雷一一进行了检查。这是我们自己制造的首批地雷，引爆装置极其简陋，就是一根弹簧和一根钉子。引爆时，弹簧一松，猛地把钉子朝前一推，撞击引爆装置。可是在贝尔德湖伏击战中，地雷失灵，没有炸响。这一次，地雷还是没有炸响。

片刻后，我们在指挥哨所听到了枪声，有人前来报告说，由于地雷没有爆炸，大批敌人已经过来了，我们的战士只得后撤，不过还是让敌人吃了些苦头。战士们说，第一个被打死的敌人是一个高个子胖身材、率领一支骑兵队走在前面的中士，手里还有一把 0.45 英寸口径左轮手枪。恩里克·诺达中尉和另一个叫“墨西哥人”的战士端起手里的加伦德式半自动步枪一起近距离向他开了火。他们两人对敌人中士的描述完全一致，还说他们打伤了其他一些敌人士兵。尽管如此，不可否认的事实是，桑切斯·莫斯克拉的部队打退了我们的防御。

(几星期以后，一个叫布里托的农民因为我们对他的宽厚和仁慈，专门前来当面向我致谢。原来敌人强行让他在队伍前面带路，他清楚地看到我们的士兵“假装瞄准向他射击”。就是从这个农民口中我们了解到，当时敌人并没有任何伤亡，尽管在孔拉多高地倒是有一些伤亡。）

想用我们这么少的兵力去防守我们占领的阵地实在太困难，因此我们都不愿再费工夫去挖几条像样的战壕了。仅有的那些旧的防御工事，还是当初为了防御敌人从米纳斯-德布埃锡托方向进犯而构筑的。而且，当敌人沿着公路进犯时，就会危及我们所有的埋伏点。因此，我们就下令让大家转移撤离。这个地区留下不走的只有几户人家，他们要么决心和乡村警卫队的暴行勇敢地抗争到底，要么就是和乡村警卫队暗中有什么关系。

我们缓缓地后撤到通往孔拉多高地的一条公路上。孔拉多高地只不过是马埃斯特腊山区一条山脊上隆起的一座小山包而已。山包上住着一个叫孔拉多的农民，这位同志是人民社会党的党员，他从一开始就与我们保持联系，为我们提供了许多无私的帮助。他的住处偏僻，家人都撤走了，就剩一间孤零零的房子。这个地方是对敌人进行伏击的绝佳之处。要想攻上来只有穿过三条蜿蜒曲折狭窄的小路，还都隐蔽在浓密的山林里。因此，防御起来很容易。其他地方全由天然巨石和悬崖陡坡镇守，想从那里攀登真比登天还难。

山路有一段是个小洼地，过了这一段路就变宽了。我们就在那里积极准备抵抗桑切斯·莫斯克拉部队的进攻。第一天，我们把两颗带雷管的炸弹放在小茅屋的壁炉里。这是个非常简单的陷阱：如果我们撤退了，敌人很可能会住在这间小屋里，他们要生火取暖。两颗炸弹就完全埋在炉灰里。我们估计煤火的热度或者灼热烧红的煤块便会点着引信，引起爆炸，这样肯定会造成多人伤亡。当然，这是我们以后使用的一招。眼下我们首先必须在孔拉多高地打一仗。

我们在小洼地附近耐着性子等了三天，二十四小时轮流警戒。在那样的海拔高度，夜间阴冷潮湿。实际上，在那样的季节里，整夜整夜地待在野外的阵地上别提多难受了，我们既没有足够的思想准备，身体也非常不适应。

当时《自由古巴人报》的创刊号刚出版。我们就用印刷《自由古巴人报》的油印机为政府军士兵印了传单，准备把传单张贴在沿路的树上，让他们领取。

十二月八日早上，我们从巨石高地上就听到敌人部队开始往上攀登的嘈杂声了。他们沿着山路迂回而上，已经到了离我们还有两百米的下方。我们要派人贴传单，路易斯·奥拉萨瓦尔接受了这个任务。山下传来了敌人激烈争吵的大喊大叫声。我正在一块巨石边上担任警戒任务，所以清晰地听到显然是一个军官扯着嗓子在下达命令：“他妈的！少废话！你给我走在前面！”那个士兵还是什么人，竟愤然拒绝服从命令。过了一会儿，争吵平息了，他们又开始往上爬。

敌人分成一个个小组，隐匿在树林里慢慢地往上爬。我观察了片刻，心生疑惑，在树上张贴传单是否太不明智？这不等于告诉敌人我们在这里设下埋伏了吗？最后，我再次派路易斯·奥拉萨瓦尔赶快把传单扯下来。他只用几秒钟就完成了任务，因为第一批敌人正快速地往这个方向爬上来。

战斗部署非常简单。我们设想，当敌人到达开阔地时，总有一个士兵会首先进入我们的视线，这时，他离开他自己的同伴还有一定的距离，我们至少必须把这个人击毙。卡米洛躲在一棵高大的乳香黄连木后面，等候着。就在这个士兵经过他身边全神贯注地向前张望时，卡米洛要在不到一米的距离用机枪向他开火，躲藏在两翼树丛里的狙击手随后一起开火。在山路边的离卡米洛约十米远的伊卜拉欣·索托马约尔中尉和别的战士要从正面开火来掩护他，这样，即使是在卡米洛击毙了前面打头的士兵以后，也没有一个敌人能接近他的位置。

我的阵地大约在二十米以外公路一侧的一棵大树后面，树干能掩护我半个身子。我的枪直接对着敌人过来的那条小路的路口。一开始我们中间好几个人无法朝外张望，因为他们所处的位置暴露，没有任何遮蔽，探头张望很危险，很可能被敌人发现，按事先部署我们应该等卡米洛先开火。我偷偷朝外扫了一眼，实际上这也违反了我自己下的命令。我能感觉出战斗前的紧张气氛。我看到第一个士兵出现了，他疑神疑鬼地四下张望一番，又慢慢往前走。说实话，这里的一切都显示出埋伏的迹象：一块引人注目的小小的林中空地，奇怪陌生的地形地貌，四周茂盛的树林里长流不息的潺潺泉水。各种树木，有的已被伐倒，有的被火烧焦了还站立在那儿，让人有一阵阵绝望的感觉。我把头隐蔽在树干后，等待着战斗打响。这时只听一声枪响，接着枪声大作，战斗开始了。后来，我才知道，开第一枪的不是卡米洛，而是伊卜拉欣·索托马约尔。他是因为等得心里都发毛了，就提前开了第一枪。刹那间，四面八方的枪声都响起来了。不过，由于我们没有占据有利地形，什么也看不太清楚。我们那几下稀疏零星的枪声似乎都有致命的杀伤力，其实并没有什么效果。敌人的枪声一阵接一阵，毫不吝惜地持续了很长时间。双方“火力交叉，此起彼伏，但从不相混”。在每一阵枪炮声中，我们都能辨出对垒的哪一方在射击。几分钟（约五六分钟）以后，我们开始听到了头顶上敌人迫击炮炮弹和巴祖卡反坦克火箭弹的阵阵呼啸声，但是，由于射程过远，炮弹都飞到我们身后好远的地方爆炸了。

突然，我感到一阵难受，像被灼伤或者被刺痛的那种麻木的感觉。显然是我的左脚树干没挡住，被敌人击中了。我的子弹也打完了（为了能更精确地瞄准，我还挑了一支带有望远瞄准具的步枪）。就在我中弹的瞬间，几个敌人士兵正穿过稠密的树林，快速地朝我的方向蹚过来，树林里不断传出咔嚓咔嚓的树枝折断声。既然子弹已经打完了，我的步枪对我来说已经没有用了。当我扑倒在地上时，手枪也滑落了，压在身子底下。但是由于我直接暴露在敌人的火力下，所以无法抬起身子。我飞快地在地上打了个滚，一下子抓住了手枪。就在这时，一个战士出现在我眼前，平时我们都叫他坎廷弗拉斯。这当口本来就够痛苦的了，伤口也疼痛难忍，这个可怜的坎廷弗拉斯却又来告诉我他的步枪卡壳了，他准备往下撤。他就蹲伏在我边上，我一把从他手里夺过那支加伦德式半自动步枪，看了一下，没别的毛病，就是弹匣装得稍有些偏。我三下两下地就把一支功能完整的枪抛给了他，同时还抛给他一句我对他的敏锐的判断："你这个蠢货！"坎廷弗拉斯的真名其实是奥尼亚特，他接过枪，又投入了战斗。他从躲避的树干后面站了出来，急急忙忙想把步枪里的子弹都打完，以证明一下他的胆量。但是，还没等他打完，一颗子弹就击中了他的左臂，经历了一个奇怪的弹道，从肩胛骨上穿了出来。现在我们两人都负伤了，被困在同一个地点不能动弹，在敌人密集的火力下要想撤退不是件容易的事。尽管我们受了伤，也不知道部队的其他人在什么地方，我们还是不得不小心翼翼地从坟头上爬过去，然后在坟地的下方一点一点地向前挪动。但是，坎廷弗拉斯每挪一点距离就会昏厥一次。我虽然伤口也疼得厉害，但是跟他相比我还能动。最后，我总算找到了其他人来帮忙。

我们知道敌人也有不少被击毙，但是不知道确切数目。把我们这两个伤员救回来以后，大家就开始向波洛·托雷斯家走去，他家还在往下两三公里的马埃斯特腊的大山里。在战斗初期的极度亢奋和刺激过后，我开始感到伤口更钻心地疼了，疼得连走路都不行了。最后，只得半路改骑马才到达我们临时搭建的医院。而坎廷弗拉斯则是躺在战地担架——一张吊床上被抬到医院的。

枪炮声停止了，估计敌人占领了孔拉多高地。我们派出警卫队在一条小河畔的一个我们称为帕塔-德拉梅萨（意为“桌腿”）的地方把敌人拖住。与此同时，我们组织农民及其家人撤退。我给菲德尔发了封长信，说明了当时的情况。

我派拉米罗·巴尔德斯率领一支部队去与菲德尔会合。一种失败和恐惧的气氛笼罩着我们的部队，我只想和一些不可或缺的战士留在那里，以确保防御上的机动灵活性。卡米洛仍然负责指挥一支小型的防卫部队。

由于战场上看上去一片平静，第二天，我们派出最优秀的一名侦察员雷蒙多·利恩去摸清敌人的动向。这时我才知道，敌人部队已经完全从这一地区撤走了。这个侦察员一直走到孔拉多的家也没有发现敌人士兵的踪迹。为了证明他已经搜查过了，他还带回了我们当初藏在小屋里的一颗炸弹。

我们复查了一下武器，发现少了一支吉莱·帕尔多同志使用的步枪。他在战场上换了一支枪，但是，撤退时他只带着换到手的枪，却把原来的枪落在了阵地上。这可是一个战士犯下的最严重的罪行。我当时毫不含糊地对他下达命令：必须带着手枪，赶快从敌人手里把那支步枪夺回来，或者另外弄一支枪回来也行。吉莱·帕尔多垂头丧气地去执行命令了。但是，几个小时后他就笑嘻嘻地回来了，手里举着他自己的那支步枪。这个谜团后来终于解开了：原来敌人根本没有从他们构筑的防御掩体再向前推进，双方都沿着自己的原来的位置撤退了，所以没有一个敌人士兵到我们的阵地上去过。他的那支步枪除了淋了一场大雨外毫发无损。

这是近来很长一段时期敌人进犯马埃斯特腊山区最深入的一次，他们在这个地区的进犯从来还没有一次越过这个地方。翁布里托和其他地区只要有桑切斯·莫斯克拉的部队经过，沿路的茅屋都被烧毁，一片焦土，满目疮痍。我们的面包房被敌人煞费苦心地捣毁了。在硝烟弥漫的废墟上，我们只找到了几只猫和一头猪，它们躲过了侵略者毁灭性的暴行，没料到却成了我们的盘中餐。战斗过后一两天，现任公共卫生部部长的何塞·拉蒙·马查多用一把剃须刀为我做了手术，取出了一颗 M-1 步枪子弹。从此，我就迅速地康复了。

从一麻袋一麻袋的咖啡豆到各种家具，凡是能抢走的东西桑切斯·莫斯克拉都掠走了，他手下的士兵还不得不出大力卖苦力来搬运。我们有一种感觉，他要想再次进犯马埃斯特腊山区恐怕还得要很长一段时间。这时候，为了在这一地区创建良好的政治条件，再次开始组建我们的工业中心就显得很有必要了。工业中心这次不会建在翁布里托地区，而应该再往里建，建在拉梅萨一带。

武装斗争一年回顾

到一九五八年年初，我们进行武装斗争已有一年多的时间。在此有必要简要地回顾一下当时的军事、组织和政治形势，有必要看看革命是如何一步步发展起来的。

关于军事形势，简略回顾如下：一九五六年十二月二日我们的部队在拉斯科罗拉达斯海滩登陆。三天以后即十二月五日，我们在阿莱格里亚-德皮奥遭到敌人突袭，被彻底打散。到十二月底，我们的队伍又重新聚集起来，并在奥连特省南部海岸的拉普拉塔河畔一带对拉普拉塔兵营展开了与我们军事实力相当的小规模军事行动。

从拉斯科罗拉达斯海滩登陆，到阿莱格里亚-德皮奥被敌人打散再到攻打乌韦罗兵营这一期间，我们这支部队的基本特点是，它是由菲德尔·卡斯特罗率领的一支单个的游击队小组，始终处于不停的运动中(这一阶段可称为流动时期)。

从一九五六年十二月二日到一九五七年五月二十八日乌韦罗战斗爆发这段时期，我们渐渐与城市运动建立了联系。在这一时期，双方关系的突出特点是，“七·二六运动”城市领导方面对于我们作为革命领导力量的重要性和菲德尔作为领袖的声望缺乏认识。

因此，在今后遵循何种战术的问题上形成了两种截然不同的观点，相当于两种截然不同的战略观，这两种战略观就是此后通常所说的山区派和平原派。我们的讨论和内部的争执是相当激烈的。然而，这一阶段，游击队的生存和游击队根据地的建立还是我们关注的根本问题。

农民对起义军的态度已经分析过多次了。在阿莱格里亚-德皮奥遭重创后不久，我们就感受到了他们对我们这支溃败的队伍所表现出的温暖的同志情谊和自发的支持和援助。在队伍重组、与敌人发生了最初的几次冲突以及巴蒂斯塔政府军加紧镇压以后，恐怖气氛便在农民中蔓延开来，他们开始对游击队武装冷淡起来。最大的问题是，只要一见到我们，他们就必须向当局告发。如果政府军通过别的渠道知道了我们的踪迹，那里的农民就性命难保。告发我们是违背他们良知的，但不管怎么说，他们这么做自己也是要冒风险的，因为革命也会迅速作出正义的判决。

虽然被吓破了胆的农民，或者至少是中立的、摇摆不定的农民决定离开马埃斯特腊山区来避开这种充满危险的进退两难的境地，我们的部队在这一地区的地位还是越来越巩固。我们逐步占领了这一地区，完全控制了东越图尔基诺峰、西抵加拉加斯峰的这一片马埃斯特腊山区。当农民逐步认识到革命斗争是长期的、游击队组织是不可战胜的这些道理后，他们对我们的态度就更理性了，纷纷开始加入我们队伍成为游击队的战士了。从那时起，他们不仅充实了我们的队伍，还团结在我们周围，自我组织起来，特别是因为农民一般都有亲朋好友遍布这一地区，因此，游击队便在农村地区深深地扎下了根。我们把这种情况称作“游击队用棕榈叶打扮起来”。

游击队的力量得到加强，不仅是因为有农民和其他个体志愿者的支持，而且还因为有“七·二六运动”全国委员会和奥连特省委(该省委有相当大的自治权)派遣来的武装力量的加入。从拉斯科罗拉达斯海滩登陆到乌韦罗战斗这一期间，他们派来的武装人员相当于一个纵队约五十个人，分为五个战斗排，每个人都有一件武器，不过这些人良莠不齐，只有三十人素质较好。他们到来之前，我们在拉普拉塔和因菲尔诺河与敌人爆发过两次战斗。我们在埃斯皮诺萨高地遭到敌人突袭，牺牲了一名战士。在企图谋杀菲德尔的叛徒三次把政府军引到我们军营以后，我们在加维罗地区几乎又遭到敌人的突袭。

遭受袭击的痛苦经历和山区的艰苦生活把我们锤炼成经验丰富的老兵。新兵在乌韦罗一战中接受了战火的洗礼，那次战斗具有重大意义，它标志从那时起，我们已经能在光天化日之下对敌人固若金汤的防御阵地发起正面攻击。无论从战斗时间还是从参战人数来说，乌韦罗战斗都是我们战争史上最血腥的一幕。这一冲突的结果是政府军被我们驱逐出马埃斯特腊山沿海地区。

乌韦罗战斗结束以后，我们这支小部队——部队成员是我照料的伤员和先前加入我们队伍的个别的战士——再次与大部队会师。我被任命为第二纵队司令，后来又改称第四纵队，我们一直在图尔基诺峰以东地区展开军事活动。值得指出的是，由菲德尔亲自指挥的纵队主要在图尔基诺峰以西地区开展军事活动，我率领的部队在另一侧活动，尽力扩大我们的势力范围。在战术上我们的指挥有一定的独立性，但是，我们还是在菲德尔的指示下作战，每一两周都通过交通员和他保持联系。

我们两支部队分开那一天正值“七·二六运动”一周年。当“何塞·马蒂”第一纵队的战士运用一连串的战斗攻击埃斯特拉达帕尔马时，我们则迅速地向敌人盘踞的布埃锡托推进，随后便向布埃锡托的据点发起进攻，并一举将它攻克，这是我率领的纵队发起的第一次战斗。从那时起到一九五八年一月初的日子里，起义军的地盘得到了巩固。为了能渗透我们控制的区域，政府军不得不集中强大兵力向我进犯。他们虽然准备充分，但效果有限，因为他们缺少机动性。敌人各种部队有的被我们包围，有的被大量歼灭，或者至少被迫停止进犯。我们对这一地区越来越熟悉，部队的机动能力也越来越强，我们进入了一个无须四处游击的阶段，一个能固定扎营据守的阶段。第一次攻打皮诺德尔阿瓜时，我们运用的办法更诡秘，彻底把敌人愚弄了一番，因为那时我们已经非常熟悉敌人的习惯。一切就如菲德尔预料的那样：他故意让自己的队伍大摇大摆地出现在这一地区，几天以后，敌人就会派兵前来讨伐，我们的部队就埋伏在那里伏击敌人。与此同时，菲德尔又会冷不丁在其他地方出现。

这年年底，政府军再一次从马埃斯特腊山区撤离，我们仍然控制着西部和东部的从加拉加斯峰到皮诺德尔阿瓜的整个地区。政府军南面临海，他们占据着北面的马埃斯特腊山山坡上的一些小村庄。

当我们整个部队在菲德尔亲自指挥下第二次攻打皮诺德尔阿瓜时，我们的作战区域已经大大扩展。新组建了两个纵队，即劳尔指挥的"弗兰克·派斯"第六纵队和阿尔梅达指挥的另一个纵队。这两支纵队都是从菲德尔指挥的第一纵队里分编出来的，第一纵队是这些分支部队的稳定的来源，分支部队的建立则是为边远地区建立自己的武装。

这一时期是我军的巩固时期，它一直延续到第二次攻打皮诺德尔阿瓜的一九五八年二月十六日。这一时期的特点是敌我双方僵持不下：我们兵力不足，无法对敌人坚固且易于防守的阵地发起进攻，敌人也没有进犯我们。

至此，我们阵营中已牺牲了好几个"格拉玛号"上的老战士，每一位殉难的战士都让大家深深震动，尤其是尼科·洛佩斯和胡安·曼努埃尔·马克斯。还有一些战士英勇善战道德高尚，在部队里享有崇高威信，他们也在第一年的斗争中献出了年轻的生命，其中我们要提及的是：纳诺·迪亚斯和胡利奥·迪亚斯，他们虽非兄弟俩，却同在乌韦罗一战中牺牲；西罗·雷东多，他在贝尔德湖伏击战中牺牲；以及索托上尉，他在圣洛伦索的战斗中牺牲。在城市斗争的英烈中，我们必须提及革命当时遭受到的最大损失：弗兰克·派斯，他在圣地亚哥城英勇献身。

在马埃斯特腊山区的武装斗争的业绩中，千万不能忘记城市平原派作出的贡献。不少平原派的团体在全国的主要城镇中同巴蒂斯塔政权进行斗争，但斗争的中心是两大城市：哈瓦那和圣地亚哥。

平原派和山区派一直缺少全面的沟通，这主要源于两个基本因素：马埃斯特腊山区在地理位置上与外界隔绝以及两派在战略战术上存在各种分歧。出现这种情况是由于不同的社会和政治观念。马埃斯特腊山区之所以孤立，一是地理环境造成的，二是因为有时实在难以打破政府军对山区的封锁。

在对一年来全国革命斗争的简要回顾中，我们必须提一下其他革命组织的战士们开展的各种斗争——总的说来，这些斗争成效甚微，结局大多悲壮凄凉。

一九五七年三月十三日，革命指导委员会攻打总统府企图将巴蒂斯塔捉拿归案，绳之以法。几名优秀的战士在那次战斗中为国殉难，为首的是大学生联合会主席——一位伟大的战士和我们青年的象征——“小苹果”埃切维里亚。

两个月后，一次远征军登陆夭折，既然这次远征是由卖国贼普里奥筹措资金的，那很可能从迈阿密出发前远征计划就已泄漏，结果几乎所有远征军成员全遭杀害。这就是由卡利斯托·桑切斯率领的“科林西亚号”远征，他和他的同志们一起被北部奥连特省的杀人凶手考利杀害，这名凶手后来受到我们政府的法律制裁。

埃斯坎布雷山区也建立了不少战斗组织，有的接受“七·二六运动”的领导，有些则由革命指导委员会领导。接受革命指导委员会领导的这些组织最初是受该组织的一个成员古铁雷斯·梅诺约领导，此人后来背叛了他们，接着又背叛了革命，目前他流亡国外。忠于革命指导委员会的战士又重新组织了另外一个纵队，后来由乔蒙少校直接领导。剩下那些人建立了埃斯坎布雷全国第二阵线。

克里斯塔尔和巴拉科阿山区建立了不少小型的基层组织，他们往往时为游击队，时为盗牛者。劳尔率领第六纵队进入这些地区以后把这些人清除了出去。一九五七年九月五日发生在西恩富戈斯海军基地的由圣罗曼中尉领导的兵变是当时另一起武装斗争事件。兵变失败后，圣罗曼惨遭杀害。按原计划不应该只有海军基地一个地方举行起义，这不是一次自发的行动，而是武装力量内部由一个所谓没有和独裁政权同流合污的纯粹军人领导的一场大规模地下运动的一部分。今天看来，很显然这个组织当初已经被美帝国主义渗透。不知什么原因，起义的日子推迟了一天，但是，西恩富戈斯海军基地没有及时接到命令。当时他们已无力制止起义，于是决定把起义进行到底。一开始他们还能控制局面，然而就在他们已经控制了整个城市，也有办法在山区建立坚固的防线时，他们却犯下了一个惨痛的错误——没有转移到山区去，其实，埃斯坎布雷山区离西恩富戈斯海军基地仅仅只有几分钟的车程。

“七·二六运动”全国和地方的领导都参与了这场起义，人民也参加了这场起义，至少他们也焕发着同样的起义热情，有些人还拿起了武器。这可能使起义的领导人产生了一种道义责任，使他们更加感觉自己与这座被占领的城市紧密相连，无法割舍。遗憾的是，事态总是沿着此类暴动的轨迹发展。这一点已为历史见证，也将被未来再次见证。

学院派的军人低估了游击斗争的力量，对游击运动这种人民斗争的表现形式缺乏信心，显然这些因素对他们产生了重要影响。起义策划者们很可能认为，如果得不到其他战友的支持，他们就会陷入绝境。因此，他们决心背靠大海，在这个城市的狭小范围内决一死战。结果，敌人很容易就调集部队合围西恩富戈斯，以优势兵力几乎将他们全歼。“七·二六运动”作为参加他们起义的一支非武装的盟友，即使其领导清晰预见到起义的最终结果，也无法改变这种局面，何况他们也没有预见到会有这种结局。这场悲剧给未来的教训是，有实力者方能决定战略。

平民百姓遭大规模杀戮，斗争屡遭失败，独裁政权在我们革命斗争的不同时期都祭起谋杀的法宝，这一切都表明，利用有利地形的游击战是人民大众反抗依然强大的专制政府的一种最好的斗争形式，它能把战争给人民的儿女带来的痛苦减少到最低程度。游击队武装建立以来，我们人员的损失并不是很多——当然是就那些英勇善战、果敢坚毅的同志们的牺牲而言。可是在城市中不仅矢志不渝的革命者献出了生命，许多并非坚定的革命追随者，或者根本与革命没有牵连的人也丢掉了性命。面对政府军的疯狂镇压，他们是弱势，是更易受害的群体。

经过一年的武装斗争，一场席卷全国的总起义已如初露地平面的红日一样呼之欲出。在城市里策划破坏行为——从精心策划、精确实施的重大破坏活动，到个人心血来潮的恐怖主义活动——造成了无辜人民的大量遇害和优秀战士的大量牺牲，并没有给人民的事业带来实质性的好处。

我们不断巩固了现有的军事局面，占领的地域也十分辽阔。我们和巴蒂斯塔政府军处于休战状态，政府军不进山侵犯马埃斯特腊山区，我们也很少下山袭击他们。他们千方百计地想对我们实施有效的包围，但是，我们总能避开他们的包围圈。

到一九五七年年底，就组织方面而言，我们游击队的部队已经有了长足的发展，物资供应、基本的工业机构、医院以及通信服务等基础设施均初步建立。

每一个游击队战士面临的都是很基本的问题。作为人，他们需要少量的食品、衣服和药品等不可或缺的东西来维持生命。作为一名游击队战士，即武装部队的一分子，他们需要武器和弹药来坚持游击斗争。他们需要信息来加速他们政治上的发展。为了确保这些最基本的需求，还需要建立通讯和情报机构。

游击队发展初期，大约有二十来人，只有在改善伙食时，才能吃到配给的很少量的马埃斯特腊山区的素菜、鸡汤等。有时，农民会给我们送来猪肉，我们都严格一手交钱，一手接货。由于游击队武装力量不断壮大，大批的新来的“预备游击队员”需要培训，所以就需要增加物资供应。马埃斯特腊山区的农民没有养牛业，他们的牛基本上也就仅够他们自己日常食用。他们靠出卖咖啡豆的收入去购买所需的加工产品，例如食盐这类山区没有的东西。作为最初的一项措施，我们和一些农民商量后一致同意，他们负责种一些特定的作物——豆类、玉米、水稻等，到时候我们保证收购。与此同时，我们与附近乡镇中的商人达成协议，他们负责供应我们食品和设备。骡子运输队也组织起来了，他们归属于游击队领导。

至于药品，我们是从大城市里购买，但是数量和质量常常不能满足我们的需要，不过至少这些药品还能维持某些运转中的医院。

把武器从平原地区转运到山上是一件非常困难的工作。山区本身在地理上就有被隔绝孤立的天然困难，那时城市武装力量自己需要武器，再说他们也不愿意把武器运送给游击队，这就使山区的困难雪上加霜。为了确保武器能及时运到，菲德尔经常和他们进行针锋相对的讨论。在武装斗争第一年中，除了战士们自己带来的武器外，唯一一次从平原地区送来的大批军火还是他们在攻打总统府的战斗中剩下的武器。这些武器的运输是在当地的一个大庄园主兼木材商的合作下完成的，他就是我在本书中曾提到过的巴布恩。

我们的弹药数量有限，品种也不多。况且，我们自己不会生产弹药，甚至在最初阶段连给用过的弹壳重新装填火药都不会。我们的军械工只会给 0.38 英寸的子弹壳和用于单发步枪的某些 0.30—0.60 英寸的子弹壳装填火药，因为原先那些子弹会造成半自动步枪卡壳，无法正常使用。

在组织军营生活和交流方面，我们制定了环境卫生的规章制度。在这一时期，组建了第一批医院。在我管辖的地区也建立了一所医院，医院建在一个很难进得去的地方，这就为伤员提供了相对安全的环境，因为从空中看不到医院的建筑。但是，由于医院设立在繁茂树林的中心，潮湿的环境对伤员和病人的健康不利。这所医院是塞尔希奥·德尔巴列同志组建起来的。马丁内斯·派斯、巴列霍和皮蒂·法哈多等医生在菲德尔的纵队里组建了类似的医院，但是，这些医院的条件只是在武装斗争的第二年里才有了改善。

部队的各种装备需求，如子弹盒、武装带、背包和军鞋都由设在我们地区的一个小型皮件作坊来生产满足。我把我们生产出的第一顶军帽送给菲德尔的时候，内心充满了自豪。谁知后来我却因此成了大家的笑柄。他们非说这是一种“瓜吉罗”[1]帽，我也从那以后认识了这个词。只有来自曼萨尼略的一名巴蒂斯塔的市政参议员还算对我发点慈悲，当时他正在我们军营参观，筹划加入我们部队的事，顺手就把那顶帽子拿去留作纪念了。

我们最重要的工业设施是一个铁匠铺兼兵工厂，那里可以修理使坏了的武器，可以制造炸弹、地雷和有名的M－26小型炸弹。当时，曾经有不少敌机扔下的炸弹没有爆炸。一开始，我们就把其中的炸药取出来装进锡皮罐头里制造地雷。这些地雷有很大缺陷。而且，用来撞击引爆装置的点火针经常会掉。后来，一位同志想出一个办法，在重大袭击战中就使用整个炸弹，但是去掉雷管，用一支装满子弹的霰弹枪代替。我们在远处用一根绳子拉动霰弹枪的扳机，就能把它引爆。后来我们进一步完善了这个装置，制造特殊的合金雷管和电雷管，这一来效果就好多了。虽然这些工作是从我们这里开始的，但是，真正推动它向前发展的是菲德尔。后来，劳尔在他新的工业中心创建了许多工业项目，比我们在战争第一年搞的那些规模更大。

为了让部队里的吸烟者满意，我们建立了一座雪茄厂。虽然出品的雪茄烟质量很糟糕，可是既然没有好一点

[1] guaguero，古巴和加勒比海地区对公共汽车司机的土称。

的，这些雪茄抽起来还是很滋润。

部队肉铺的进货来源是从奸细和大地主那里没收来的牛肉。这些牛肉大家公平合理地享受，一部分让给农民群众，一部分供应部队。

为了传播革命的思想，首先我们创办了一份小报——《自由古巴人报》，以纪念丛林斗争中的英雄——反抗西班牙殖民主义者的“芒比”战士。在我们的监管下报纸出版了三四期。后来，这份报纸由路易斯·奥兰多·罗德里格斯负责编辑；随后，在卡洛斯·弗兰奎的推动下报纸有了新的发展。我们从平原地区带来了一台蜡纸油印机，报纸就是用它印制出来的。

到了一九五七年年末和一九五八年年初，我们有了一台小型无线电发射台。一九五八年二月我们起义军广播电台进行了首次正常广播。那天，我们仅有两名听众。一个是居住在广播站对面山上的农民帕伦乔，另一个就是正在我们军营视察攻打皮诺德尔阿瓜准备工作的菲德尔。菲德尔用我们自己的接收机收听了广播。随后，广播的技术质量逐渐有了改善，接着广播电台被第一纵队接管。到了革命战争结束前的一九五八年十二月，它已经成了全古巴收听率最高的电台之一。

所有这些小小的进展，包括我们的装备——例如，辛辛苦苦扛到马埃斯特腊山上用于发电的一台卷扬机和几部发电机——都是靠我们各方面的熟人搞来的。为了对付面临的困难，我们不得不开始创建我们自己的通讯情报网。

在这方面，利迪娅·多塞在我们纵队发挥了很重要的作用，而克洛多米拉·阿科斯塔则在菲德尔的纵队里起了很大作用。

给我们提供援助的不仅有附近村庄的农民，甚至连城市中的资产阶级也把他们的设备设施捐给了游击队。我们的通讯线路远及孔特拉马埃斯特雷、帕尔马、布埃锡托、米纳斯-德布埃锡托、埃斯特拉达帕尔马、亚拉、巴亚莫、曼萨尼略和吉萨等城镇，这些地方均是我们的中继站。物资当时均由骡子运输队沿着马埃斯特腊山区隐蔽的山间小道送到我们阵地。有时，正在接受军训但还没有武器的战士会和几名武装人员一起下山到最近的几个城镇，如亚奥或米纳斯去采购，到那里物资最丰富的几家商店去采购。他们会肩扛背驮地把补给品送到山上我们居住的地方。我们马埃斯特腊山区唯一不缺或者几乎从来不缺的东西就是咖啡。有时我们缺盐，这是维持人类生存最重要的食品之一，只有在缺盐的时候，我们才意识到它的真正价值！

当我们开始用我们自己的发射台向外广播后，活跃在山区的这支游击队及其誓师战斗到底的决心就成了无可否认的事实，迅速传遍了全国。我们的对外联系变得更广泛更复杂，实际上我们的通讯联络向西一直扩展到游击队重要的补给中心哈瓦那和卡马圭，向东抵达了圣地亚哥。

情报工作也有很大发展，山区里只要一有政府军或者陌生人出现，当地农民就会立即向我们通报，我们很容易就能把他们扣留，调查他们从事的活动。许多秘密潜入安图窥探我们社会生活和军事行动的政府军的特务和情报人员就是这样被我们一网打尽的。

我们开始建立法律机构，但是从那时起，马埃斯特腊山区还没有颁布过一条法律。

以上是战争最后一年开始时我们的组织情况。

政治斗争的局面则错综复杂，矛盾重重。巴蒂斯塔独裁政权在通过舞弊选出的国会的支持下，轻而易举地掌控了多数来为他效劳。

某些持不同政见者的观点，在没有新闻检查制度时，还是允许表达的。但是，政府官员和官方发言人的声音毕竟占据上风，他们声嘶力竭地呼吁全民团结的声音被各种通讯网传播到岛上的各个角落。奥托·梅鲁埃洛[1]歇斯底里的叫嚣以及帕尔多·利亚达和康特·阿圭罗的夸夸其谈粗俗可笑的言论轮番播出。康特·阿圭罗还撰文不厌其烦地重复他广播讲话中的陈词滥调，呼吁"菲德尔兄弟"接受他提出的与巴蒂斯塔政权和平共处的观点。

反对派组织形形色色五花八门，不过，他们大多具有共同的特色，都想自己掌权（"掌权"应理解为"攫取国家资金"）。随之而来的便是反对派组织内部出现的卑鄙的明争暗斗。巴蒂斯塔政府的特工人员借机潜入所有组织内部，在关键时刻，向政府通报反对派组织的任何重大行动。尽管这些组织土匪习气严重，机会主义泛滥，但是他

[1] Otto Meruelo，新闻记者，巴蒂斯塔独裁政府发言人。

们也有自己的为国捐躯者，有些在全国还颇具知名度。其实，当时古巴社会极度混乱，勇敢和正直的人牺牲了他们的生命，却让普里奥·索卡拉斯之辈的名流要人活得有滋有味。

革命指导委员会选择的是一条武装暴动的道路，但是他们的运动和我们的运动彼此独立，他们有自己的路线。人民社会党参与我们的某些具体的活动，但是彼此间的不信任阻碍了我们的联合行动。从根本上说，这个工人的政党不能清晰地理解游击队武装力量的作用，也不理解菲德尔在我们斗争中的个人作用。

在和人民社会党一位领导人的一次友好讨论中，我曾经发表过一番评论，他后来多次对别人提及我的那句话，认为我的评论精确描述了当时的特点："你们能培养出在监狱中忍受敌人毒刑拷打而绝不开口的干部，可是你们造就不出奋不顾身摧毁敌人机枪掩体的干部。"从游击队的观点看问题，我认为他们的战略思想产生的后果是：有决心与帝国主义作斗争，敢于对剥削阶级大加辱骂，却没有能力展望夺取政权的可能性。后来，他们中的一些人——具有游击战精神的人——也加入了我们游击队，但那时武装斗争已近尾声。游击斗争对他们的影响是微乎其微的。

在我们运动的内部，有两种明确界定的政治倾向，这就是我们已经提到过的山区派和平原派。战略思想的分歧使我们之间彼此分离。山区派确信自己有能力开展游击战，有能力把游击战推广到其他地区，从农村开始包围由独裁政府控制的城市，通过围困和消耗的方式，彻底摧毁整个独裁政权机构。

平原派采取一种貌似更加革命的立场，他们主张在所有城镇中展开武装斗争，最后发展成为全国性总罢工，颠覆巴蒂斯塔政府，迅速夺取政权。

这一立场仅仅是表面上显得更加革命，因为那时候平原派的同志政治上还不成熟，他们关于全国总罢工的设想过于狭隘片面。第二年，在没有任何先兆的情况下，他们就秘密发起了全国总罢工，既不事先作好政治上的准备，也不发动群众，结果导致一九五八年四月九日的总罢工失败。

这两种政治倾向都在"七·二六运动"全国委员会中有所体现，委员会成员随着斗争的发展有所变化。如果我提供的信息不错的话(因为当时我个人参与其活动很有限，现在文献资料又很缺乏)，在菲德尔流亡墨西哥前的那个准备阶段中，全国委员会是由下列人员组成：菲德尔、劳尔、福斯蒂诺·佩雷斯、佩德罗·米雷特、尼科·洛佩斯、阿曼多·阿特、佩佩·苏亚雷斯、佩德罗·阿吉莱拉、路易斯·博尼托、赫苏斯·蒙塔内、梅尔瓦·埃尔南德斯和艾德·圣玛丽亚。后因彼此之间不和，佩佩·苏亚雷斯、佩德罗·阿吉莱拉和路易斯·博尼托退出了全国委员会。当我们在墨西哥为斗争作准备时，下列人加入了全国委员会：马里奥·伊达尔戈、阿尔多·圣玛丽亚、卡洛斯·弗兰奎、古斯塔沃·阿科斯和弗兰克·派斯。

上述所提的这些同志中，第一年去了马埃斯特腊山区并始终留在那里坚持斗争的只有菲德尔和劳尔。福斯蒂诺·佩雷斯是“格拉玛号”上的远征军成员，他负责城市里的斗争。佩德罗·米雷特在我们就要离开墨西哥前的几小时被捕入狱，他一直被监禁到第二年，出狱后才把一批军火运送抵哈瓦那。尼科·洛佩斯登陆后不几天就死了。阿曼多·阿特在那一年年底(或第二年年初)被捕入狱。赫苏斯·蒙塔内登陆后被捕入狱，遭遇同样命运的还有马里奥·伊达尔戈。梅尔瓦·埃尔南德斯和艾德·圣玛丽亚在城市里工作。阿尔多·圣玛丽亚和卡洛斯·弗兰奎第二年加入了马埃斯特腊山区的斗争。古斯塔沃·阿科斯留在墨西哥，负责政治联络和物资供应工作。被指派负责圣地亚哥的斗争的弗兰克·派斯于一九五七年七月遇害。

后来，山区派的下列人员加入了领导机构：塞莉娅·桑切斯，一九五八年她一直和我们在一起；比尔马·埃斯平，她在圣地亚哥工作，直到战争结束时一直都在劳尔·卡斯特罗的纵队里；马塞洛·费尔南德斯，他是“七·二六运动”的协调员，四月九日全国总罢工后他接替了福斯蒂诺，由于他的工作在城里，所以和我们在一起只有几个星期的时间；雷涅·拉莫斯·拉图尔，他被指派负责平原派民兵的组织工作，四月九日全国总罢工失败后，他来到马埃斯特腊山区，斗争的第二年，他英勇牺牲，牺牲时领少校军衔；戴维·萨尔瓦多，他负责工人运动，但工人运动深受他的机会主义和分裂主义的影响，后来他叛变了革命，目前还被监禁。有些山区派的战士，如胡安·阿尔梅达后来加入了全国的领导机构。

可以看出，在这一阶段平原派的同志占了委员会中的大多数。他们的政治经历没有真正受到革命进程的影响，所以他们支持某种“通情达理的”军事行动，抵制他们眼中的“独裁者”，抵制以我们马埃斯特腊山区为代表的“穷兵黩武”的派别。双方的分歧已经很明显，但是，这种分歧还没有尖锐到足以挑起激烈争论的地步，战争第二年这种争论便硝烟四起。

必须指出的是，山区派和平原派中坚持与独裁政权作斗争的人还是能承受那些有时截然相反的战术意见的，不会因意见分歧而放弃起义斗争。他们的革命精神不断高涨，最后在革命胜利在握、即将面临首次与帝国主义作斗争时，他们走到了一起（一九六一年），形成一个强大的、类似党派的组织，不容置疑地接受了菲德尔的领导。该组织随后与革命指导委员会和人民社会党一起组成社会主义革命统一党（一九六三年）。面对来自我们运动外部的压力、面对着分裂和渗透的图谋，我们总能组成一个共同战线。就连当时那些不能以正确观点观察古巴局势的同志也担心我们这样做会让机会主义分子钻空子。

当费利佩·帕索斯利用“七·二六运动”的名义，为了自身的利益，也为了大多数古巴腐败的豪门寡头的利益，试图盗用《迈阿密协议》提供的职位（包括临时总统的职位）时，整个革命运动团结一致坚决反对这一立场，拥护菲德尔·卡斯特罗在致反对巴蒂斯塔政权的各组织团体的信件中提出的观点。现在，我们在这里重新全文发表这份历史性的文献。此信签署于一九五七年十二月十四日，由塞莉娅·桑切斯誊写，因为当时条件所限，无法付梓发表。

菲德尔·卡斯特罗谈《迈阿密协议》的信件

古巴

一九五七年十二月十四日

古巴革命党

正统党[1]

真正组织

大学生联合会

革命指导委员会

全国工人阵线

诸位领导：

给你们写这封信是出于我道义上的责任、爱国主义的责任，更是历史的责任。最近事态的发展令人忧

[1] The Orthodox Party，又称古巴人民党，一九四七年由爱德华多·奇瓦斯创建。

心忡忡。而且，自从我们回到古巴以来，局势已发展到最令人揪心、最困难的时候，因此，起草这份声明责无旁贷。

十一月二十日，星期三，我们的部队在连续六小时的时间内经历了三场战斗，我们的战士作出了巨大努力和牺牲，却没有任何其他组织提供任何援助。也就在这一天，我们在自己的战区听到了一个惊人的消息，收到了含有公开和秘密条款的所谓联合协议的文件。此文件似乎由“七·二六运动”和上述我提及的各组织在迈阿密共同签署。在这一文件送到我们手中的同时——极具命运戏弄意味的是，我们现在需要的是武器能送到我们手中——独裁政府军也开始对我们发起了最强攻势。

眼下的斗争环境，通讯联络极端困难。尽管如此，我们仍必须在野外战地召集我组织的领导人商讨此事，因为不仅“七·二六运动”的声誉，而且“七·二六运动”的历史正义性受到了挑战，危在旦夕。

对于那些正在与人数和武器上远远占据优势的敌人进行斗争的战士来说，对于那些仅仅靠尊严和为珍爱的事业献身的信念的支撑已经苦战了一年的战士来说，对于那些遭遇同伴冷落而始终处于严重孤立隔绝状态的战士来说(他们的同伴即便在有办法的情况下也一贯拒绝援助，更不用说他们现在是心怀鬼胎蓄意拒绝援助），对于那些目睹每天有人以最纯洁无私的方式作出牺牲，目睹身边的最优秀分子纷纷倒下而内心备受痛苦煎熬的战士来说，这一消息给我们的伤害之深如毒箭穿心，怎能不激起我们满腔义愤？现在，当人们悲愤地质问，谁将会是下一场不可避免的灾难的牺牲品时，当我们在这黑暗的时刻连自己坚贞不渝为之奋斗的胜利曙光也无法看到时，当我们已没有任何其他奢望和慰藉、只祈求我们的鲜血不要白流时，新闻里传来的竟是精心策划的一纸《迈阿密协议》。这一协议让我们"七·二六运动"为未来的发展承担义务，却不与该运动的领导人和战士进行沟通和磋商。沟通磋商本来就是得体行为所必需的，更不用说，仅仅出于礼貌也应该和我们进行协商。

行为不当总会导致最严重的后果。那些自以为有能力推翻独裁政权的人——当然他们也自以为有能力在革命胜利后担当起重建国家这一更加困难的工作——最好还是不要忘记这一点。

"七·二六运动"从来没有指派过代表团，从来没有授予任何有级别的人参加你们所说的谈判。然而，如果事先协商一下，指派代表团也未尝不可。既然此事对我们组织当前和未来的活动如此重要，"七·二六运动"自然也会给它的代表发出具体的指示。但情况并非如此，我们得到的有关与各组织关系的情报仅限于莱斯特·罗德里格斯提供的一份报告

——我们任命的莱斯特·罗德里格斯的权限仅限于与这些组织协商解决某些军事问题。他在报告中说：

> 关于普里奥以及革命指导委员会的问题，我要向你报告的是，我与他们商讨过几次，唯一的目的就是协调军事计划直到组建一个得到三方保障和尊重的临时政府。当然，我向他们指出，首先必须接受《山区宣言》的原则，明确说明新政府的组成应该符合全国各政治势力的意愿。这是我们遇到的第一个障碍。
>
> 在全国总罢工期间，我们召开了紧急会议。我提议，鉴于当前形势，我们应该利用现有的所有政治力量，下大力气最终解决古巴面临的问题。普里奥回答说，他没有足够力量从事这项工作，确保胜利。还说，赞同我的建议无疑是愚蠢至极。对此我回答说，当万事俱备准备签署时，他应该正式通知我，这样我们可以讨论是否能达成协议。同时，应该让我——以及我所代表的“七·二六运动”的那部分人——完全独立自主地行事。我坚定地认为，绝不能与这些正人君子达成谅解，将来最好也不要这样做。他们矢口否认他们藏有古巴当前最急需的物资，其实他们一直在不停囤积这些物资，而且目前他们囤积的物资已经很充裕。

这份报告本身已经说明了一切，无需我再多说什么了。它也证实了我们当时的怀疑，起义军不能指望任何外界的援助。

由此可见，你们所代表的组织认为，和我们组织的某些成员讨论联合的条款是明智的。你们竟然在没有通知“七·二六运动”全国领导人、在没有获得他们同意的情况下，把这些条款宣传成已经达成一致的协议，这实在是让人难以想象——更不用说这些协议改变了我们在《山区宣言》中制定的法理学的基本原理。这一协议完全是出于宣传目的，它盗用了我们“七·二六运动”的名义。

现在的形势至少可以说是非常矛盾的：正当“七·二六运动”的全国领导机构——其地下总部设在岛上某地——准备断然拒绝那些被公开或私下提出作为协议基础的条款时，他们从非公开的函件和外国媒体上得知这些条款已经公之于众，构成了协议的基础。他们发现自己面临一个既成事实：形势迫使他们要么否认与此协议有任何联系，但这样势必引起混乱，挫伤士气；要么接受协议，这样就连表达自己意见的机会也没有了。果不出所料，协议副本在公开发表几天后就送达马埃斯特腊山区交给了我们。

面对这一两难局面，在公开拒绝这一协议之前，“七·二六运动”的全国领导人重申必须回到《山区宣言》的原则上来。与此同时，我们领导层在起义军占领地区举行了会议，会上每个成员发表了自己的观点。最后，在分析了大家的意见的基础上，一致通过一项决议，此决议构成了这封信的基础。

不言而喻，任何联合协议一定会受到国内外公众舆论的欢迎，除了其他理由以外，首先是因为国外不了解反对巴蒂斯塔的各派政治力量和革命力量的真实情况；其次是因为当时古巴国内各派力量之间的关系与今日大不相同，那时候，“联合”一词具有重大意义；最后是因为把所有的力量(从最具革命热情的力量到对革命不太感兴趣的力量)都联合起来总是最佳策略。

对革命来说，重要的并不是联合本身，而是联合的基础，是联合应该采取的形式以及使联合更具活力的爱国意图。

在联合条款被不具资格的人正式批准的情况下，不论是决定赞成这种未经我们讨论过的联合，还是躲在国外城市舒舒服服避难的同时急不可耐地宣布实行这种联合，都是对国民的欺骗，对世界的欺骗。这使“七·二六运动”不得不向被一纸欺骗性的协议蒙蔽的公众舆论发起挑战。协议是一出最卑鄙最肮脏的骗局，但是，它摧不垮一个真正的革命组织。

之所以能策划这一协议是因为当支持这一协议的各组织的领导人齐聚海外，从事一场假想中的革命时，“七·二六运动”的领导人正在古巴国内，领导着一场真正的革命。

我说这些话是不是多余的呢？多余就更好了！如果不是你们如此起劲地非把“七·二六运动”和这一协议扯到一起，甚至还认为程序上的分歧不应该放在实质性分歧之上而让我们感到愤懑和羞辱的话，我就不会起草这一信件。不管怎么说，如果我们不是发现自己完全无法赞同协议中一些基本原则的话，我们当初就会接受这份协议了——因为联合总能提供积极的价值，因为古巴解放军人集团的某些提议还是有价值的，也因为你们答应给我们提供我们真正需要的援助。

即使我们到了山穷水尽的地步，即使独裁政府动用成千上万兵力前来围剿我们，我们也决不会同意牺牲某些基本原则，决不会放弃我们对古巴革命的理想。

这些原则在《山区宣言》中有清晰的陈述。

联合协议绝口不谈反对外国势力干涉古巴内政的原则，这是最冷漠的爱国主义的行为，是明显的懦弱的表现。

我们公开宣布反对外国势力干涉古巴内政，不仅是以革命的名义反对他们干涉古巴内政——因为这是对我们主权的侵犯，也可以说是对拉丁美洲各国人民所珍爱的原则的侵犯——而且也是反对他们输送大批现代化的飞机、坦克以及各种军火支持独裁政权，正是依赖这些军火独裁政权才得以苟延残喘，我们也因此成了除马埃斯特腊山区农民之外最大的受害者。强调尊重不干涉内政原则本身就是对独裁政权的一种颠覆。难道我们竟如此懦弱，连让亲巴蒂斯塔的外国干涉势力撤出古巴的要求都不敢提？难道我们竟如此缺乏诚意，只敢在幕后提出请求，让他人代我们火中取栗？难道我们竟如此软弱，在这个问题上竟然不敢说一句话、表一个态？在这种情况下，我们还有什么脸宣称自己是革命者？还有什么脸吹嘘联合协议具有历史意义？

联合协议还删除了我们拒绝接受任何形式的军人集团充当临时共和国政府的庄严承诺。

有人认为，只要消灭了独裁统治者，古巴的问题就能解决。不管这一错误观念多么自欺欺人，此时此刻降临到国家头上最大的厄运可能就是巴蒂斯塔政权被军人集团取而代之。可是就有某些卑鄙小人——其实他们就是一九五二年三月十日军事政变的同谋，不过也许他们还有更强烈的野心，并对海盗精神过于痴迷，后来才和巴蒂斯塔分道扬镳——提出了这种解决方案，这一方案只有祖国进步的敌人才会赞同。

拉丁美洲的经验证明，所有军人集团的统治都会发展到专制统治。拉丁美洲大陆最大的祸根就是牢固确立了军人阶层在国家的统治地位。这些国家的战争比瑞士少，将军的人数却比普鲁士还多。在民主和共和的命运不是被拯救就是被摧毁的重要关头，我们人民最合情理的愿望就是维护在争取解放的斗争中诞生的平民传统。一旦军人集团在共和国登基，他们就会把这种传统——这一祖国解放者最珍贵的遗产——踩在脚下(独立战争中的任何一位将军，即便是极端自负的将军也不会去干这种事，不管是在战争期间还是和平期间)。如果由于害怕伤害军人感情(其实，这种情况在支持我们的正直的军人中，只在假想而已，并不存在)，而在这一重要的原则问题上不公开我们自己的观点的话，那么，在宣布放弃原则的道路上我们还将要走多远？及时表明我们的立场就能避免一个军人集团、一个只会延长内战的军人集团上台的危险，难道这一点还不明白吗？

现在，我们要毫不犹豫地声明，如果军人集团取代巴蒂斯塔政权，“七·二六运动”将坚决将其解放运动进行下去。我们宁愿今天的斗争更加艰苦，不愿明天跌入一个新的、无底的深渊；我们既不要一个军人集团掌控的政权，也不要一个被军人操纵的傀儡政权。人民应该庄严而体面地自己管理自己的国家，士兵应该回到自己的军营中去，各自行使自己的职责！

我们或许是在等待那些参加过三月十日政变的将军吧？因为巴蒂斯塔一旦感到自己受到严重威胁，就会在他们面前心甘情愿地交出政权，认为只有这样才是转让他手中权力的最切实可行的办法，才能最大限度地保留他和他的小集团的利益。我们有没有想过这种缺乏远见、缺乏理想、缺乏战斗意志的等待会导致什么样的后果？

如果你们不相信人民、不依靠人民蕴藏的巨大能量和战斗精神，那么你们就无权插手他们的命运；如果你们的目的是扑灭他们对共和实体的不屈不挠的渴望的话，那么你们也无权插手他们的命运。不要让那些政客带着他们各自的交易，怀着愚蠢的野心和极度的贪婪，揣着预先瓜分利益的阴谋来扰乱我们革命的进程，因为古巴人民渴求的远比这些更丰富更高尚。只要他们愿意，就让那些雇佣的政治家们统统都变成革命者吧！但是，不要让他们把革命变成供他们玩弄的堕落的政治交易。人民抛洒的鲜血还少吗？他们作出的牺牲还小吗？难道明天他们应该得到的就是这么一场毫无价值的骗局？

以上是被联合协议文件删去的两项基本原则。除此之外，还有其他几点我们也未敢苟同：

有关古巴解放军人集团权力的秘密条款二中的第二分款规定了他们有权任命临时政府中共和国总统的事项。如果让我们接受这一分款的话，那么，我们就不能接受同一条款中的第三分款，这一分款把“最终批准或否决由共和国总统任命内阁成员以及批准或否决当全面或部分危机出现时内阁的更迭”也归入古巴解放军人集团的权力之中。

怎么能想象总统任免内阁的权力竟然必须由一个与国家权力毫不相干的机构批准？鉴于古巴解放军人集团是由不同党派和不同地区的代表组成，因而代表了不同的利益。他们任命的内阁成员只能是寻找最小的利益共同点，作为在各种问题上达成一致的唯一办法，这一点还不清楚吗？这一条款必然意味，在一个国家内建立两套行政领导机构，这样的条款能让人接受吗？国家所有地区要求临时政府作出的唯一保证就是，它必须把自己的使命建立在一个最低的不变的纲领上，确保临时政府在过渡时期绝对公正地发挥其调解人的作用，带领各方走向完全合乎宪法的国家生活的正常状态。

试图干涉每一名内阁部长的任命无异于想控制共和政府，使之屈服于自己的政治利益。这种手段仅仅对于那些缺乏群众支持、只指望在传统政治准则的框架里生存的党派和组织有意义。它与“七·二六运动”所追求的共和政体这一崇高的政治目标和革命理想是水火不相容的。

秘密协议存在本身就是不能被接受的，尤其是这些协议不谈抵抗运动的组织问题或行动计划，却奢谈诸如未来政府框架之类的只有全体国民才有权决定的问题。既然谈论这些问题，任何协议都应该是公开的而不是秘密的。何塞·马蒂说过：“革命的方法是秘而不宣的，但是革命的目的必须永远公之于众。”

另一点同样让“七·二六运动”无法接受的是秘密条款八。该条款规定：“革命武装部队及其武器将成为共和国正规武装机构的一部分。”

首先，该条款所说的革命武装部队到底是什么含义？今天，当为数不多的爱国者正与独裁政府有组织的武装力量进行殊死战斗时，有些人却把武器严严实实地藏了起来，悠闲地把双臂往胸前一叠，在一旁袖手旁观；但是当胜利之日来临时，他们又会肆无忌惮地挥舞手中的武器。难道说要把他们都招收到警察队伍中来吗，让他们来组建我们的海军和陆军吗？难道我们在一份革命文件里应该以这样的方式去袒护不久以前曾经是共和国祸根的强盗行径加无政府主义这一毒瘤吗？

我们管辖地区的经验告诉我们，维护治安是一个国家的重大问题。事实证明，从现有秩序被废止的那一刻起，法律的约束力便消失了。在这种情况下，违法犯罪行为如得不到及时制止，便会到处蔓延。正是及时采取了严厉的措施，正是人民群众充分而全力的支持，我们才能在土匪行径的野火刚起火苗之初便将之扑灭。农民过去一直视当权者为他们的仇敌，经常替与当权者有纠葛的亡命徒提供庇护；现在，他们视我们的战士为他们利益的捍卫者和他们生活秩序的主宰。治安的最强大的护卫者就是人民群众自己。

无政府主义是革命进程最凶恶的敌人。从现在起就和无政府主义作斗争是一项必不可少的重大工作。不明白这一点的人就不可能关注革命的命运，自然，没有为革命作出流血牺牲的人也不可能关心革命的存亡问题。

全国人民必须懂得，法律会做出公正的判决，违法犯罪活动不管在哪里出现都会受到惩罚。

“七·二六运动”有责任维护社会治安，有责任重组共和国的武装机构，因为：

1. 它是唯一在全国各地拥有纪律严明的民兵队伍的组织，它拥有的军队已经在战场上赢得二十场胜利。

2. 我们的战士一贯都宽恕敌人的生命，照料敌人的伤员，即便知道敌人派来的奸细握有重要情报也从不对其拷打逼供。他们无数次向世人证明了对政府军士兵宽容大度、不计仇恨的风范。这一赢得各方敬佩的宽宏大量的战时行为方式他们一直保持至今。

3. 必须向武装力量灌输“七·二六运动”在它自己的战士中弘扬的那种崇高和正义的精神。

4. 我们在这场战争中显示出的镇定自若的精神是我们最好的承诺——正直的军人在革命中是无所畏惧的。有些罪行累累恶贯满盈的军人在自己的军服上涂上了不光彩的一笔，而我们的战士永远无需为此付出代价。

联合协议的其他一些方面也令人费解。在没有明确阐明斗争策略的情况下怎么可能达成一致的协议？真正组织的成员是不是仍然考虑在首都通过武力夺取政权？他们是不是打算继续囤积更多的武器，明知这些武器迟早会落到警察手中，也不愿把它们运送到战士手中？最后一点，他们是否已经接受了“七·二六运动”提出的全国总罢工的主张？

此外，我们认为协议严重低估了奥连特省的斗争在军事上的重要性。今天，我们在马埃斯特腊山区进行的已不再是一场游击战，而是和敌人的正面交锋。我们的部队尽管人数和武器装备均处劣势，但是，我们尽可能地利用地形优势，利用神速的运动和不断监视敌人的优势与敌人周旋。道义因素在这场斗争中的独特的重要性也无需在此赘言，但其影响之大是令人惊讶的，将来总有一天大家会深切感受。

全国人民都在奋起反抗。如果把他们都武装起来，那么这个国家任何一个即使再小的角落也不必让我们游击队去担心了，武装起来的农民是不会轻易放过一个敌人的。由于独裁政府继续派遣大规模的增援部队，他们的失败很可能会酿成更大的灾难。人民抵抗的勇气空前高涨，我用任何语言描绘都会显得苍白无力。独裁政府正在发动惨无人性的报复行动，他们对农民的大肆屠杀堪与纳粹集团在欧洲的杀戮行径相提并论，他们让手无寸铁的人民替他们自己的每一次失败付出代价。每次大屠杀后，政府军总参谋部总会公布其战报，宣称起义军遭到重创。这种卑劣的行径已经唤醒了人民强烈的反抗精神。一想到谁也不给人民送去一杆枪；一想到孤弱无助的农民眼看着自己的茅屋即将被烧毁，自己的骨肉亲人即将遭屠杀，却还在苦苦地等待枪支；一想到在人民呼唤枪支的绝望声中，古巴大地上的武器却被藏匿起来，宁愿等着被警察起获、等着独裁政权垮台、等着起义军被斩尽杀绝，也不愿分发给人民，让他们去消灭那些卑鄙的走狗，即便是消灭一个也罢；一想到这些，我们的心就在流血，灵魂就遭受煎熬。

世上没有什么比我们许多同伴的行径更卑劣的了！他们要想改变立场去援助正在浴血奋战的战士现在还来得及。从我们自己的观点看，这些已无关紧要。你们不要以为我们这么说是出于私利，或是因为我们傲慢：我们的命运已经注定，对此我们毫不怀疑。我们不是在山区拼死到最后一名起义战士、在城市整个一代青年为国殉难，就是排除最难以想象的艰险，赢得最终的胜利。对我们来说，失败是不可能的。一年来我们战士的英勇奋战和浴血牺牲是任何人用任何方法都抹杀不了的，我们的胜利是实实在在的，是无法一笔就被轻易勾销的。我们的战士比以往任何时候斗志更坚决，他们将战斗到流尽最后一滴血。

那些拒绝帮助我们的人必定会失败：那些最初和我们并肩战斗后来又背弃我们的人；那些对尊严和理想缺乏信念、挥霍时间和声誉去与特鲁希略专制政府进行可耻交易的人；那些虽拥有武器、但懦怯的本性让他们在需要战斗的关头把武器藏匿起来的人；是他们铸成了大错，而不是我们。

有一件事我们可以明确表态：如果我们看到其他为自由而战的古巴人被敌人追捕，眼看就要惨遭杀害，如果我们看到他们日复一日地坚持抵抗，决不投降，或者看到他们的信念正日趋削弱，我们会毫不犹豫地火速前去援助他们，必要时与他们共同战斗到最后一息。我们是古巴人，古巴人不会对自由之战无动于衷，不会对拉丁美洲其他任何国家的自由之战无动于衷。多米尼加人当初不就是集结了向风群岛上的武装力量去解放他们的人民吗？集结的人员中每有一个多米尼加人就有十个古巴人。当初索摩查[1]的追随者入侵哥斯达黎加时，古巴人不是在第一时间就赶到那里投入反侵略的战斗了吗？今天很难想象，当自己的国家正艰苦卓绝为自由而战时，有些古巴人——那些被独裁政府逐出自己国家的古巴人，却拒绝为他们战斗中的兄弟姊妹提供援助！

---

[1] 索摩查家族从一九三六年至一九七九年对尼加拉瓜的独裁统治长达四十三年，在此期间尼加拉瓜军政要职几乎完全由索摩查家族占据。

如果他们确实想援助我们，他们还会提出这些不公正的条件吗？为了偿还他们的援助，我们还必须把共和国作为战利品拱手让给他们吗？我们应该宣布放弃我们的理想，重新设计这场战争——屠杀自己的兄弟，使国家陷入血雨腥风的大屠杀之中——不去兑现国民从巨大的牺牲中渴求的回报吗？

反抗独裁政权斗争的领导权现在握在古巴境内的革命战士手中，今后将继续握在他们手中。任何现在或今后想充当古巴革命领导的人必须留在古巴国内，必须接受今天古巴形势要求他们承担的责任、风险和牺牲。

国外流亡者在这场斗争中也有他们的用武之地。但荒谬的是，他们竟然企图从国外发号施令，指手画脚地告诉我们该攻占哪座山头，允许我们放火焚烧哪个甘蔗种植园，告诉我们哪些破坏活动容易成功，以及在什么时刻、什么情况下、以什么形式可以发起全国总罢工。这岂止是荒谬，简直是愚蠢至极。要从国外帮助我们，完全可以在古巴流亡者中为我们募集资金，可以为古巴的事业宣传鼓动，可以谴责独裁政权残害我们的种种罪恶行径。但是，当古巴革命在“七·二六运动”制定的斗争策略指引下，运用武装斗争、城市暴乱、破坏活动、停产罢工以及其他多种形式，正逐渐在全国城乡发展壮大的时候，请不要身在迈阿密却竭力要去领导这样一场国内革命。

正如我们多次公开表态的那样，“七·二六运动”的全国领导层不管在什么情况下都随时准备在古巴与独裁政府的任何反对派团体的领导人举行会谈，以协调具体的计划，开展推翻独裁政权的切实可行的活动。

“七·二六运动”是目前唯一在国内战斗的反对派组织。全国总罢工将在全民抵抗运动、全国工人阵线以及其他任何拒绝宗派主义思想并与“七·二六运动”保持联系的团体的共同努力和有效配合下举行。

“七·二六运动”中的工人阶层正和支持罢工、不会在关键时刻抽身而去的抵抗人士一起，在所有的工业中心组织罢工委员会。这些罢工委员会将组成全国工人阵线，这一阵线是“七·二六运动”承认的唯一合法的无产阶级的代表。

推翻独裁者必须解散不光彩的议会，解散古巴工人联合会的领导层，免去所有直接或间接依靠一九五四年十一月一日的“大选”或一九五二年三月十日的军事政变而上台的市长、省长和其他公职人员的职务。推翻独裁者还必须立即释放所有的政治犯(不论是普通政治犯还是军人政治犯)，将所有参与独裁政权罪恶行径的帮凶统统送交法庭审判。

新政府必须以一九四〇年的宪法为基础，保证宪法所确认的所有权利，不参与一切政治宗派活动。

政府行政当局必须承担宪法赋予共和国国会的立

法职能。作为其主要工作，政府行政部门必须根据一九四三年选举法和一九四〇年宪法举行全国大选，实施《山区宣言》提出的十点最低纲领。

目前的最高法院由于无力解决军事政变后的违法局面必须宣布解散。这并不排除日后重新任命那些捍卫宪法原则，对这些年来独裁政权内的犯罪行为、专制主义和舞弊行为采取强硬手段的原有法院的官员。

共和国的总统必须决定新的最高法院的构成方式，最高法院随后应被赋予重组所有地方法院和自治机构的职责，罢免那些参与独裁政权肮脏交易的公职人员。新的公职人员的任命必须依法进行。各政党在临时政府的领导下应该享有属于自己的权利，即在人民面前为他们的纲领辩护的自由，在宪法的框架内鼓动和组织公民的自由，以及参加全国大选的自由。

《山区宣言》中已经阐明了任命共和国总统的迫切性，“七·二六运动”已经发表声明，认为此人应该由所有民间团体来推选。尽管如此，五个月过去了，这个问题还没有得到解决。现在越来越迫切地要给全体国民一个回答：谁来接替独裁者？面对这个重大的问题，一天也不能再拖延了。“七·二六运动”现在就回答这个问题。它向人民提出一个建议，作为保证临时联合政府的合法性、制定临时联合政府先决条件的唯一可行的方案。此人必须是奥连特省法院的正直的法官曼努埃尔·乌鲁蒂亚律师。挑选他的并不是我们，而是他自己的品行。我们期望他不会拒绝这一为共和国服务的机会。

任命他的理由如下：

1. 他是最尊重宪法的法官，在审理完“格拉玛号”远征军成员后，他当庭宣布，根据宪法和法律的精神和字面条文，组织反政府武装并不构成犯罪，而是完全合法的行为。在我们为自由而战的历史中，一名法官作出这一声明是史无前例的。

2. 他的一生忠实地执行法律审判，这使我们相信，在独裁政权被人民推翻的重要关头，他在专业上和个人品行上都有足够能力在所有合法的利益集团间保持不偏不倚的立场。

3. 没有人像曼努埃尔·乌鲁蒂亚律师那样不受党派精神束缚。由于他的法官地位，他不隶属于任何政治集团。在具有同样威望、没有积极参与革命的公民中没有一个人像他这样如此同情革命事业。

如果我们提出的条件——这是一个已经同意作出最大牺牲的组织提出的客观公正的条件，而联合协议是在既未与该组织协商、又未经该组织批准的情况下盗用其名义签署的——被拒绝，我们将一如既往地继续单独战斗下去。没有武器，我们只有在战场上从敌人手中夺取武器；没有人提供援助，我们只有依靠我们高度信赖的人民；没有别的来支撑我们，我们只有靠心中的理想来支撑。

毕竟，在全国积极开展斗争并继续坚持斗争的只有“七·二六运动”，没有其他组织。把奥连特省崎岖险峻的山区里的武装起义一路传播到西部各省的也是“七·二六运动”的战士，而不是其他人。只有“七·二六运动”一直在策划破坏活动，放火烧毁甘蔗地，处死政治恶棍。只有他们才能组织全国的劳工走上革命的道路，只有他们才能与各方合作，组织全民抵抗运动，才使古巴几乎每一个区域内的所有民间团体都实现了团结。

请诸位谅解，我们已经从官僚纷争的牵连中抽身而退，不再参加政府了。但是，你们必须彻底明白，“七·二六运动”的战士现在没有放弃、将来也决不会放弃指导和引领我们的人民。他们将继续在地下，在马埃斯特腊山区，在敌人抛掷我们死者的墓场上领导人民。我们决不会放弃领导，因为不仅是我们，而且我们整整一代人都承诺，要为古巴人民摸索解决重大问题的具体方案。

我们将孤身奋战，不成功便战死疆场。我们经历过只有十二名战士的岁月；我们经历过没有马埃斯特腊山区人民支持的艰难岁月，因为当初他们还不习惯战争环境，还没有组织起来；我们经历过不曾拥有像今天如此强大、如此纪律严明的全国性组织的岁月；我们经历过无法依靠民众巨大支持的岁月，让人难忘的弗兰克·派斯牺牲的那天就是明证；今天我们的斗争决不会比那时候更艰难！

为了有尊严地死去，我们的战斗无需有人陪伴。

菲德尔·卡斯特罗

一九五七年十二月十四日

于马埃斯特腊山区

第二次皮诺德尔阿瓜战斗

到一九五八年年初，游击队武装力量和巴蒂斯塔政府军已经达成了某种停火协议。然而，政府军还是接二连三地发布战报，今天说起义军有八人丧命，第二天又说起义军二十三人丧命——他们自己当然无一伤亡。这是他们惯用的花招，尤其是在我的纵队发动军事行动的地区，桑切斯·莫斯克拉总是整天在幻想中与起义军作战，他们大肆屠杀农民，农民的死亡人数就算入他们的战绩。

一月底，新闻审查制度被撤销，报纸在战前最后有一次机会刊登消息了。政界频频吹出停火风。巴蒂斯塔政府的一名立法委员拉米雷斯·莱昂几乎是主动提出要求，并在曼萨尼略的立法委员拉洛·罗加和曾多次在马埃斯特腊山区进行过采访的《巴黎竞赛》杂志的西班牙记者梅内塞斯的陪同下到马埃斯特腊山区进行了一次访问。

在美国，“七·二六运动”流亡委员会发表长篇声明，公开谴责《迈阿密协议》。担任流亡委员会主席的是马里奥·列雷纳[1]，司库是劳尔·奇瓦斯。（这些代表发现在迈阿密那个地方工作对他们的健康大有好处，以至于现在那个地方显然成了他们的永久居住地。他们现在搞的玩意儿可能和过去在解放战争时期搞的没有多大区别，不过那时候他们似乎还都是很正直的人。）

梅内塞斯发表在《波希米亚》杂志上的采访引起了国际上的反响，但是，在国内，马斯费雷尔和拉米雷斯·莱昂在哈瓦那新闻界发表消息后的短短的几天里发生了一次很有意思的辩论。

六个省中有五个已经撤销了报刊审查制度。但是奥连特省宪法保障仍然暂停实施，继续实行新闻检查。

一月中旬，一批在离开马埃斯特腊山区时被敌人俘虏的“七·二六运动”的成员被允许与新闻界见面，他们当中有阿曼多·阿特、哈维尔·帕索斯、路易斯·布赫以及一个叫欧雷利奥·巴列霍的向导。这则消息相当有意思——尽管它报道的是每天同志们被捕以及经常遭暗杀的情况——因为它透露了“七·二六运动”内两派多少已经公开的激烈的争论。我曾给雷涅·拉莫斯·拉图尔写了一

[1] Mario Llerena（1913—2006），古巴知识分子，二十世纪五十年代在墨西哥与卡斯特罗相识，革命初期是卡斯特罗的支持者，他应卡斯特罗请求，阐述民主理想，为卡斯特罗的政府奠定基础。一九五七年十月，他在迈阿密宣称代表卡斯特罗的“七·二六运动”签署了《迈阿密协议》，此协议受到卡斯特罗痛斥。古巴革命胜利后，他从政府辞职，以政治记者身份撰文批评政府，一九六〇年四月流亡美国纽约。

封十分愚蠢的信，他回信进行了反驳。然而，我的那封信已经在游击队里传阅开来。阿曼多·阿特给我写了封短信，与我进行争辩。他当时是到马埃斯特腊山区会见菲德尔，打算从那里把信寄给我。不过，菲德尔认为，他这封信会挑起我们之间一封又一封辩论信件，转来转去，将来说不定什么时候就会落到敌人手里，这样对我们一点好处也没有。阿曼多·阿特严守纪律，服从了菲德尔的命令，没有把信发给我。但是，他忘了信就在他的口袋里，一直到他被捕时信还在他身上。

阿曼多·阿特和其他同志都被单独囚禁在敌人狱中，命悬一线。美国使馆人员纷纷出动调查这一争论的源头。由于我们在争论中各自使用了一些特殊的措辞，敌人似乎嗅出些什么，便立刻警觉起来。

菲德尔没有受这件事影响，他感到重要的是要利用新闻检查制度被取消的机会狠狠地收拾一下敌人。于是我们便积极做起了战前准备。

皮诺德尔阿瓜再次被确定为我们的攻击目标。我们曾在一九五七年十二月攻占过它，此后它一直被敌人占领。由于敌人的阵地就在马埃斯特腊山的山顶上，所以我们的部队即使短距离调动也必须迂回转个大圈子，而且车辆在这一地区行驶也很危险。鉴于国内新闻环境的改善，拔掉作为敌人前哨阵地的皮诺德尔阿瓜具有重大的战略意义，会在全国范围内引起广泛反响。

从二月初起，紧张的战备工作和对这一地区的战备检查工作就开始了，主要由罗伯托·鲁伊斯和费利克斯·塔马约负责。他们俩是当地人，今天都成了我军的指挥官。我们还加快了最新武器 M－26、又称“人造卫星”的研制工作，我们非常重视这一武器。它是一种裹着马口铁皮的小炸弹，我们第一次是用水下鱼枪导管制成的一种弩炮的复杂装置把它发射出去的。后来经改进，用步枪和弹药筒就能发射了，而且射程也远多了。

这些小炸弹爆炸时声音大得吓人。但是，由于只有一层马口铁皮裹在外面，所以杀伤力很小，即使在敌人近处引爆，也只能造成轻伤。而且很难确定引信起爆所需时间，无法使小炸弹一落地就爆炸。因为发射时有撞击力，引信经常会熄灭，这样炸弹不爆炸就完整地落到了敌人手里。敌人了解了它的性能以后，再也不惧怕这种炸弹了。不过，在第一次战斗中，还是给敌人心理上造成很大影响。

我们极为精心地做好了战前的准备，攻击于一九五八年二月十六日正式开始。《自由古巴人报》对这次战斗进行了报道，在这篇报道中，我们几乎精确综合各方面资料，公布了战斗情况。

战略作战方案很简单：菲德尔知道锯木场驻扎着敌人整整一个连队，认为我们的部队攻下敌人营地把握不大。我们的目标是袭击敌人，摧毁他们的哨位，围困敌人营地，警惕敌人援军出现，因为我们很清楚，行进中的部队比驻扎的部队警觉性更高。我们安排了不止一个埋伏点，每一个埋伏点都配备适当的兵力，一旦敌人经过就展开伏击，希望这样能有惊人的效果。

这次攻击由菲德尔亲自指挥，总参谋部就设在北面的小山上，居高临下，山下的锯木场一览无余。战斗计划如下：卡米洛沿着从乌韦罗方向来的公路向前推进，穿过巴亚梅萨；他指挥的第四纵队的前卫排受命拔掉敌人哨所，在地形允许的情况下尽量向前推进，并严守住阵地。如果敌人后撤，则由守在通往巴亚莫的公路边的劳尔·卡斯特罗·梅卡德尔上尉指挥的排进行阻截。万一敌人拼命向佩拉德罗河方向逃窜，吉列尔莫·加西亚上尉率领二十五名战士就在那里守个正着。

战斗打响时，由基亚拉操作的、仅有六颗炮弹的迫击炮将首先进行炮击，然后开始包围敌人。一支埋伏在洛马-德拉比尔亨由比洛·阿库尼亚中尉指挥的部队力求拦截从乌韦罗方向来的敌军。再往北去的阵地上拉洛·萨蒂尼亚斯带领几名狙击手等待着从亚奥方向途经维加-德罗斯霍沃斯过来的敌军。

在这次伏击中，我们第一次检测了自己特制的地雷，但结果大失所望。安东尼奥·埃斯特韦斯同志（他后来在袭击巴亚莫的战斗中阵亡）设计了一个装置，用子弹作为引爆器，来引爆以前飞机投下的没有爆炸的炸弹。因为我们预料敌人会经过我们兵力比较薄弱的一个地区，所以就在那里埋设了这种地雷。谁知出现了一个十分可悲的错误：那个负责通报敌情的同志太缺乏经验，再加上高度紧张，结果在一辆民用卡车过来的时候就发出了信号。地雷爆炸了，卡车司机成了这种新式武器的无辜受害者。谁也没料到这种武器经改进以后，竟有这么大的威力。

二月十六日天刚破晓，卡米洛就出发攻打哨所，但是我们的向导没料到敌人哨兵在夜里都撤离到离他们营地很近的地方，袭击发起时间就耽误了很久。战士们感到自己找错了地方，就又小心翼翼地向前移动，因为他们不知道敌人朝后撤了。卡米洛和他的战士以一路纵队的队形一个接一个花了不下一个小时才走完了敌我阵地间的五百米的距离。

最后，他们终于到了敌人阵地前。敌人卫兵安装了一个简单的警报装置：他们贴着地面拉了一根细绳，绳子上串了许多空罐头盒，一旦踩上罐头或者碰着绳子，罐头就会丁零当啷地作响。不过，他们的马匹也在外面溜达吃草，所以当我们的前卫排战士冲上去擦过绳子引起罐头叮当作响时，敌人还满不在乎以为是他们的战马呢。卡米洛就这样一下子到了离敌人很近的地方。

在另一侧，由于等了好长时间进攻还不开始，战士们由开始的万分警觉慢慢变得越来越焦虑不安。最后，标志开战的第一枪终于打响了。我们立即开始用仅有的六颗迫击炮炮弹对敌人进行炮击。不一会儿，炮击就结束了，既没有痛苦感也没有得意感。

不知是看到了我们冲在前面的战士，还是听到了枪声，敌人阵地上也突然响起了一阵连发的枪声，他们开始还击了，当即就把安赫尔·格瓦拉同志撂倒了，他后来在我们的医院里不治身亡。几分钟后，卡米洛的部队就粉碎了敌人的抵抗，缴获了十一件武器(其中有两挺机枪)，抓了三个俘虏，击毙了七八个敌人。但是，敌人兵营内很快又组织起抵抗，我们的进攻受阻了。

诺达和卡波特中尉以及战士雷蒙多·利恩在试图向前推进的过程中相继牺牲。卡米洛大腿受了伤，比雷莱斯不得不往后撤，连他使用的那挺机枪也扔下不管了。卡米洛尽管有伤在身，拂晓前又返回阵地想夺回那挺机枪。天刚露出第一线曙光，他就突然遭遇一阵密集的火力，再次受伤。幸运的是，子弹穿过了他的腹部，又从身子一侧出去了，没有伤到任何要害部位。尽管机枪没有找回来，卡米洛还是获救了，但是另一个叫路易斯·马西亚斯的同志却受伤了，他拖着受伤的身子，穿过丛林，却沿着其他同志撤退的相反方向走去，结果在那儿牺牲了。一些被打散的战士在离敌人兵营很近的阵地上，用“人造卫星”M-26小炸弹频频轰炸敌人的兵营，兵营里的敌人一片惊慌。吉列尔莫·加西亚根本没有机会参与这次战斗，因为敌人根本不想离开他们躲藏的兵营。不出所料，他们立刻通过无线电向总部求援。

早上十点左右，整个战区的局势都很平静。但是，我们从指挥哨所里听到一阵叫嚷声，扎得我们心头滴血。先是有一个人在喊着什么“卡米洛的机枪开火了”，接着是阵阵的射击声。原来除了比雷莱斯扔下的那挺带三角支架的机枪外，卡米洛还把他一顶帽衬里写着自己名字的军帽落在了阵地上。这是敌人士兵在嘲弄我们呢！我们总感到另一侧的部队出了什么事，可是，一整天我们也没能和他们联系上。在这期间，卡米洛由塞尔希奥·德尔巴列照料，他还不愿撤退，他们都在原地等待战事的进一步发展。

事态正朝着菲德尔预测的方向发展：敌军谢拉上尉指挥的连派出多个分队从奥罗-德吉萨出发前来侦察皮诺德尔阿瓜的战况。等候他们的是帕科·卡夫雷拉指挥的整整一个排，他手下的大约三十至三十五个战士驻扎在公路边的一座叫“缆绳”的小山上。小山异常陡峭，车辆上山非得用缆绳相助才行，因此才有了这一山名。

我们纵队的各个班都部署好了，分别由四名中尉埃迪·苏尼奥尔、阿拉莫、雷耶斯和威廉·罗德里格斯指挥。帕科·卡夫雷拉也在那里担任排长，但是，负责阻击敌人先头部队的是帕斯和杜克，他们面对着公路。这一小股敌人一过来就遭到全歼：死十一人，五人受伤当了俘虏，我们在一所民房里对他们进行救治，随后就把他们留在了那里。拉费尔泰少尉也当了俘虏，今天他已是我们队伍的人了。此外还缴获了十二支枪，其中包括两支M-1型加伦德式步枪，一挺机枪以及一支约翰逊式步枪。

一两个漏网跑了的敌人士兵逃回到奥罗-德吉萨通报消息了。奥罗-德吉萨的敌军听到消息后肯定向别处求援了，但是，劳尔·卡斯特罗和他指挥的部队已经在吉萨和奥罗-德吉萨之间严阵以待。我们估计敌人的先头部队会从这条路过来解救被围困在皮诺德尔阿瓜的部队。劳尔已作了部署，费利克斯·培尼亚和前卫排先卡断敌人增援部队的来路。随后，他指挥的班和西罗·弗里亚斯指挥的班立即向敌人发起攻击。最后，埃菲赫尼奥从后面把包围圈合拢。

当时有一个细节没有引起大家的注意：有两个农民，提着几只鸡一路穿过了我们所有的阵地。他俩虽然外表随和，却一脸贼相。原来这两个家伙是来自奥罗-德吉萨的敌军士兵，他们是来执行炸毁公路任务的。他们摸透了我们阵地的情况后，向吉萨的同伙作了通报。结果，敌人知道了劳尔的位置，劳尔就首当其冲成了敌人攻击的对象。敌人从一处高点袭击他，劳尔不得不进行长距离的撤退，撤退途中，一人受伤，另一个战士弗洛伦蒂诺·克萨达不幸牺牲。

从巴亚莫过来经过奥罗-德吉萨的那条公路是敌人推进时唯一能走的一条路。尽管劳尔被迫后撤，但由于他的位置不便于敌人发觉，所以，敌人的部队沿途推进的速度很慢，一整天也没有出现。

那天，我们不断遭到敌人B-26轰炸机的骚扰，他们用机枪对多座小山进行扫射，不过并没有给我们造成伤亡，只不过给我们的行动造成些不便，迫使我们多采取些预防措施而已。

菲德尔对这次战斗表现出极度的兴奋，同时，他又很担心同志们的命运，有好几次本不该他去冒险的事，他却自己去干了。鉴于这种情况，几天以后，我们一群军官给他写了一封信，以革命的名义要求他不要拿自己的生命去冒不必要的风险。尽管我们写这封幼稚的信是出于最无私的动机，但我相信菲德尔连看都不会看一眼。不用说，这封信没有引起他丝毫的注意。

那天夜里，我执意认为卡米洛先前实施的那种攻击方式是行得通的，我们可以制服部署在皮诺德尔阿瓜的敌人。菲德尔虽然不赞成我的看法，可最后他还是同意试一试，于是派由伊格纳西奥·佩雷斯和劳尔·卡斯特罗·梅卡德尔两个排组成的一支队伍，统一由埃斯卡洛纳指挥，再次发动攻击。这些同志不断往前逼近，尽量接近敌人的兵营。但是，还是被敌人强大的火力击退，没有发起攻击就撤了回来。我请求亲自指挥再次发起攻击，菲德尔勉强同意了。

我的想法是尽可能地接近敌人，用锯木场的汽油制成的莫洛托夫燃烧弹，放火把军营的木房子点着，逼迫敌人投降，或者至少逼得他们从营房里跑出来，暴露在我们的火力之下。当我们快到战场，准备进入阵地时，我收到了菲德尔写来的这份便条：

> 切：如果得不到卡米洛和吉列尔莫的支援，全靠从你们这一侧进攻的话，那么我认为不能搞此类的自杀行动，因为冒这种风险，可能伤亡太大，达不到

目的。

我十分严肃地劝你万万不可大意。你自己不得参与战斗，这是严格的命令。你的任务是指挥好部队，这是眼下最重要的。（菲德尔，一九五八年二月十六日）

给我捎来便条的阿尔梅达还亲口告诉我，按照便条上的说法，如果我发起攻击，就必须自己负全责。但是他（菲德尔）是不同意这么干的。不让我们参与战斗的严厉的命令沉重地压在我心头。如果发起攻击，即便不是说肯定有牺牲，也很可能会牺牲好几名战士；另外，拿下兵营的机会又不大；再说我们还缺少有关吉列尔莫和卡米洛两支孤立部队的情报。想到这一切，再加上我一个人要承担全部责任，实在让我承受不了。我垂头丧气地感到要重蹈我的先行者埃斯卡洛纳的覆辙了。

第二天早晨，在敌人轮番的空袭中，我下达了全面撤退的命令。我们用带有望远镜瞄准具的步枪向正准备离开掩体的敌人士兵打了几枪后，便开始沿马埃斯特腊山山脊撤退。

正像当时我们播发的官方电讯稿中所指出的那样，敌人被击毙十八至二十五人，我们缴获了三十三支步枪，五挺机枪和大量弹药。我方的伤亡名单上还必须加上当时还生死未卜的路易斯·马西亚斯和其他一些同志如路易斯·奥拉萨瓦尔和基罗加，他们在这场持久战斗中的不同军事行动中负了伤。二月十九日的《世界报》上刊登了下面一篇电讯稿：

> 《世界报》一九五八年二月十九日星期三电：据报道，共有十六名起义军人员和五名政府军士兵阵亡。目前还不清楚格瓦拉是否受伤。
>
> 政府军总参谋部于昨天下午五时公布了战报，否认与起义军在巴亚莫南部的皮诺德尔阿瓜有重大战事。此外，战报承认“政府军的侦察巡逻队和小股的游击队发生过几场遭遇战”，截至战报公布前，“起义军伤亡人数上升至十六名，而政府军有五人伤亡”。战报还说：“著名的阿根廷共产主义者切·格瓦拉是否负伤，目前还无法证实。虽然无法确认起义军的领袖是否参与了这次冲突，但是，可以确认的是，他目前仍然躲藏在迷宫般的马埃斯特腊山中。”

不久，甚至可能就是在同一时间，由索萨·布兰科[1]一手策划的奥罗-德吉萨大屠杀发生了。这名刽子手在一九五九年一月初被执行枪决。尽管独裁政府只能确认菲德尔“目前仍然躲藏在迷宫般的马埃斯特腊山中”，但是，在菲德尔亲自指挥下的战士还是恳求他不要拿自己的生命

[1] Sosa Blanco(1907—1959)，巴蒂斯塔政府军上校。一九五九年二月十六日被捕后被指控犯下一百〇八项谋杀罪行。两天后被依法处决。所查索萨·布兰科被捕和被处决日期与本书有出入。

作不必要的冒险。不过，敌人军队也不再上山攻打我们的基地了。过了一段时间以后，敌人放弃了皮诺德尔阿瓜，马埃斯特腊山的西部地区被我们完全解放了。

皮诺德尔阿瓜战斗结束后不几天，另一场最重要的战斗打响了：在阿尔梅达少校的指挥下，第三纵队向圣地亚哥地区挺进，“弗兰克·派斯”第六纵队在劳尔·卡斯特罗的指挥下，跨过东部平原，进入曼戈-德巴拉瓜后，又继续向皮纳雷斯-德马亚里推进，然后组建了“弗兰克·派斯”第二东方战线。

《自由古巴人报》关于第二次皮诺德尔阿瓜战斗的报道

皮诺德尔阿瓜是紧邻巴亚梅萨峰的马埃斯特腊山高地上的一个军事驻地。那里由格拉上尉指挥的一个连把守，工事严密，固若金汤，是敌军深入马埃斯特腊山区最远的一个据点。攻打皮诺德尔阿瓜的目的不是为了攻占那个锯木场，而是对敌军驻地实施包围，迫使敌人增援，然后围点打援。距离皮诺德尔阿瓜最近的敌人部队分布情况如下：距锯木场约十二公里的圣巴勃罗-德亚奥驻扎着桑切斯·莫斯克拉的一个连队；谢拉上尉指挥的连队在约六公里以外的奥罗；海军警卫队驻守在二十五公里以外的乌韦罗。增援部队预计也会从吉萨和巴亚莫方向赶来。我们的部队都埋伏在上述各地通向皮诺德尔阿瓜的每一条公路的两侧，伺机拦截敌人的增援部队。

二月十六日清晨五点半，在卡米洛·西恩富戈斯上尉指挥下的第四纵队的战士向敌人发起了进攻。他们的攻势很猛，敌人的哨所轻而易举就被攻克，打死敌人八人，俘虏四人，还打伤数人。随后，敌人加强了抵抗，使我方希尔韦托·卡波特和恩里克·诺达两名中尉以及雷蒙多·利恩同志阵亡，安赫尔·格瓦拉同志受了重伤，几天以后在我们的一所战地医院中终因伤势过重，不治身亡。

对敌人包围了整整一天后，敌人的侦察分队从奥罗赶来了，一共有十六人。他们遭到我们的突袭后被全歼。三名受伤的战俘被抓后由于无法转运，我们只好将他们留在农民家里。侦察分队的头目，埃韦利奥·拉费尔泰少尉也当了战俘。只有两个士兵逃走，不过显然已经受伤，其余的全部在战斗中被击毙。

我们负责守卫在从亚奥和乌韦罗方向来的公路两侧的部队一直没有投入战斗，因为那两处的敌军并没有从他们的基地里出来。由劳尔·卡斯特罗少校带领的纵队被迫在危急的关头投入战斗。他的战士无法向敌人开火，因为敌人推进时让农村的妇女和儿童走在前面充当挡箭牌。弗洛伦蒂诺·克萨达同志在这次战斗中牺牲。敌军死亡人数不详。

就在劳尔·卡斯特罗少校指挥的纵队撤退后数小时，敌军开始向我们的阵地逼近。一群惊恐不安手无寸铁的农民仍没有撤出，他们还藏在家里躲避战火。敌人下令让所有藏在屋里的人出来，然后残忍地用机枪进行扫射。有十三个人被打死，其中大部分是妇女和儿童。敌人在这次“获胜的”战斗中把受伤的农民带到巴亚莫看管起来。他们都被列入第一次的非官方的战报中。

尽管那天雾很大，敌机还是自始至终对我军占领的阵地进行低空扫射，但并没有造成伤亡。二月十七日中午，我军从皮诺德尔阿瓜撤退，最后由第六纵队的战士向奥罗发起攻击，至此结束了皮诺德尔阿瓜的战斗。这次交火中敌人的伤亡情况不详，我军没有伤亡。

最终的伤亡数目如下：敌人死亡人数十八至二十五人，受伤人数与死亡人数大致相当，被俘五人，他们是少尉埃韦利奥·拉费尔泰，士兵埃拉斯梅·耶拉、弗朗西斯科·特拉维索·卡马乔、塞费里诺·阿德里安·特鲁希略和贝尔纳多·圣巴托洛梅·卡拉尔(最后那名俘虏受了伤)。缴获敌人三十三支步枪，五挺机枪和大量弹药。我们的伤亡情况上面已提及，还要加上三名轻伤，其中有卡米洛·西恩富戈斯上尉。

我军总参谋部制订的这一雄心勃勃的计划并没有完全实现，但是我们取得了对敌斗争的全面胜利，不仅进一步打击了敌人已经低落的士气，还向全国人民展示了革命和革命军队日益增长的力量。这支革命军队正准备下山向平原地区挺进，继续扩大胜利。

一九五八年二月于马埃斯特腊山区

致菲德尔·卡斯特罗的一封信

一九五八年二月十九日于马埃斯特腊山区

菲德尔·卡斯特罗同志：

当前形势危急，我们全体军官以及所有负责任的战士在万不得已的情况下谨向您报告全军对您参加战斗的忧虑。

我们恳求您摒弃您（一贯参加战斗）的做法，您的这种做法会无意中对我们武装斗争的胜利造成极大危害，甚至危及您所制定的这场真正的革命的目标。

请您理解，菲德尔同志，我们这样做并不是出于任何宗派主义，也不希望对您施加什么力量。我们这样做永远只是出于对您真正的热爱和尊敬，出于对祖国、对我们事业和信念的热爱。

尽管您没有丝毫的利己主义，但是您必须懂得责任在您肩上，我们过去、现在和将来数代人的梦想和希望都在您的肩上。鉴于此，请接受这一略带命令口吻的恳求。尽管此恳求略显冒昧，可能也过于严厉，但是，我们这样做是为了古巴。为了古巴的利益，我们再次恳求您作出让步。

您的战斗中的、充满信念的兄弟，

切

塞莉娅·桑切斯

西罗·弗里亚斯

塞尔希奥·巴列

路易斯·克雷斯波

帕科·卡夫雷拉

伊格纳西奥·佩雷斯

比塔略·阿库尼亚

德利奥·戈麦斯·奥乔亚

卡米洛·西恩富戈斯

埃菲赫尼奥·阿梅赫拉斯

马林

何塞·基亚拉

马科斯·博雷罗

卡利斯托·加西亚·马丁内斯

何塞·索托马约尔

费尔南多·比雷尔斯·伊尼格斯

胡安·阿尔梅达

劳尔·卡斯特罗

J. 马丁内斯·派斯

何塞·拉蒙·马查多

费利克斯·培尼亚

吉列尔莫·加西亚

曼努埃尔·法哈多

拉米罗·巴尔德斯

爱德华多·萨迪尼亚斯

劳尔·卡斯特罗·梅卡德尔

路易斯·奥兰多·罗德里格斯

乌尼韦索·桑切斯

伊德尔弗雷多·菲格雷多·里奥

奥拉西奥·罗德里格斯

R. 希门尼斯·拉赫

埃内斯托·卡西里亚斯

阿韦拉多·科洛梅·伊瓦拉

温贝托·罗德里格斯·迪亚斯

J. 迪兹

坎梅斯·卡德罗

奥尔韦恩·博略特

F. 比列加斯

阿曼多·贝利斯

革命低潮

一九五八年四月至六月是起义暴动的低潮时期。

从皮诺德尔阿瓜战斗结束之后的二月起，起义的浪潮风起云涌，预示着一场独裁政权难以控制的雪崩即将来临。全国各地，尤其是在奥连特省，人民奋起加入起义，反抗独裁统治。自“七·二六运动”发动的四月九日全国总罢工失败以后，起义浪潮渐渐平息，一直到六月回落到了最低点，当时，独裁政府军对第一纵队的包围圈越收越紧。

四月初，卡米洛下山前往埃尔考托地区，在那里，他被任命为“安东尼奥·马塞奥”第二纵队的少校司令。在奥连特省的平原地区，他成就了一个又一个显赫的功绩。卡米洛是第一个走出山区进入平原的我军少校司令，他率领我军以马埃斯特腊山区军人的高昂士气和强大的战斗力把独裁政权推入了风雨飘摇境地。直到四月九日全国总罢工失败数日后，他才回到了马埃斯特腊山区。

革命进入高潮时，我们乘势建立了许多兵营培训战士。兵营中有些人一心渴望早日投入战斗，也有些人只是想穿着干干净净的军服奏凯进入哈瓦那。四月九日以后，当独裁政权开始加紧反扑时，兵营中有人悄悄溜走了，有人则来到马埃斯特腊山区加入了我们的部队。

部队士气大落，这时敌军认为他们提供赦免的时机已到，便开始在起义军所在地上空空投传单，展开攻心战。传单内容如下：

同胞们：

如果你们因为参与了密谋暴动目前仍滞留在农村或山区，现在你们有机会将功补过，返回家园与亲人团圆。

政府已下令，只要你们放下武器，遵守法律，你们的生命和家庭将受到尊重。

你们可以向省长、市长、友好的国会议员投诚，向你们附近的陆军、海军或警察哨所投诚，向任何教会机构投诚。

如果你们在农村地区，就携带你们的武器，举起双手前来投诚吧。

如果你们从城区前来投诚，投诚前先把武器藏在安全处，以便我们得知武器藏匿地点后，立刻进行收缴。

赶紧行动吧，因为一场大规模更猛烈的平息暴动的运动即将在你们藏身的地区全面展开。

随后，他们公布了一些自首人员的照片，有属实的，有捏造的。显然，反革命的浪潮日趋高涨。这股浪潮最后终将在马埃斯特腊山的山峰前撞得粉碎，不过，四月底五月初的这一时期，反革命浪潮正处于甚嚣尘上的阶段。

我们在这一时期第一阶段的任务是固守住第四纵队占领的一直延伸到米纳斯-德布埃锡托镇郊的前线阵地。桑切斯·莫斯克拉的部队就驻扎在这个镇里，我们的斗争就是和敌人进行闪电式的交锋，避免敌我双方进行冒险性的决战。夜晚，我们向他们投掷 M－26 小炸弹进行骚扰。但是，他们知道这种炸弹没有什么杀伤力，干脆事先就在阵地前竖起了一大张铁丝网。炸弹一撞上铁丝网，炸药就在炼乳罐头壳中发生爆炸，仅仅引起巨大声响而已。

我们的军营设在拉奥蒂利亚一个当地庄园主的宅院里，离米纳斯镇约两公里。我们一直在那里密切注视着桑切斯·莫斯克拉的动向，监视着每天发生的稀奇古怪的不大不小的冲突。桑切斯·莫斯克拉手下的帮凶总是黎明就闯入农民村子，焚烧房屋，抢劫财产，抢在我们出击前便撤退了。还有些时候，他们又总是袭击分散在这一地区我们的步枪小分队，迫使他们四处逃散。农民只要被怀疑是游击队的同情者就会遭到暗杀。

我一直无法理解为什么桑切斯·莫斯克拉会让我们舒

舒服服地驻扎在这个庄园主的宅院里，这里四周地势相对比较平坦，也没有植被可供隐蔽，但他不派空军来轰炸我们。我们揣测他是无心再打仗了，也不想让空军发现我们两家部队离得这么近。不然的话，他就得向上司解释清楚为什么不向我们发起进攻。尽管如此，正如我已说过的那样，敌我双方总是不断产生摩擦。

有一天，我带了一名副手离开兵营去见菲德尔。他当时住在相距很远的埃尔希瓦罗，我们差不多走了整整一天。我只在菲德尔那里待了一天，第二天就往拉奥蒂利亚的营地返回。我记不得是什么原因了，反正那天我的副手需要留下，我只得接受一名新向导。我们先是沿着一条公路走了一程，后来便进入起伏的牧场。就在快回到营地前的最后一段路途中，在一间房子附近的蜿蜒起伏的草场上出现了一个奇怪的景象：一轮明月当空，把四周照得透亮明澈，稀疏零落的棕榈树分外清晰。皓月下牧场上赫然出现了一长溜儿的死骡子，有的骡子身上还套着挽具。

我们翻身下马走到第一头骡子跟前一看，发现骡子身上有好几处枪眼。这时，我的向导看着我，脸上的神情活脱脱像是从西部牛仔片里拷贝下来一般——影片的主人公和他的伙伴出现了，面对中箭而亡的马匹，慨然长叹："又是这些印第安人……"脸上显露出在这种场合下一种特定的冷峻超然的神情。我的向导的脸上正是这种神情，可能我自己也一样，不过，我无意去研究自己的神情。往前再走几米又是一头死去的骡子，接着是第三头，再往前走发现了第四、第五头死骡子。这是一支为我们运输给养的骡子运输队，半路上撞上了桑切斯·莫斯克拉的队伍，我记得惨遭杀害的还有一位平民。这个向导拒绝再跟着我走了，声称这一带他不熟悉，说完就翻身上马。我们俩就这样不伤和气地分手了。

我已经扣上了手枪的扳机，牵着马的缰绳拐进第一块咖啡地里。刚到一间弃屋前，里面就传出一阵巨大的声响，吓得我差点开了枪。还好，屋里就是一头猪，我的出现也把它吓坏了。我放慢脚步，小心翼翼地走完了剩下的不到百米的路来到我们的阵地前，发现阵地上的战士已经全撤了。四下搜寻一番后，我发现还有一个同志正在屋里睡觉呢！

乌尼韦索当时还在指挥部队，他预料敌人会在夜间或黎明发起攻击，便命令战士从屋里转移出去。由于我们的部队都疏散完毕，守卫着他们的地盘，我便和那位孤零零的同伴躺下休息了。这样的场面对我来说并没有什么别的重大意义，只是有一种满足感，这是我经历了一段似乎遥遥无期的返程最终才孤身一人抵达指挥哨所后为自己战胜恐惧心理而产生的满足感。那天晚上我有一种无畏无惧的感觉。

但是，与桑切斯·莫斯克拉之间的一次最激烈的冲突发生在一个叫圣罗莎的小村庄里。和往常一样，天刚破晓就有情报说桑切斯·莫斯克拉在那个村庄里，我们随即火速赶往那里。我的哮喘有点犯了，因此骑着一匹栗红色的马，这匹马早就成了我的好朋友了。战斗一点一点向四周蔓延开来，我不得不抛弃那匹栗红马，和手下的战士一起进入了一个小山头上的阵地后就分散开来，隐蔽在两三个不同的高地上。敌人的迫击炮不停地向我们炮击，但是没有什么效果。

顷刻间，我右侧的枪声一下子变得急促起来，我马上过去查看阵地。不料，刚走到一半，左侧的枪声也紧了起来。我把副手派到别处去了，现在就剩我一个人被裹卷在两边的火力中。左侧是桑切斯·莫斯克拉的部队，他们用迫击炮乱轰了一阵后，便大呼小喊地爬上了山头。我们的战士没有经验，只零星地放了一两枪后就开始往山下跑。我孤零零一个人站在一片旷野里，眼睁睁地看着敌人的头盔慢慢地出现。一个卖命的家伙顺山就往下冲，追赶我们的战士，战士们纷纷朝咖啡地里跑去。我举起手枪就朝那家伙开了一枪，但没打中。随即我就被好几个敌人发现了，他们纷纷向我开火。我撒腿便忽左忽右地按“Z”字形狂跑起来，肩上挎着的皮制弹夹中竟然还塞满了一千发子弹。敌人士兵奚落的喊叫声充斥两耳。快跑到林子里的隐蔽处时，手枪不慎掉地上了。在那个悲凄的早晨，我唯一傲慢的表现就是骤然停下脚步，转身按原路折回，捡回我的手枪，然后又开始狂跑，敌人的枪弹像飞镖似的嗖嗖地在两侧追赶着我，四周全是子弹落地溅起的一小团一小团的烟尘。

当我感到危险已过，便停了下来，躲到林子里的一块大石后面休息起来，不知道同志们的命运如何，也不知道敌人这次进犯到底造成了什么后果。还算幸运，我的哮喘还让我跑了一段距离，但是，现在却开始向我报复了，心脏开始怦怦地剧烈跳动。这时，又听见林子里传来树枝噼噼啪啪被折断的声音，是有人过来了！可是，我再也跑不动了(说实话我心里是真想继续往前跑)。这一次来到我跟前的是另一个自己的同志，一个最近才加入我们队伍的新兵，他迷路了。他倒过来安慰起我来，好像对我说什么："别担忧，少校司令，我就是死也要和你死在一起。"我哪有想死的念头啊？我真想告诉他别老想着死，他老母亲还在家惦念着他呢。我当时根本就不想死，那天，我感到自己格外地求生怕死。

夜里，我们都在讲述白天发生的一切。一位好同志——他叫马里尼奥——在与敌人的一次小小的冲突中牺牲了。除此以外，敌人的伤亡倒是十分惨重。敌人撤走以后，我们在他们的阵地上仅发现一具农民的尸体，子弹从他口腔中穿过——谁也不知道为什么他会被敌人杀害。阿根廷记者豪尔赫·里卡多·马塞蒂当场就用他手中的小型方镜箱照相机把这位农民遇害的场景拍了下来。豪尔赫·里卡多·马塞蒂当时是第一次进入马埃斯特腊山区采访，此后我们与他一直保持着深厚的持久的友谊。

经过那些战斗以后，我们又进一步从拉奥蒂利亚往后撤了一点。不过，我已不再担任第四纵队少校司令，拉米罗·巴尔德斯晋升接任此职。我离开了这一地区，带领一小批战士，负责起义军新兵学校的工作。从奥连特到拉斯比利亚斯来的新兵都将在学校里接受军训。此外，我们还必须作好准备严阵以待，因为敌人的进犯已经迫在眉睫。此后从四月底到五月初的这段时间里我们都忙于修筑防御阵地，尽可能往山里多运些食品和药品，准备抗击即将爆发的敌人的大规模进犯。

另一项并行不悖的工作也在进行，我们尽量向甘蔗园园主和牧牛场场主收缴税款。雷米西奥·费尔南德斯是一位牧牛场场主，他来见我们时，总是天花乱坠地许诺我们一大堆不切实际的东西，可是一回到平原，就把他的许诺忘得一干二净。甘蔗园园主也没有捐出任何东西。后来，我们的力量强大了，就把他们的欠税追缴了回来。但是，毕竟在敌人进犯的日日夜夜里，我们的抵抗力量连一些基本的物资都非常匮乏。

后来，卡米洛被调来，在我们小小的地盘上好好巡视了一圈，因为那里还有我们许许多多的财产：一座广播电台，好几家医院，数座军火库，此外，还有一个简易机场坐落在拉普拉塔群山中，轻型飞机可以在那里降落。

重要的不是敌人士兵的数量，而是要想立于不败之地我们所需要的战士的数量，这是菲德尔坚持的原则，他坚持认为这应该是我们工作的重点。这就是我们的策略，也是为什么我们所有的武装力量要聚集在指挥所周围形成一个坚实的战线的原因。当预料中的敌人的进犯在五月二十五日爆发时，我们能使用的步枪也就不到两百支，战斗打响时，菲德尔正和一些农民在开会，讨论咖啡收获工作的若干条件，因为政府军不允许农工白天上山来采咖啡豆。

他召集了大约三百五十名农民，他们都对解决咖啡收获问题很感兴趣。菲德尔建议发行一种马埃斯特腊山区货币来支付农工工资，除此以外，他还建议大家自己带稻草和麻袋来进行咖啡豆的打包，建议生产者和消费者之间建立合作并成立一个监督委员会。他还主动提出起义军会帮助大家一起收获。所有这一切已经获得大家的赞同，可是就在菲德尔亲自要宣布大会结束时，突然机关枪声大作，敌军和安赫尔·贝尔德西亚上尉指挥的战士交上火了，敌人的空军要开始轰炸这一地区了。

一次决定性的会议

一九五八年五月三日，“七·二六运动”全国委员会在马埃斯特腊山区的洛斯阿尔托斯-德蒙皮埃召开了一整天的会议。这次会议虽然至今鲜为人知，然而却对今后的革命策略产生了非同寻常的影响。从那天清晨开始直到次日凌晨两点，与会人员分析了四月九日全国总罢工失败的原因及其后果。会议采取了必要的措施，改组了“七·二六运动”，清除了独裁政府军胜利后在革命队伍中蔓延的懦弱情绪。

尽管我不是全国委员会的成员，我还是应邀出席了这次会议，邀请我参加会议的是以前曾受到我严厉批评的福斯蒂诺·佩雷斯和雷涅·拉莫斯·拉图尔（丹尼尔）两位同志。除了上述提到的两名同志外，参加会议的还有菲德尔、比尔马·埃斯平（在地下组织内化名为德沃拉）、尼科·托雷斯、路易斯·布赫、塞莉娅·桑切斯、马塞洛·

费尔南德斯(当时叫索伊洛)、艾德·圣玛丽亚、戴维·萨尔瓦多和当天中午刚赶到的恩佐·因方特(布鲁尼奥)。会议气氛紧张，因为与会者必须对平原派领导层的所作所为作出评价，他们实际上直到这次会议前仍主管着“七·二六运动”的事务。

会议作出决定，确立了菲德尔在“七·二六运动”内思想上的权威地位，承认了他不容置疑的声望。与会的大多数革命者更加确信，前期领导对形势作出了错误的判断，他们低估了敌人的力量，主观地高估了自己的力量，却没有采取必要的方法来释放部队的巨大能量。不过最重要的是，会议讨论并评价了自战争开始以来领导层中存在的分歧严重的两种思想。最终，游击战的思想从会议中胜出，菲德尔的地位和权威得到了加强，他被任命为所有武装力量，包括民兵组织在内的总司令——在此以前，民兵组织一直受平原派领导层指挥。菲德尔还被任命为“七·二六运动”的总书记。

会议在对过去每个人参与的行动进行评价时出现了激烈的争论。但是最激烈的一次争论莫过于与工人代表的那次，他们反对人民社会党参加斗争的组织工作。对于那场全国总罢工的分析证明，在罢工的筹备和实施阶段主观主义和鼓吹武装暴乱的观念盛行，以组织起来的工人基层支部的形式出现的工人组织似乎是在“七·二六运动”的掌控中，但是这一令对手畏惧的庞大组织在罢工一开始就陷入四分五裂之中。工人领导人的冒险主义政策在无情的现实面前失败了，但是，需要为这次失败承担责任的不仅是他们，我们认为，最应该承担责任的是工人代表戴维·萨尔瓦多、哈瓦那地区的负责人福斯蒂诺·佩雷斯以及平原派民兵组织的领导人雷涅·拉莫斯·拉图尔。

戴维的错误是坚持并实施他的宗派罢工的观点，强迫其他革命运动效法我们。福斯蒂诺的失败归咎于他考虑问题缺乏全面的判断力，认为动用自己的民兵就能攻占首都，而没有仔细考察自己阵营内的反对势力。丹尼尔同样由于缺乏远见受到了批评，不过他是在平原民兵组织上犯了错误。虽然平原民兵是作为与我们类似的一支部队组建起来的，但是，却没有像我们一样进行严格的军训，没有士气，没有经过战争的严格挑选。

山区派和平原派之间的分歧是确实存在的。考虑到山区派的代表在游击斗争的进程中日趋成熟，而平原派的战士还略显幼稚，所以产生这种分歧有一定的客观基础。但是，还有一个非同寻常的重要因素，可以称其为职业性危害吧。平原派的同志必须长期在他们自己的环境中工作，天长日久他们就习惯于把在那种条件下的工作方法视为完美无缺，视为运动唯一可行的方法。而且，按照常理，他们自然就会认为平原派的斗争相对说来比山区派的斗争更重要。

在与独裁政权力量的对抗中遭受多次挫折以后，现在形成了唯一能胜任的领导力量，即山区派的领导层，具体来说，现在诞生了我们唯一的领袖和总司令：菲德尔·卡斯特罗。经过一场透彻而激烈的讨论后，大会最终决定解除福斯蒂诺·佩雷斯的职务，接任其职的是德利奥·戈麦斯·奥乔亚；解除戴维·萨尔瓦多的职务，接任其职的是尼科·托雷斯。这一最终的领导人的变更并不意味着在斗争观念上有了实质性的进展。因为，当会议提出所有工人阶级的力量必须团结起来，为下一次由马埃斯特腊山区发动的革命总罢工作好准备时，尼科表示他愿意服从决议与“斯大林主义者”共同工作，但是他说，现在这种做法不会取得什么积极进展。他使用这一措辞实际就是指人民社会党的同志。由于菲德尔直接担任了平原派民兵组织总司令一职，丹尼尔职务的变动并没有任命别人接替。

会议同时还决定派艾德·圣玛丽亚赴迈阿密担任“七·二六运动”特别代表，并委任她为海外流亡团体的司库。在政治领域，“七·二六运动”全国委员会机构将转移至马埃斯特腊山区，菲德尔将担任总书记。成立了五人组成的书记处，财经事务、政治事务和工人事务各由一人专管。现在我已记不清究竟指派谁担任这几项职务了。但是任何有关军火运输、军火决策和国际关系等工作从那时起都归总书记负责。三名被解职的同志将回到马埃斯特腊山区，戴维·萨尔瓦多将担任工人代表，福斯蒂诺和丹尼尔将被任命为少校。在随后即将爆发的政府军最后一次大规模进犯中，丹尼尔率领的纵队积极参战。在一次袭击撤退中的敌军时，他身先士卒，壮烈牺牲。他的革命的一生为他赢得了烈士精英的一席之地。

福斯蒂诺主动要求并得到授权重回哈瓦那，处理“七·二六运动”的一部分事务并移交领导权，随后重新回到马埃斯特腊山区参加斗争。直到战争结束他都在菲德尔·卡斯特罗指挥的“何塞·马蒂”第一纵队里战斗。尽管历史一定会对历史事件作出实事求是的判断，但是，必须明确指出，尽管福斯蒂诺同志在运动内部曾一度是我们的对立面，我们仍然对他持有极高的评价。我们始终认为他是一名坦诚的无懈可击的同志，一名英勇无比的战士。在他点火焚烧从迈阿密给我们运送武器来的飞机时，我见证了他大无畏的精神。那架飞机不幸被敌机发现并在敌机的炮火中受损，飞机的油箱被击中，汽油顺着枪眼不住地往外流。为了避免整机的军火落入敌人手中，他冒着敌人密集的机枪炮火，执行了烧毁飞机的任务。他的全部经历彰显了他的革命品质。

会议还作出了其他一些决定，运动内部两派关系中的一系列含糊不清的问题都得到了澄清。我们听取了马塞洛·费尔南德斯所作的关于城市运动组织工作的报告，会议还指定他为运动的基层组织再作一次报告，详细说明全国委员会会议的各项成果和决议。我们还听取了关于组织全民抵抗运动的报告，报告论述了抵抗运动的形成、工作方法、人员构成以及如何发展和壮大等方面的问题。

布赫就海外流亡委员会的工作作了报告，报告指出了马里奥·列雷纳的消极立场以及他和乌鲁蒂亚闹对立的情况。会议决定正式批准乌鲁蒂亚作为我们运动的总统候选人，将列雷纳当时作为海外流亡界唯一的专职干部所领取的薪俸转发给乌鲁蒂亚。此外，会议还作出决定，如果列雷纳继续从中干扰，他将被解除海外流亡委员会主席的职务。海外流亡运动中存在着许多问题，例如，在纽约，阿纳尔多·巴龙、安赫尔·佩雷斯·比德尔和巴勃罗·迪亚斯领导的各组织，工作互不通气，还时有冲突互拆台脚。会议作出表决，由菲德尔致信海外流亡者和流亡组织，确认“七·二六运动”海外流亡委员会为其唯一的官方机构。

会议分析了支持当时以沃尔夫冈·拉腊萨瓦尔为首的委内瑞拉政府的各种可能性。他曾许诺支持我们的运动，他也确实履行了诺言。我们对他唯一的不满就是，他除了运送给我们一飞机的武器外，还给我们送来了“尊敬的”曼努埃尔·乌鲁蒂亚。但实际上作出这一糟糕选择的恰恰是我们自己。

会议还就其他问题达成了一致的意见。除了艾德·圣玛丽亚将被派往迈阿密外，路易斯·布赫将带着有关乌鲁蒂亚问题的明确指示赴委内瑞拉的加拉加斯。卡洛斯·弗兰奎奉命前往马埃斯特腊山区担任起义军电台的领导职务。联络工作将通过委内瑞拉用无线电传送，使用的是路易斯·布赫编制的密码，此密码一直有效使用到战争结束。

从会议作出的各种决议可以看出，这次会议意义重大。运动内部的各种具体问题最终都得到了澄清。首先，菲德尔将以所有武装力量的总司令和“七·二六运动”的总书记的双重身份从军事上和政治上领导这场战争。斗争将遵循山区派的路线，坚持直接的武装斗争，把武装斗争扩展到其他地区，以此夺取全国政权。我们抛弃了在时机尚未成熟、不足以爆发总罢工的情况下，在没有为大规模的行动做好充分准备工作的情况下发动总罢工的种种天真的幻想。

此外，领导机构将设在马埃斯特腊山区，这从客观上解决了在做决策时遇到的菲德尔无法行使已赢得的权力的实际问题。实际上，这只不过是表达了一个现实：山区派战士在政治上处于主导地位，这是他们正确立场和对各种重大事件正确诠释的结果。会议证实了我们前期的怀疑是正确的，当时我们认为，如果运动的武装力量按照四月九日前的一次会议上制定的方式发动革命总罢工的话，那么就可能招致失败。

一些十分重要的工作仍有待去完成。首先要抗击迫在眉睫的敌人的进犯，因为敌军正在实施对革命的主要堡垒——菲德尔领导的第一纵队指挥哨所——的军事包围。随后的任务是进军平原地区，占领各重要省份。最后，摧毁独裁政权的整个军政机构。全面完成这些工作将需要七个月的时间。

最紧迫的工作是加强马埃斯特腊山区的前沿阵地，确保这座小型的革命堡垒能继续和古巴人民保持交往，在人民中播撒革命的种子。和国际上保持交往也很重要。几天前，我目睹了菲德尔和胡斯托·卡里略的一次广播对话。胡斯托·卡里略代表蒙特克里斯蒂组织，该组织成员是包括诸如他本人和拉蒙·巴尔金[1]之流的帝国主义代言人在内的一伙野心勃勃的无耻之徒。胡斯托答应向我们提供的都是一些无法兑现的东西，但是，他要求菲德尔公开宣布支持“纯粹”军人集团。菲德尔回应说，尽管这不是不可能的事，但是，要让我们的运动理解这种要求很有难度。我们的人民正惨遭军人的杀害，这些军人现在又都混杂在一起，我们怎么能区别良莠？总之，菲德尔并没有公开宣布支持“纯粹”军人集团。我好像记得，菲德尔还和列雷纳和乌鲁蒂亚进行了交谈，力图号召大家团结起来，避免这种由不同人士形成的脆弱组合(《加拉加斯协议》)出现破裂。虽然各方都想根据《加拉加斯协议》，利用武装运动的力量，争取各自的利益，但是，他们也都表现出我们对国际承认的渴望，因此，我们不得不谨慎从事。

会议闭幕后，与会者各自回到自己的岗位。我的任务是视察各个地区，用我们微弱的力量努力建立起防御战线，阻止敌军的进犯。真正强大的抗战将从加拉加斯山峰到拉博特亚地带或拉梅萨地带的大部分山区开始，加拉加斯山峰驻扎着克雷森西奥·佩雷斯的小型的、装备较差的武装部队，而后两个地区则分布着拉米罗·巴尔德斯的

[1] Ramón Barquín(1914—2008)，一九三三年加入古巴军队，一九四一年毕业于古巴军事学院时领中尉军衔，后逐渐晋升至上校。

部队。

几天以后，巴蒂斯塔政府军发动了他的“大围剿”攻势，我们必须用不到两百支的有效的步枪来捍卫这块小小的领土。

政府军的最后进犯和圣克拉拉战役

一九五八年四月九日的全国总罢工是一次惨重的失败，因为它丝毫没有危及巴蒂斯塔政权的稳定统治。而且，在那个悲惨的日子以后，政府重新部署军事力量，逐渐把兵力调往奥连特省，将它们的杀戮扩展到马埃斯特腊山区。越来越多的抵抗斗争不得不退缩到马埃斯特腊山区内进行，政府部署在我们阵地前沿的兵力不断增加，最后达到一万人，并于五月二十五日向我们的前沿阵地拉斯梅塞德斯镇发起了进攻。

拉斯梅塞德斯的战斗充分证明了巴蒂斯塔政府军缺乏战斗力的弱点，同时也显露出我方人力物力匮乏的短处：我们只有两百支能使用的步枪，要抗击由各式武器装备起来的一万多敌人士兵——这是多么悬殊的一个劣势！我们的部队英勇地战斗了两天，一个战士要对抗十到十五个敌人，而且要对付敌人迫击炮、坦克和飞机的狂轰滥炸。最后，这支小部队被迫放弃了这座城镇。这次抵抗由安赫尔·贝尔德西亚上尉指挥，一个月后，他在一次战斗中英勇牺牲。

在那之前菲德尔·卡斯特罗收到了卖国贼的一封信。欧洛希奥·坎蒂略[1]俨然一副摇唇鼓舌的政治骗子嘴脸，竟以敌方作战部长的身份对起义军领导人写信，信中说，进攻无论如何是不可避免的了，不过，“男子汉”（菲德尔）还是应该小心保重、静待最后结果为好。实际上，敌人的进攻是按照其自身的规律发展的。经过两个半月的艰苦激战，敌人伤亡加上俘虏和逃兵一共损失超过一千人。还给我们丢下了六百件武器，包括一辆坦克，十二门迫击炮，十二挺带三脚支架的重机枪，两百多支冲锋枪和无数自动武器。另外，我们还缴获大量弹药和各种各样的装备。战争结束后我们将抓获的四百五十名俘虏全部移交给了红十字会。

巴蒂斯塔政府军在对马埃斯特腊山区进行最后一次围剿中，精锐部队遭到重创，元气大伤。但是，他们还没有被打垮。我们的斗争还在继续。就在那时我们制定了最后的战略部署：向三个方向发起进攻：一是攻打一直处在被我们灵活包围中的古巴圣地亚哥；二是攻打拉斯比利亚斯，我将前去执行此任务；三是攻打古巴岛屿另一端的比

[1] Eulogio Cantillo，时任巴蒂斯塔政府野战军司令，国家东部地区所有驻军的司令。

那尔德里奥，此任务由第二纵队的少校司令卡米洛·西恩富戈斯率领他的“安东尼奥·马塞奥”纵队去完成。第二纵队这样命名是为了纪念这位伟大的领袖一八九五年的具有历史意义的向全国的军事挺进，他以史诗般的军事行动横扫全古巴，最后抵达曼图亚。由于战争的迫切需要，卡米洛·西恩富戈斯继续留在拉斯比利亚斯，所以他无法去完成上述任务。[1]

一旦进犯马埃斯特腊山区的敌军各团被歼灭，前线形势也不那么吃紧了，部队力量增强了，士气也提高了，我们便决定开始向中心省份拉斯比利亚斯进发。我领受的命令明确规定了我们的主要战略任务：要有计划有步骤地切断岛屿两端之间的通讯联系；必须和所有可能在这个地区深山里活动的各政治派别建立联系；授予我对归属我管辖区域实行军事化管理的广泛权力。

带着这些指示，我们准备于一九五八年八月三十日乘卡车出发，估计行程四天。谁知一件出人意料的事情打乱了我们的计划。那天晚上一辆轻型卡车马上就要赶到，为我们送来军服和汽油，因为我们的卡车一切准备完毕就缺汽油。在靠近公路的一个简易机场，一架飞机还运来了军火。但是，尽管天很黑，飞机降落时还是被敌人发现了。就这样，从晚上八点到次日凌晨五点这个简易机场就不断

[1] 菲德尔·卡斯特罗随后进行了战略调整，命令卡米洛留在拉斯比利亚斯，加强切·格瓦拉在那一地区的军事和政治行动。

地遭到敌人轰炸。在这个节骨眼上，为了不让飞机落入敌人手中，也为了防止敌人白天继续轰炸，酿成更不堪设想的后果，我们就自己放火把飞机烧毁了。敌人调动部队火速向简易机场推进，截获了那辆运送汽油的轻型卡车，我们就只能靠双脚步行了。

所以，我们就是在这样的情况下于八月三十一日开始了行军，既没有卡车，也没有马匹，希望能在穿过曼萨尼略至巴亚莫的公路时发现一些代步工具。其实，穿过公路的时候，我们就发现了卡车。不料九月一日那天，我们又遇上了猛烈的飓风，这一下除了那条中央公路——古巴国内这一地区唯一的一条柏油铺就的公路——以外，其他所有的路都无法通车，我们只得放弃用车辆运送兵力的计划。从那时起，我们只能靠马匹和双脚了。我们背着大量弹药，扛着带有四十发火箭弹的反坦克火箭筒，还带着长途行军和快速安营扎寨所需的一切辎重。

几天过去了，即使我们还没有离开友好的奥连特地区，行军也变得很艰难了：我们要泅渡水位急速上涨的大河和水面已如河流般的小溪；要想尽办法不让武器、弹药和炮弹受潮；要寻找新的马匹，替换原有那些已经精疲力尽的马匹；由于离开了东部的省份，我们还要尽量避开有人居住的地区。

我们在洪水泛滥难以行走的地带行军，成群成群的蚊子嗡嗡地围着我们叮咬，即使在休息时间也不得安宁，痛苦难熬。能充饥的东西又少又难以下咽，口渴就喝沼泽地里的小河里的水，或者干脆捧起沼泽地里的水就喝。行军的距离一天比一天长，行军的强度恐怖极了。离开营地一星期后，我们终于渡过奥连特省和卡马圭省的界河——霍瓦沃河，这时部队的实力已大大削弱。这条河和我们先前渡过的以及以后将要横渡的河流一样，河水漫过了河岸。我们还确实感受到没有鞋穿对部队的影响太大，许多战士都是赤脚穿过卡马圭省南部的淤泥地带的。

九月九日夜里，快要到一个叫拉费德勒尔的地方时，我们的先头部队陷入了敌人的埋伏圈，两位担任重要职务的同志牺牲了。但是，最不幸的是，我们被敌人盯上了，从那时起，他们就不给我们一点喘息的机会。经过一阵短暂交火以后，那里为数不多的驻军缴械投降了，我们还抓住了四名俘虏。既然敌人空军已经知道了我们大致的行军路线，我们现在就得格外小心才行。一两天后，我们到了一个叫大拉古纳的地方，一起抵达的还有卡米洛的部队，他们的装备比我们强多了。那个地方蚊子多得出奇，没有蚊帐绝对无法休息，但是战士们并不是人人都有蚊帐。

那些日子我们就这样拖着疲惫的身子一脚水一脚泥地往前走，前后左右荒无人烟，一眼望不到边。我们饥渴难耐，双腿就像灌了铅一样沉得几乎迈不动步子，肩背的武器也变得死沉死沉。一路上一直与我们随行的是卡米洛的部队坐上卡车后给我们留下的精良的马匹，但是，快到马卡雷诺糖厂时，我们还是把马匹放弃了。本应给我们派来的向导没有来，我们只能还像过去那样继续自己冒险走。

我们的先头部队和敌人的警戒部队在一个叫夸特罗康帕涅罗斯的地方交上了火，一场苦战就这样开始了。当时天刚破晓，我们费了好大劲儿才在最大的一片林子里把大部分人员集合了起来。但是，敌军也正沿着林子边缘向我们逼近，所以，我们不得不经过一番激战才使落在后面的战士穿过铁路进入树林。结果我们的行踪被敌机发现了，B－26轰炸机、C－47型飞机、大型C－3侦察机和轻型飞机便开始轮番轰炸不到两百米宽的一块区域，有一个战士在轰炸中牺牲。最后，我们带着几个伤员撤退了。伤员中包括席尔瓦上尉，在随后向西挺进的整个战争阶段，他就是一直拖着这伤残的肩膀挺过来的。

第二天情况就好些了，因为掉队的战士终于赶上来了。除了奉命加入卡米洛纵队的十名战士(他们要随卡米洛的纵队前往拉斯比利亚斯省的北部前线的亚瓜哈伊)外，总算把整个部队集合齐了，

尽管困难重重，但是我们始终得到了农民的大力支援。不管到哪里总有人给我们当向导，有人给我们送吃的，没有吃的我们根本无法坚持下来。当然，这种支援并不像我们在奥连特省享有的那种全民一致的支援，但不管怎么说，总有人来帮助我们。有时候我们刚经过一个农场也有人向敌人告发，但是这并不是因为农民直接和我们对抗，而是因为他们为生活条件所迫沦为了农场主的奴隶。他们害怕失去生计，只好向他们的主子报告我们路过的消息。他们的主子便忙不迭地向军事当局通报情况，献起殷

勤来了。

一天下午，我们在一起收听战地广播节目中播送的弗朗西斯科·塔韦尼利亚·多尔斯将军的一份报告，他带着一种典型的暴徒式的狂妄傲慢口吻宣布切·格瓦拉的窝巢已经被彻底捣毁，还煞有介事地提供了死伤人数及姓名等各种大量细节——依据的是几天前我们和敌军的那次灾难性的遭遇后他们截获的我们背包里的资料，再混杂着敌军高级指挥部编造的假信息。我们纵队被消灭的消息让战士们笑得前仰后合，乐不可支，但是，悲观情绪也开始渐渐地笼罩他们心头。饥渴、疲惫和对敌人无能为力的情绪一起向我们袭来。更有甚者，一种被农民称作马腿瘤的足疾使我们寸步难行，每走一步都要经受难以忍受的痛苦的折磨，整个军队被笼罩在悲观的阴影之中。要想再往前走可以说很困难，甚至非常困难了。游击队员的体力一天比一天差，而且每天的伙食也根本无法帮助我们减轻痛苦，今天还能凑合吃上两口，明天又得饿一天，后天的食品还没个着落。

我们在巴拉瓜糖厂附近被围困在一片沼泽地里的那几天是最难熬的了。在那片死亡之地里，没有一滴饮用水，头上不断有敌机轰炸扫射，部队没有一匹马能把走不动的战士驮着送出这片凄凉荒芜的沼泽地，脚上的鞋子在这盐碱的泥浆水中来回跋涉早就报废了，沼泽地里的荆棘乱草把我们裸露的双脚扎得伤痕累累。当我们艰难地突破敌人在巴拉瓜的包围圈，抵达著名的胡卡罗-莫龙林间小道——唤起人们历史回忆的战场，独立战争期间古巴的爱国者就是在这里同西班牙殖民主义者进行了一场殊死的鏖战——时，我们的处境真是要让人绝望了。

我们甚至连一点恢复体力的时间都没有，不是刚下了一场瓢泼大雨，就是遭遇了其他恶劣的天气，要不就是遭到敌人袭击，或者有情报说附近有敌人出现，这一切都迫使我们不得不继续行军。部队越来越疲劳，情绪也越来越低落。然而，当局势紧张得一触即发时，当只能靠辱骂、请求和训斥才能使这些疲惫的战士拖着身子继续往前走时，远处出现的一幅景象却让战士们个个喜形于色，使他们焕发出一种新的活力。那是西边天际中的一缕蓝色的光纹，战士们第一次看到的拉斯比利亚斯山脉泛出的一缕蓝光。从那一时刻起，同样的艰难困苦变得更能承受了，似乎什么都变得更加轻而易举了。面对流经卡马圭和拉斯比利亚斯两省边界的胡卡罗河，战士们一个个泅水而过，很快就突破了这最后一道天然的包围圈。一缕新的曙光似乎让我们满脸的阴霾一扫而光。

两天以后，我们安全抵达特立尼达-圣斯皮里图斯山脉的中心地带，随时准备启动第二阶段的战争。休息两天后，我们不得不立即出发，准备去制止定于十一月三日进行的大选。十月十六日我们抵达拉斯比利亚斯山。时间紧任务重。卡米洛的部队正在北部地区展开攻势，引起独裁政府军内一片恐慌。

这是我们第一次来到埃斯坎布雷山区，刚一抵达我们的任务就非常明确：必须不断地骚扰独裁政权的军事机构，首先是干扰其军事机构的信息通讯。当务之急是不让他们的大选顺利进行。但是实现这一目标谈何容易，首先是时间太仓促，其次是武装部队内部意见不统一，最终导致内部争吵失和，使我们付出了高昂的代价，包括生命的代价。

根据安排我们要攻打毗邻的几个城镇，阻止敌人的选举活动。我们制订了周密的计划，要对全岛富庶的中部平原上的卡瓦伊古安、福门托和圣斯皮里图斯几个城市同时发起攻击，破坏选举。在此期间，山区中驻扎在吉尼亚-德米兰达的小股驻军缴械投降了。后来我们又袭击了巴内奥兵营，但是战果有限。十一月三日大选前的那几天里，部队频频出击，军事活动十分活跃。驻守在各地的纵队的战士都组织动员起来，差不多完全阻止了当地选民到投票站参加选举。在该省北部的卡米洛·西恩富戈斯的部队使这场选举闹剧陷入了瘫痪。基本上可以说，从巴蒂斯塔政府军的兵力调动一直到商务运输，一切都陷入了停顿状态。

实际上，奥连特省根本没有人参加选举，卡马圭省参加选举人数的比例要稍高一些。不管怎么样，西部地区出现大量弃权票已成定局。拉斯比利亚斯省出现的大量弃权现象是投票人的自发行为，因为在此之前游击队已没有时间动员民众采取这种消极抵抗的方式。

在奥连特省，第一、第二阵线相继投入了战斗，“安东尼奥·吉特拉斯”[1]第九纵队也持续地向省会城市圣地亚哥施加压力。奥连特省除了几座城镇依然归政府掌控外，其他都落入了游击队手中。

由于我们不断加强对通讯系统的袭击，敌军在拉斯比利亚斯省的形势也变得异常严峻。一抵达那里我们就完全改变了城市的斗争策略，城里的骨干民兵都迅速被送往训练营接受在城市搞破坏活动的训练，收到了明显的效果。

一九五八年的十一月和十二月期间，我们逐步关闭了不少交通要道。席尔瓦上尉完全封锁了特立尼达通往圣斯皮里图斯的公路。当图伊尼库河上的大桥被炸后，尽管还没有彻底坍塌，但是全岛的中央公路就遭到严重的破坏。那条中央铁路线也有好几处受阻无法通车，南线被第二阵线切断，北线被卡米洛·西恩富戈斯的部队关闭。古巴全岛被割断成两部分。奥连特省这一最动乱的地区只能从空中和海上得到政府的援助，甚至连这些援助也越来越靠不住。越来越多的迹象表明独裁政府瓦解在即。

在埃斯坎布雷山区开展加强革命团结的运动已经刻不容缓，因为在那里进行游击活动的有埃洛伊·古铁雷斯·梅诺约少校(埃斯坎布雷全国第二阵线)领导的一个组织，革命指导委员会福雷·乔蒙少校和罗兰多·库韦拉少校领导的一个组织，真正组织领导的一个较小的组织，人民社

---

[1] Antonio Guiteras(1906—1935)，一九三三年推翻马查多独裁统治的革命的领导人之一，一九三四年一月巴蒂斯塔发动政变后对革命者进行了残酷镇压，吉特拉斯于一九三五年五月八日遇害。

会党由费利克斯·托雷斯领导的一个组织以及我们“七·二六运动”。换句话说，在同一省份打游击的有隶属于不同领导的五个不同的组织。我和这些组织的领导人经过深入细致的会谈后，达成了一系列协议，接着就可以大致上组成一个统一阵线了。

从十二月十六日起，我们开始有计划有步骤地阻断各种桥梁，切断各种通讯系统，这就使独裁政府很难守住他们的前沿阵地，甚至连中央公路附近的阵地也很难防守了。那天一早，中央公路横跨法尔孔河的大桥被我们摧毁后，哈瓦那和拉斯比利亚斯省省会圣克拉拉以东的多个城市之间的通讯实际上也被切断了。还有不少城镇——最南端的是福门托——也处在我们部队的围困之中。驻守福门托的指挥官多少还算有些战斗力，顽强防守了好几天。尽管敌人空军部队对起义军狂轰滥炸，但是，独裁政府陆军部队士气低落，还是无法通过陆地前去增援福门托的驻军。福门托的守军知道再抵抗下去也无济于事，便缴械投降了。一百多支步枪落入了自由武装力量的手中。

我们没有给敌人任何喘息的机会，决定立即破坏中央公路，使它陷入瘫痪。十二月二十一日，我们同时向这条公路边上的卡瓦伊古安和瓜约斯发起攻击。几小时后瓜约斯的驻军就投降了。在随后的几天里，卡瓦伊古安的九十名士兵也投降了。（只要敌人士兵离开解放区就能获释，在此政治基础上我们和敌人驻军就他们的投降事宜进行了协商。他们以这种方式获得了机会，交出了武器，拯救了他们自己。)卡瓦伊古安驻军投降一事再次证明了独裁政府军毫无战斗力，因为他们从来也不派遣陆军部队去增援被围困的部队。

在北部的拉斯比利亚斯地区，卡米洛·西恩富戈斯率领的部队正在围攻好几个城镇，他们在围困独裁政府军的最后堡垒亚瓜哈伊的同时，一气攻下了其他城镇。守卫亚瓜哈伊的是一个有中国血统的上尉军官，他顽强抵抗了十一天，硬是把革命部队牵制在那里无法动弹。在此期间，我们的纵队已经沿着中央公路向省会城市圣克拉拉挺进了。

卡瓦伊古安被攻陷以后，我们与革命指导委员会的武装部队积极合作，开始联合攻打普拉塞塔斯，只经过一天的战斗，敌人的驻军就投降了。拿下普拉塞塔斯后，我们紧接着又解放了北部海岸的雷梅迪奥斯和重要的海港城市凯瓦连。独裁政权的前景变得十分黯淡，因为我们除了在奥连特省不断取得胜利外，埃斯坎布雷全国第二阵线还击溃了该地区不少小股驻军，卡米洛·西恩富戈斯也控制了北部地区。

当敌人毫无抵抗地从卡马华尼溃逃时，我们就已经准备发动对拉斯比利亚斯省省会的最后进攻了。(圣克拉拉是古巴岛屿中部平原的中枢，有人口十五万，是全国铁路系统和通讯系统的中心。)省会四周是光秃秃的小山，这些小山先前还被独裁政府军占领着。

由于我们之前连续攻下了敌人好几个阵地，缴获了一些重型武器（不过没有弹药），到了向圣克拉拉发起进攻的时候，我们部队的武器数量已大大增加。我们还有了一个反坦克火箭筒，可惜没有火箭弹，而我们必须对付大约十辆敌人的坦克。我们也知道，要想最大地发挥我军的战斗力，就必须深入城中人口密集的街区，这样敌人坦克的威力就会大大减小。

在革命指导委员会的部队攻打乡村警卫队的第三十一号驻地的同时，我们开始包围圣克拉拉四周几乎所有的工事坚固的阵地。不过，我们重点是攻打驻扎在卡马华尼公路入口处的装甲列车卫队，他们凭借精良的武器，顽强地死守着他们的阵地。

十二月二十九日，战斗打响了。一开始，我们的作战司令部设在一所大学里。后来，我们又把司令部挪到了靠近市中心的地方。我们的战士与有坦克装甲部队配合的敌军发生了激战，把他们打得四处逃散。不过，许多战士在英勇奋战中付出了生命的代价，临时修建的墓地里到处安葬着牺牲的战士，临时搭建的医院也挤满了伤员。

我想起一件事，它突出反映了我们的战士在战争胜利前的最后几天里的精神面貌。有一位同志因为别人在打仗他却在一边打瞌睡而受到我严厉斥责。他对我说，他睡觉是因为不小心枪支走火，他被解除了武装。我像惯常那样冷冰冰地说："武器没了就不能上前线去了？有种自己再到前线去搞一支枪回来！"后来，我在圣克拉拉的桑格雷医院里对受伤的战士发表讲话时，一位奄奄一息的战士轻轻地碰了一下我的手说："不记得啦，少校司令？在雷梅迪奥斯的时候，你让我去找回武器……你看，我找回来了！"他就是那位不小心枪走了火的战士。几分钟后，他就离开了我们。我想，当他闭上眼睛时，他一定很知足，没有什么遗憾，因为他证明了自己是个无畏无惧的人。这就是我们的起义军。

十二月三十日一整天，在卡皮罗山里我们的进攻和敌人的抵抗一直处于胶着状态。与此同时，我们在城里一步步攻下了好几个地方。这时候，圣克拉拉市中心和装甲列车之间的通讯已被切断。装甲列车里的敌军看到自己被孤零零围困在卡皮罗山中，企图带着车皮里所有的重要物资借着铁路线的优势逃窜。当装甲车开到一条事先已被我们破坏的铁路岔道时，只听轰隆一声巨响，机车和车厢统统出轨翻车。一场十分有意思的战斗即刻打响。我们仅用瓶装汽油弹就迫使敌人乖乖走出了装甲车。敌人虽然防护装备齐全，却只愿意远距离地躲在舒舒服服的阵地里和几乎是徒手的对手作战，这十足就是当年殖民主义者对付北美西部印第安人的作战方式。我们的战士从附近的阵地上和紧连着的车厢上频频向敌人的装甲车投掷燃烧弹，原先厚厚的装甲防护板现在反倒让装甲车变成了一个名副其实的大烤箱。几小时后，所有敌人，连同现场的一切都成了我们的战利品，其中有二十二节装甲车厢和他们的高射机枪、同一型号的机枪以及数量惊人的弹药（当然，所谓数量惊人是和我们少得可怜的弹药相对而言）。

我们攻占了发电站，控制了城市的整个西北部。通过广播电台我以拉斯比利亚斯武装部队总司令的名义宣布，圣克拉拉几乎全部在革命部队的掌控之中了。我还以十分沉痛的心情向古巴人民宣布了罗伯托·罗德里格斯上尉为国捐躯的消息。这位身材矮小年纪轻轻的“敢死队”队长“小巴克”在战场上一次又一次出生入死，为自由而战。“敢死队”堪称是革命士气的典范，唯有志愿者中的精英分子才能加入“敢死队”。但是，每当有“敢死队”队员牺牲——这是每场战斗都会发生的事——需要补充新队员时，没有被选上的人总是悲痛欲绝，甚至号啕大哭。在他们因不幸失去机会、无法走上战斗和献身的第一线而流出的绝望的眼泪中，我们看到的是这些久经磨练坚强卓越的战士表现出的朝气蓬勃的精神，这在平常人看来简直不可思议。

随后，警察局被我们攻陷，敌人拱手交出了他们用于防守的坦克。紧接着第三十一号兵营的驻军也向库韦拉少校缴械投降。与此同时，驻扎在监狱、法院大楼、省政府大楼和格兰大酒店的驻军也纷纷向我武装部队投降。盘踞在格兰大酒店十楼的狙击手一直不停地向我们射击，几乎顽强抵抗到战斗结束。

当时只有盘踞在古巴中部最大的军事要塞——莱昂西奥比达尔的驻军还没有投降。但是，到一九五九年一月一日已经有越来越多的迹象表明那里的守军已经毫无战斗力了。那天早晨，我们派安东尼奥·努涅斯·希门尼斯上尉和阿方索·罗德里格斯·德拉维加上尉前往守军驻地商讨他们的投降事宜。

铺天盖地而来的是各种传闻，有的矛盾百出，有的又出人意料。据说，巴蒂斯塔在那天仓皇出逃，使武装部队司令部陷入一片混乱。我们的两名代表通过无线和欧洛希奥·坎蒂略将军进行了接触，通知他主动投降。但是，他表示无法接受这一要求，认为这等于是一种最后通牒。他还说他正是根据菲德尔·卡斯特罗领袖的指示才接管了军队的指挥权。我们立即和菲德尔取得联系，通知他这一情况，还告诉他我们认为坎蒂略态度奸诈，不可信任。菲德尔完全同意我们的观点。（在这一关键时刻，坎蒂略放行让巴蒂斯塔政府所有的主要官员逃离古巴[1]。鉴于他是一直和我们联络的敌方官员，他的这种态度就更让人寒心了。我们过去一直很信任他，认为他是一个光明正大的军人。）

随后局势的发展众所周知：卡斯特罗拒绝承认坎蒂略的权威；菲德尔下令向哈瓦那进军；巴尔金上校从派恩斯岛监狱获释后接管了政府军的指挥权；卡米洛·西恩富戈斯攻占了哥伦比亚兵营；我们的第八纵队攻占了拉卡瓦尼亚要塞；几天后，菲德尔·卡斯特罗就任临时政府的总理职务。所有这一切构成了这个国家当代政治历史的一

---

[1] 据一九五九年一月二日美国《纽约时报》报道，跟随巴蒂斯塔搭乘飞机和轮船逃离古巴前往美国和多米尼加的军政要员及其家属多达四百余人。

部分。

我们现在的角色绝不仅仅是受一个民族摆布的工具，我们是未获解放的美洲大陆的希望所在。所有的目光——不可一世的压迫者的目光和满怀希望的人民的目光——都注视着我们。拉丁美洲民族运动的发展很大程度上取决于我们今后采取的立场，取决于我们解决纷乱复杂问题的能力。我们采取的每一个步骤一直受到大债主们始终戒备的目光的关注，同时也受到我们拉丁美洲的兄弟姐妹们乐观的目光的关注。

站稳脚跟后，我们已经开始勤奋地工作，努力创造出第一批革命的成果。我们面临前所未有的困难。不过，如果说我们面临的主要问题与拉丁美洲其他所有国家面临的问题不同，与拥有几百平方公里、差不多占整个大陆的那块神奇的国土——幅员辽阔的巴西所面临的问题不同的话，那么古巴面临的主要问题到底是什么呢？是单一作物经济。在古巴，我们是甘蔗的奴隶，甘蔗是把我们牢牢束缚在北部大市场的一根脐带。我们必须在农业生产方面实行多种经营，促进工业发展，确保我们的矿物、农产品——以及在不久的将来——我们的工业产品通过我们自己的运输手段，进入最适合我们的市场。

古巴政府第一个重大的战役是土地改革，这场改革是彻底的、极具风险的，同时也是灵活的。它将摧毁古巴国内的大庄园，不过它不会摧毁古巴的生产方式。在未来的几年里，这一战役将从人民和政府中汲取巨大力量。土地将无偿还给农民，能证明自己是通过诚实手段获得土地的庄园主将以获得国家长期债券的方式得到补偿。不过，农民也会获得技术援助，国家保证为农产品提供市场。通过广义的国家发展观和伟大的土地改革战役，国家也将为工业生产提供资金，这样，在很短的时间内，年轻的古巴工业将有能力与资本主义高度发达的大国展开竞争。同时，随着土地改革后形成新的国内市场，随着新产品的销售逐渐满足日益发展的市场的需求，国内某些工业产品将需要出口，需要有足够的设备把这些产品输送到世界各地，这种设备就是海上运输舰队，已获批准的《海事发展法》已经对此作出了展望。

有了这些基本的手段，我们古巴人将开始为争取我们领土的完全解放而斗争。我们都知道，这并不是件轻而易举的事，但是，我们明白，古巴要成为拉丁美洲各国人民的榜样，决不能让他们失望，这是“七·二六运动”的重大的历史责任，是古巴革命的重大历史责任，总的来说，也是这个民族的重大历史责任。

我们这块不屈不挠的美洲大陆上的朋友可以相信，如果需要的话，我们将奋起斗争，不管会产生什么样的经济后果。如果战斗需要继续进行下去，我们将战斗到最后一滴血，把我们这块土地变成拥有独立主权的共和国，成为名副其实的幸福的、民主的、与拉丁美洲的兄弟姊妹亲如手足的国家。

附录

致菲德尔·卡斯特罗的信(关于向中西部挺进的汇报)

菲德尔：

我现在是在空旷的平原上给你写信，四周没有飞机，蚊子相对也很少。也没有吃饭，不过，这完全是因为行军的快节奏所致。现在我向你作一简单的汇报。

既然我们已无法驱车代步，因为马加丹把所有的汽油都劫走了，我们还担心在希瓦科阿会遭遇敌人伏击，所以我们就牵着四匹马于八月三十一日夜里出发了。我们平安无事地通过了这个地区，没有和敌人发生交火——敌人已经放弃了这一地区——但是，累得再往前走两三里格路的力气也没有了，便停下露宿在公路另一侧的一小片树丛里。我建议建立一个排，永久地驻扎在希瓦科阿，以便今后能从这一地区给部队运送补给。我们直到现在一直在严密监视着该地区。

九月一日，我们穿过公路时，搞到了三辆卡车，但这几辆车经常抛锚，故障率高得惊人。到了一个叫卡约雷东多的地方后，由于遇上了飓风，我们就在那里停留了一天。一支四十人的敌人部队曾向我们靠近，但是，他们没有开火就撤退了。在四辆拖拉机的帮助下，我们乘车前进。但是第二天(九月二日)没有了拖拉机就不行了，我们不得不丢弃这些机动车，继续牵着几匹马徒步而行。到了考托河河畔，因为河水猛涨，夜间无法过河。次日，我们费了八个小时才渡过了考托河。我们沿着事先计划的路线行军，那天晚上抵达“上校”阿尔卡迪奥·佩莱斯的家。虽然我们目前没有多少马匹，但是，一路上还能搞到更多的马匹，我打算到达指定的战区时，让每个战士都能骑上马。由于在糟糕的山间小道跋涉麻烦太多，所以，还无法精确计算出我们会耽误多长时间。

我会创建一个高效的情报传递系统，随时向你通报情况，向你报告我们沿途遇到的人员的情况。截至目前这一地区我只推荐两个人：一是佩潘·马加丹，此人尽管毛病不少，干起活来却很有一套，可以让他负责筹措给养和资金。另一个是康塞普西翁·里韦罗，从我看到的情况判断，他是个认真负责的人。

即此不叙。拥抱你——我们在此几乎还看不见的远方世界。

一九五八年九月三日

经过疲惫不堪的夜行军之后，我终于在卡马圭给你写信了。现在还不可能马上加快行军速度，平均每天只能走三到四里格的路。半数的战士有马骑了，不过没有马鞍子。卡米洛就在这一地区，我们正在这里的巴尔特斯水稻种植园等他，他还没有到。平原地区让人心旷神怡，没有那么多的蚊子，连一个敌人的影子还没有见到，敌人的飞机似乎都跟鸽子一样，也不来冒犯我们。还能勉强听到经过委内瑞拉转播的起义军广播电台的节目。

一切都表明敌人并不希望和我们交火，当然，我们也不希望和他们开战。我承认，尽管一支三十名战士组成的游击武装小分队就能在这一地区创造奇迹，彻底改变它，但是一想到要带领一百五十名没有经验的新战士撤退，还要穿过不熟悉的地区我就不寒而栗。路过此地，我为莱昂内罗的水稻农工的联合做了些基础性的工作，我还谈到了征税的问题，可是毫无成效。并不是因为我向庄园主让步了，而是因为征税的额度在我看来有些过高。我告诉他们这个问题还可以讨论，就留给下一个来该地区工作的人去解决吧。社交意识强的人在这一地区会创造奇迹，还有，这里大树很多，有利于隐蔽。

我还无法告诉你将来的行进路线计划，因为连我自己都不知道。这更多地取决于未来特定的环境和运气。眼下我们正等着能有几辆卡车，看看能否摆脱对马匹的依赖，马匹对安东尼奥·马塞奥的前飞行时代是最理想的，但是现在却很容易被飞机发现。如果不是因为这些马匹的话，我们白天行军就会平安无事了。

周围到处都是泥，都是水，所以，我必须让大家坚信我们是菲德尔主义的战士，这样，我们抵达时枪炮武器仍然能保持干燥，状态良好，这种精神的力量就像影片中一样让人惊讶。遇到各种各样的小河我们都必须游过去——够残酷的一项任务——但是，战士们表现都不错，尽管执行纪律惩罚班的战士的人数增长很快，有可能成为我们纵队最大的一个班了。如果可能的话，下一次报告将在卡马圭城内通过无线电波传给你。

即此不叙，再次亲切地拥抱马埃斯特腊山区的同志们，我们可能再也见不到马埃斯特腊山了。

一九五八年九月八日

凌晨一点五十分

经历了几次计划不周、混乱不堪的行军后，我现在仍然在卡马圭城中心给你写信。今天我们将在卡马圭城里穿越最危险的地区，或者说，穿越两个最危险的地区之一。卡米洛昨天夜里穿越过去了，技术方面有点儿麻烦，但是军事方面没有问题。

自从上次向您报告以来，我们遇到了一些倒霉的事情。由于没有向导，我们在拉费德勒尔的雷米希奥·费尔南德斯农场遭到了敌人的伏击，马科斯·博雷罗上尉在伏击中阵亡。最后我们还是制服了那八个敌人士兵，打死了三个，俘虏了四个，我们打算让这几个俘虏跟我们走，等有机会再把他们放了。还有一个家伙漏网跑了，他边跑边吹哨子求救，结果有六十名士兵赶来增援。我们听取了就在不远处的卡米洛的建议，几乎没怎么和他们交火就撤退了。不过，我们又折损了一名战士，他就是马埃斯特腊山区的战士达尔西奥·古铁雷斯。马克·赫尔曼腿部轻微受伤，恩里克·阿塞韦多双臂的伤势倒有点儿严重。就是这位阿塞韦多战场上表现抢眼，安赫尔·弗利亚斯上尉和“小巴克”罗伯托·罗德里格斯中尉也都表现很出色。

后来，敌人再次向我们扑来，我们仅派四名战士埋伏在那里，就袭击了敌人的一辆卡车，造成敌人至少两人伤亡。撤退到拉费德勒尔后我们又迅速转移，把小恩里克带走接受治疗了。第二天，敌人出动 B－26 轰炸机对我们进行低空轰炸。卡米洛较快地跟上来了，我下令去搞几辆卡车，现在我们正等着这几辆车。

这里不断出现一些不可思议的情况，这表明应该立即派一名有经验的“强硬”的领导过来。武装人员绝不要超过三十名，但不管怎么说这里什么必需的东西都能搞到。在纳博亚斯地区作战还是非常值得的，这里由于有弗朗西斯科糖厂的优势，大家求战的心气儿都很高。从圣贝阿特丽斯一直到圣克鲁斯终年植被茂盛，足够供这些战士享用了。他们应该效仿卡马圭的领导层的做法，同意吸纳一切人员。我们这里常常人满为患，应接不暇，不断有大批没有武器的人要求加入我们的队伍。我对一个神经错乱的家伙的情况进行了调查，实际上，他患有可怕的战争恐慌症。

还有许多其他问题想请教您，但是时间不允许了，我现在必须走了。据说，沿路发现了很多敌人士兵。但是，当这份报告到您手里时，您一定通过其他渠道早已掌握了这些情况。

一九五八年十二月十三日

晚九点三十分

革命之罪

革命是在特定的环境中爆发的一场彻底的加速的社会变革。革命往往事先无法作好充分的准备，革命进程中的种种具体情况并不都是能进行科学预测的。闹革命是出于激情，是人类在为争取社会变革的斗争中的一种即兴行为。因此，革命从来不是完美无瑕的。我们的革命也不例外，它犯过错误，有些错误让我们付出了惨痛的代价。今天，又一个类似的错误向我们表明，尽管它还没有造成什么不良后果，但是它仍然印证了两句颠扑不破的老话："同气相求，同恶相助"，"江山易改，本性难移"。

向中西部挺进的起义部队在行军中承受着巨大的痛苦，他们双脚都被毒菌感染，伤口开裂，血肉模糊，仅仅是靠着信念大家还在坚持。就这样艰难行军四十五天后来到埃斯坎布雷的山麓丘陵时，迎面却让一封出乎意料的信把我们拦住了。这封信由卡雷拉少校签署，信中说，我率领的起义军纵队如果不说明行动意图的话，不许进入埃斯坎布雷山区。上山之前，我必须停下来，解释自己的行为！我们不断遭敌人围剿，只有通过快速的运动才能摆脱敌人的围追堵截，但即使这样也必须在空旷的平原上停下，不准进山。这就是那封蛮横无理的长信的主要内容。

我们继续往前走，心中充满疑虑，又感到委屈，因为我们再也不能指望那些自称和我们患难与共的同志了，只能定下心来，解决问题，严格执行菲德尔·卡斯特罗总司令下达的命令。他毫不含糊地指示我们，要努力加强各派武装力量之间的团结。

我们抵达埃斯坎布雷后便在德尔奥维斯波峰附近建立了营地，从圣斯皮里图斯就能清楚地看到竖立在山峰上的十字架。建立了第一个营地后，我们立刻就去寻找那间应该储藏着游击队最宝贵的物资——鞋子——的房子。结果房子是找到了，鞋子却全部不翼而飞。原来，尽管这些鞋子都是“七·二六运动”以前筹集到的，却早已被埃斯坎布雷第二全国阵线的部队拿走了。一场风暴即将来临。不过，我们还是强压怒火，心平气和地向他们的一个上尉了解情况。他后来向我们透露，他曾经杀害了四个想离开第二阵线加入“七·二六运动”的战士。我们和卡雷拉少校举行了商讨，尽管讨论气氛不怎么友好，但并不十分火爆。讨论前他喝了半瓶烈酒，相当于他全天酒量的一半。他本人倒看不出几天前签署的那封长篇大论的信件中流露出的那种粗俗和咄咄逼人的样子，但是，在我们眼里他还是我们的敌人。

后来，我们又会见培尼亚少校，这是在该地区因偷窃农民的耕牛而臭名远扬的一位少校。他坚决不让我们攻打吉尼亚-德米兰达，因为这个村庄在他的地盘上。我们据理力争说这一地区属于全民，这一仗必须打，并告诉他我们有实战经验，武器数量多，质量又好。他听了以后只是翻来覆去地说，我们一个巴祖卡反坦克火箭筒的威力也就相当于二百支霰弹枪，二百支霰弹枪和一个火箭筒的效果是一样的。讨论到最后，他认为攻打吉尼亚-德米兰达的任务可以交给第二阵线去完成，就是不允许我们去攻打。当然，我们不理会他这一套，但是我们也明白，我们面对的是一伙危险的“盟友”。

我们在双方讨价还价期间经历的考验与磨炼实在太多不堪讲述，我们的忍耐力经受了极大的考验——菲德尔同志恰如其分地说过，我们忍受了本不该忍受的东西——最后，总算达成了一个“休战协议”。只要我们同意让他们来征税，他们就同意我们在属于埃斯坎布雷第二全国阵线控制的整个地区进行土地改革，征税——这就是他们的口号。

此事说来话长。在友好盟友革命指导委员会的支持下，经过不屈不挠的浴血奋战，我们占领了全国的主要大城市。革命指导委员会的成员虽然人数不多，经验少，但是他们在我们共同的事业中一直对我们鼎力相助。一月一日，革命指挥部要求圣克拉拉市内的所有部队统一由我指挥。埃斯坎布雷第二全国阵线通过其领导人古铁雷斯·梅诺约亲口宣布，他的部队立即听从我的指挥，其间没有出现任何麻烦。我们随后便命令他们原地等候我们，因为我们必须在第一个被攻克的大城市内安排好行政管理工作。

在那些日子里要想控制局面确实非常困难。没过多久，我们就获悉第二阵线已经随卡米洛·西恩富戈斯的部队以“胜利者”的姿态进入了哈瓦那。我们认为这很可能是他们为了扩大实力、抢占职位、发起挑衅而玩弄的伎俩。我们本来就知道他们是什么货色，现在一天一天地我们对他们更了解了。他们确实占据了在他们看来是最重要的一些战略职位。几天以后，我们就收到了卡普里大酒店开出的由弗莱塔斯签署的第一张一万五千美元的账单，这是少数几个酒店客人的餐饮费用。

到了封官行赏的时候，除了臭味相投的梅诺约和弗莱塔斯举荐的大量“优秀人才”对国家机关所有的职位都垂涎三尺外，几乎还有一百个上尉和大量的少校军官都渴望捞到轻松的国家机关的职位。这些职位的工资并非特别丰厚，但是都有一个共同的特点，都是革命前旧政权中的肥缺，如住房部门的巡视大员、税务员以及所有让他们贪婪的魔爪都能接触到金钱、进行权钱交易的职位——这些职位都是他们觊觎的目标。这些人都是我们不得不与其和平共处的起义军中的一部分。

其实从一开始起义军内部就出现了严重的分歧，有时还引发激烈的争论。但是，我们身上显而易见的良好的革命意识还是一直占了上风。为了团结我们一再忍让。我们坚持自己的原则，不允许队伍内部有偷盗行为，不把关键的职位让给那些我们认为可能会背叛我们事业的人。但是，我们也没有消灭他们。我们总是为了维护一个模糊的、不甚理解的团结至上的观念而体谅他们。这就是革命的罪孽。

这一同样的罪孽让我们给巴尔金、费利佩·帕索斯、泰特·卡苏索[1]之流以及国内外其他不劳而获者发放了丰厚的工资。革命不想与这些人发生冲突，想与他们达成一份默契，换来他们一份沉默，所以，这是他们从他们时刻准备背叛的政府那里领取的一份寄生性的工资。但是，敌人比人民拥有更多的金钱，也有更多行贿受贿的门路。说到底，对于弗莱塔斯和梅诺约之流，我们除了提供他们工作职位、自己作出牺牲外还能给他们什么呢？

他们这些人在革命斗争中没出一点力，却围在革命斗争的餐桌边蹭饭吃，他们在欺骗人民，在窥视着工作的机会，总想挤进政府中最有油水捞、最能煽动民众的部门。一切纯真的革命者都鄙视他们，然而我们还是鼓起勇气，让他们行使职责。他们是对我们革命者良心的一种侮辱，他们的出现不断向我们揭示了我们自己的罪孽——不管他们多么缺乏革命精神，不管他们多么可能背叛革命，也不管他们的精神懦弱、贪生怕死、贪污行窃、偷窃牲口等卑

---

[1] Teté Casuso，古巴作家，为争取自由民主而奋斗的著名知识分子。

劣的品质暴露得多么淋漓尽致，我们却一味表现出灵活和变通。

现在，我们的良心无须再深自悔恨了，因为这些人都一起离开了古巴，坐上小船由上帝把他们送往迈阿密了。感谢你们，第二阵线的“耕牛偷盗者们”。感谢你们让我们摆脱了这些拙劣的、自封的少校指挥官和这些丢人现眼的上尉，摆脱了这些对严酷的战斗一无所知、对抢占民房却了如指掌的英雄。感谢你们给我们上了一课，是你们教育了我们，革命的慷慨换不来良知，告诉了我们对任何人都必须严厉甚至苛求。感谢你们向我们证明，在错误、懦弱和背信弃义面前需要的是坚守不渝。感谢你们让我们奋起谴责并惩罚任何与最高革命理想背道而驰的邪恶势力，不管它们出现在哪里。

让第二阵线这个活生生的例子，让我们亲密的好朋友、前窃贼普里奥这个活生生的例子把我们拉回到现实中来吧！让我们敢于直言不讳，是窃贼就叫他窃贼吧，因为当初我们自己践行的是非严格意义上的所谓“革命策略”，当这位“前总统”称我们为“古巴的救星”时，我们还称这个窃贼为“前总统”，现在，他已经称我们是“卑鄙的共产党人”了。

窃贼就是窃贼，就是将来死了也仍然是窃贼——至少是一位高级别的窃贼。一个绝望无助的人在某些国家里必须去偷面包才不至于使自己的孩子饿死，这样的人并不是窃贼。而另一种人，为了替自己搞女人、搞毒品，为了花天酒地的生活，为了满足自己疯狂的卑劣天性而进行大肆盗窃——这样的人就是不折不扣的窃贼。

现在，他们都一起跑到了迈阿密那边去了。那些像费利佩·帕索斯之类折磨我们良心的人，他们拿真诚当金币出售，任凭“庄重”的机构胡乱花费；那些像鲁福·洛佩斯[1]和胡斯托·卡里略之类的人，他们跨出小小的一步，让自己顺应一下形势，为的是使自己将来走得更远一些；那些像何塞·米罗·卡多纳之类的永恒的乐观主义者；那些不可救药的窃贼，他们串通一气，合谋凶杀，对抗人民；那些“耕牛偷盗者”，他们干的那些“好事”就是针对埃斯坎布雷山区那些遭他们谋杀的农民大众，他们在农民中大肆散布恐怖情绪，连巴蒂斯塔政府军都会自愧弗如；现在，这些人都一股脑儿跑到了迈阿密那边去了。是他们时时在煎熬着我们的良心，提醒我们莫忘了自己的罪孽，这是今后决不能重犯的革命的罪孽，是我们必须吸取的严重教训。

革命行为是革命信念的一面镜子。一个人大言不惭地自称为革命者，但实际表现大相径庭，这样的人充其量只是骗子而已。让这伙可爱的一丘之貉——本图拉[2]和托

---

[1] Rufo López，古巴革命胜利后，卡斯特罗第一届政府内阁中的财政部长，曾陪同卡斯特罗出访美国。一年后辞职。

[2] José Ramón Machado Ventura，学生时代就投入反对巴蒂斯塔独裁政权的斗争。他是“七·二六运动”的早期成员，最早参与游击战争的古巴革命者。

尼·巴罗纳[1]之流的狗咬狗窝里斗的老手；普里奥和巴蒂斯塔之流；古铁雷斯·梅诺约和桑切斯·莫斯克拉之流；那些为满足眼下的淫望举起屠刀或以自由的名义举起屠刀的刽子手们；那些窃贼和满脸老实相的生意人；形形色色的机会主义分子；各色的总统候选人——都去相互拥抱吧！

你们给我们的教育太深刻了！感谢你们！

[1] Tony Varona(1908—1992)，古巴政客、律师。

利迪娅和克洛多米拉

我和利迪娅相见是在我刚参加革命活动大概六个月的时候，当时我刚担任第四纵队的少校司令，为了寻找给养，我们下山准备闪电袭击位于马埃斯特腊山脉山麓丘陵巴亚莫附近一个叫圣巴勃罗-德亚奥的小村庄。村里最前面一排的房子中有一间是面包房，四十五岁的利迪娅是这个面包房的老板之一，她的独生子是我们纵队的游击队员。她从一开始就满腔热情地投入革命运动，忠心耿耿，堪称楷模。

一想起她的名字，我心里油然而生的绝不仅仅是对这位完美无瑕的革命者的深深的感激之情，她确实对我表现出一种非同寻常的赤胆忠心，不管我调到哪个阵线，她都更愿意在我领导下工作。但更重要的是，利迪娅无数次充当我和“七·二六运动”的特别交通员，把最机密的文件，把我们纵队所有的战报以及我们每期出版的《自由古巴人报》送到圣地亚哥和哈瓦那；不管什么时候，只要我们需要，她就会为我们带来纸张、药品以及我们需要的任何物品。

利迪娅浑身是胆，勇气过人，弄得男性交通员都不愿意和她一起工作。我至今忘不了一位男性交通员对她半是敬佩半是抱怨的评价，他对我说："这个女人简直比安东尼奥·马塞奥还……我们所有人的性命都会毁在她手里。她干的事太不可思议，这种时候可不是闹着玩的。"然而，利迪娅照样一次又一次地穿越敌人的封锁线。

我调到拉斯韦加斯-德希瓦科阿的米纳斯-德尔弗里奥一带工作，她也跟着我来到这个地方。她曾在后备营地担任过好长一段时间的领导，作风泼辣甚至有点儿专横，现在一离开，那里男同志的不满情绪便一下子发泄出来了，因为他们不习惯让一个女同志对他们发号施令。她所在的营地在亚奥和巴亚莫之间的拉斯库埃瓦斯，是革命的最前沿阵地。我们想把她从那个指挥部里调出来，因为那里实在太危险。营地的准确位置被敌人发现后，战士们就经常遭到敌人的炮火袭击。我想把利迪娅从那里调出来，让她永远离开那里，她都不愿意走。直到我被调到一个新的阵线后，她才离开了那里，跟着我一块到了新的岗位。

说起利迪娅的轶事可真不少，从中颇能看出她的性格。我记得那是我们最优秀的一名战士盖林——当时还只是来自卡德纳斯的一个孩子——遇害的那一天。他当时驻守在利迪娅的前沿哨所里。利迪娅完成任务回来，发现敌人士兵正偷偷摸摸朝哨所前进，毫无疑问是有奸细告密了。她毫不犹豫地做出了反应，掏出那把0.32英寸口径的小左轮手枪就想朝空中射击报警。但随从的人出于好意及时地把她的枪按下，因为一开枪他们所有人的命都保不住。这时候，敌人士兵仍然向哨所前进，他们袭击了营地的哨兵盖林。吉列尔莫·盖林进行了勇敢的自卫，两次负伤。他知道万一落在这些暴徒手中他们是不会善待他的，于是便拔枪自杀。敌人冲到哨所前，放火把哨所夷为平地后才离开。

第二天，我见到了利迪娅。她表情凝重，对那位小战士的死深感绝望，还对阻止她开枪警告的人非常不满。她说："不拦我的话，敌人会把我打死，但是，那个孩子就得救了。我已经老了，可是他还不满二十岁呀!"以后，她一次又一次地谈起这件事。有的时候，在她始终不变的藐视死亡的神情中似乎透出一种夸耀的成分。然而，交给她的任务总是完成得天衣无缝。

利迪娅知道我太喜欢小狗了，她一直答应从哈瓦那给我捎一只来，可总是未能如愿。

在敌人大举进犯的日日夜夜里，利迪娅都不折不扣地完成了交给她的任务。她往返于我们的营地和马埃斯特腊山区之间，传递高度机密的文件，帮助我们建立和外部世界的联系。和利迪娅在一起的还有另一位同样能干的战士，我只知道她的名字，这是起义军中人人皆知人人敬重的一个名字：克洛多米拉。利迪娅和克洛多米拉已经成为危险局面中形影不离的同志，她们来来去去始终并肩战斗。

向西部挺进以后，我要利迪娅在我离开拉斯比利亚斯抵达目的地时就与我联系，因为她是我们与哈瓦那以及马埃斯特腊山区总参谋部之间联络的主要纽带。我抵达后不久就收到她的来信，信中说，她有一只小狗准备送给我，下一次来的时候她会给我带来。

可是，下一次我们再也没有等到利迪娅和克洛多米拉回来。没过多久我就听说，由于一个战士太无能——不知多少次了，这个人根本就不配当一名战士，不配当一个革命者，甚至不配投胎人世，结果让敌人发现了利迪娅和克洛多米拉的行踪。我们这两位同志英勇自卫直至最后献身。利迪娅被捕时受了伤。利迪娅和克洛多米拉的遗体一直没有被发现。毫无疑问，她们现在一定安卧在一起，就像她们在为自由而战的伟大斗争的最后岁月里一起并肩战斗一样。

也许有一天她们的遗体会被发现，她们很可能就安卧在这个海岛变幻而成的巨大公墓里的不为人注意的一块绿野里。

但是，这两位妇女每天出生入死、让我们和全国其他地区保持通讯畅通的形象将永远活在起义军的记忆里，永远活在那些在痛苦的岁月里英勇战斗并作出牺牲的人们的记忆里。在我们所有人的心目中——在我们第一阵线的战士心目中，在我个人的心目中——利迪娅都占有一个永不磨灭的位置。这就是为什么今天我要写这篇怀念文章——如同不起眼的一朵小花摆放在这块曾经其乐融融的海岛变幻成的巨大的墓地上——以表示对她的敬意。

原编者的话

这一版本的《古巴革命战争回忆录》共分两部分。第一部分与一九六三年古巴联合出版社最早出版的一书的版式完全一致。当时那本书的许多章节在成书前曾以连载形式在古巴武装部队的杂志《橄榄绿》上发表，汇集成书后，切·格瓦拉一一进行了校订，作了许多增删更正(参见本书重印的照片画页)。该书后来虽经多次印刷，但从未将格瓦拉所作的更改收录其中。多年后，当格瓦拉的妻子、格瓦拉研究中心主任阿莱达·马奇发现了这本被密密麻麻修改过的书后，才最终将这些修改编入本书。这次是它们首次与读者见面。

本书第二部分包括一九六三年后格瓦拉撰写的有关古巴革命战争的短评和战争片段的记述。其中有的是重新回忆，有的是第一次追述，他还对这场波澜壮阔的战争作了更加深入的政治分析。这场战争从一九五六年十二月二日

“格拉玛号”登陆古巴海滩起，一直持续到一九五九年一月一日古巴革命胜利。

这一版本的《古巴革命战争回忆录》经古巴哈瓦那切·格瓦拉研究中心授权和详尽修改，增添了革命战争时期的许多珍贵的照片，是截至目前最具权威的一个版本。

埃内斯托·切·格瓦拉生平

二十世纪被《时代》杂志评为“世纪偶像”之一的埃内斯托·格瓦拉·德拉塞尔纳一九二八年一月十四日出生于阿根廷罗萨里奥市。在布宜诺斯艾利斯大学医学院求学期间和毕业后不久，他曾多次周游拉丁美洲，其中包括他早年在《摩托日记》中所描述的他和好友阿尔维托·格拉纳多[1]一九五二年驾驶一辆极易出事故的诺顿牌摩托车进行的那次不可思议的拉美环游之旅。

一九五四年格瓦拉居住在危地马拉期间已开始卷入政治活动。不料哈科沃·阿本斯民选政府在美国中央情报局策划的军事政变中被推翻，格瓦拉随即逃往墨西哥，当时他的政治倾向非常激进。

[1] Alberto Granado，格瓦拉的好友，生物化学家，擅长治疗麻风病，其弟弟是格瓦拉的同学。

格瓦拉在危地马拉和一批流亡的古巴革命者有过一次初步的接触，随后又在墨西哥城找到了他们。一九五五年七月，他会见了菲德尔·卡斯特罗，当即就加入了旨在推翻古巴独裁者富尔亨西奥·巴蒂斯塔的游击队远征军。古巴人给他起了个绰号“切”，这是阿根廷很时髦的一种称呼。

一九五六年十一月二十五日，格瓦拉作为游击队的一名随队医生登上“格拉玛号”开始驶向古巴，这支游击队随后在古巴的马埃斯特腊山区开展了革命武装斗争。几个月后，他就被菲德尔·卡斯特罗任命为第一位起义军少校司令，不过游击队伤病员和巴蒂斯塔政府军伤病俘虏的治疗工作仍由他负责。

一九五八年九月，在他和卡米洛·西恩富戈斯率领各自的游击队纵队由马埃斯特腊山区向西挺进以后，格瓦拉在军事上对击败巴蒂斯塔发挥了决定性的作用(对此格瓦拉后来在《古巴革命战争回忆录》一书中作过描述)。

一九五九年一月一日巴蒂斯塔逃离古巴后，格瓦拉成为革命新政府的一名重要领导人，始任全国土地改革委员会工业司司长，继任国家银行行长。一九六一年二月，他又改任工业部部长。格瓦拉还是当时古巴革命统一组织的中央领导人之一，该政治组织一九六五年改名为古巴共产党。

除了担任这些职务以外，格瓦拉还是古巴革命政府在国际事务活动中的代言人，他多次率领古巴代表团出访各国，并在联合国和亚洲、非洲、拉丁美洲以及社会主义阵营各国的论坛上发表演说。格瓦拉作为第三世界人民的一名慷慨激昂、能说善辩的代言人而闻名遐迩。最著名的是他在出席乌拉圭埃斯特角城大会时发表演讲，酣畅淋漓地痛斥美国总统肯尼迪提出的“争取进步联盟”[1]计划。

一九六五年四月格瓦拉离开了古巴，这是他加入古巴革命运动以来一直就有的打算。最初他领导一支由古巴人组成的游击队赴刚果支持刚果人民的革命斗争。一九六五年十二月他秘密返回古巴，筹建另一支由古巴人组成的游击队准备前往玻利维亚，该组织于一九六六年十一月进入玻利维亚。格瓦拉的计划是挑战该国的军事独裁政权，最终鼓动一场能蔓延至整个拉丁美洲的革命运动。他在玻利维亚革命运动中写下的日记成为众所周知的《玻利维亚日记》。一九六七年十月八日切在战斗中负伤，被接受美国训练和操纵的玻利维亚反叛乱部队抓获。第二天他就惨遭杀害，尸体也被隐藏起来。

一九九七年切·格瓦拉的遗骸终于被发现，并运回古巴。格瓦拉纪念碑矗立在古巴中部的圣克拉拉，那是他在革命战争年代赢得重大军事战役胜利的地方。

---

[1] 这是美国在拉美的一次大规模的经济援助行动。古巴革命胜利后，泛美体系出现严重危机。肯尼迪政府推出“争取进步联盟”计划正是对西半球出现的冷战形势的反应。

专有词语汇编

恩里克·阿塞韦多·冈萨雷斯(小恩里克) (1942—)出生于拉斯比利亚斯。被编入起义军第四纵队的第一阵线，也是第八纵队的成员，领上尉军衔。

克洛多米拉·阿科斯塔·费拉尔斯 (1937—1958)出生于亚拉。"七·二六运动"的成员，起义军的交通员。克洛多米拉和利迪娅·多塞是形影不离的革命同志，一九五八年九月十二日在前往哈瓦那执行任务途中，克洛多米拉不幸被捕，被严刑拷打后遭杀害。

胡安·比塔略·阿库尼亚·努涅斯(维罗) (1925—1967)出生于格拉玛省。来自马埃斯特腊山区的一位农民，入伍后成为第一纵队第一阵线的一名游击队战士。后来调至第四纵队第一阵线，随后又调至第三纵队第三阵线。领起义军少校军衔。

胡安·阿尔梅达·博斯克 (1927—2009)出生于哈瓦那。参与一九五三年七月二十六日攻打蒙卡达兵营的战斗，后来被敌人监禁。“格拉玛号”远征军成员。领少校军衔，第三纵队司令。现为革命武装部队少校。

埃菲赫尼奥·阿梅赫拉斯·德尔加多 (1931—2020)出生于拉斯图纳斯。“格拉玛号”远征军成员。第一纵队游击队队员，后调至第六纵队第二阵线。领少校军衔。

一九五八年四月九日 “七·二六运动”发动古巴全国总罢工的日子。总罢工是在没有充分准备的情况下宣布发动的，最终导致失败。巴蒂斯塔政府军随后加强了镇压和围剿攻势。

哈科沃·阿本斯 (1914—1971)危地马拉一九五一年至一九五四年的民选总统，一九五四年在美国中央情报局支持的政变中被推翻。

一九五七年八月一日 这一天，在圣地亚哥开始了全国总罢工，抗议七月三十日杀害弗兰克·派斯。七月三十一日，六万古巴人参加了在圣地亚哥为弗兰克·派斯举行的葬礼大游行。八月一日的抗议罢工迅速发展到奥连特省，随后又蔓延至古巴全岛。

真正组织　资产阶级反巴蒂斯塔政权的组织，由古巴革命党(即真正党)的成员组成。一九五九年后，该组织领导人反对革命，随后离开了古巴。

真正党　参阅古巴革命党。

富尔亨西奥·巴蒂斯塔　(1901—1973)陆军中士，一九三四年接管控制了古巴政府，一九四四年下台。一九五二年三月十日他领导的军事政变推翻了卡洛斯·普里奥·索卡拉斯政府。一九五九年一月一日逃离古巴。

猪湾　一九六一年四月十七日美国支持下的雇佣军入侵古巴的登陆地点。最后一批入侵者于四月十九日在吉隆滩投降。

维克托·博尔东·马查多　(1930—2014)出生于克马多-德圭内斯。正统党青年组织成员，后来成为“七·二六运动”的成员。参加过一九五八年四月九日的全国总罢工。他第一个在大萨瓜地区的拉斯比利亚斯省建立一支游击队小组。一九五八年十月被编入第八纵队。

《加拉加斯协议》　这份由广泛的反巴蒂斯塔政权的反对党派别，包括菲德尔·卡斯特罗领导的“七·二六运动”共同签署的协议于一九五八年七月二十日由统一反对党政治联盟正式对外宣布。协议号召举行武装起义，建立临时政府，并号召结束美国对巴蒂斯塔独裁政权的支持。

胡斯托·卡里略 他于一九五六年建立蒙特克里斯蒂组织。古巴革命成功后逃往美国，帮助组织反革命活动。

华金·卡西利亚斯 （死于1959年）以血腥残暴而臭名昭著的政府军军官，革命胜利后经审判被处决。

卡洛斯·卡斯蒂略·阿马斯 （1914—1957）危地马拉上校。在一九五四年美国支持的危地马拉反阿本斯总统的政变中上台。

劳尔·卡斯特罗·梅卡德尔 （1937—2014）出生于拉斯图纳斯。“七·二六运动”的成员。弗兰克·派斯派往马埃斯特腊山区的增援部队的第一支小分队的成员。第一和第四纵队第一阵线的成员。在切·格瓦拉领导的纵队中晋升为上尉军衔。

菲德尔·卡斯特罗·鲁斯 （1926—2016）一九五三年七月二十六日领导攻打蒙卡达兵营，随后被监禁。一九五五年迫于民众声援运动，菲德尔获释。组织了“七·二六运动”组织并前往墨西哥组织起义部队。“格拉玛号”远征军成员和起义军总司令。一九五九年二月至一九七六年十二月担任古巴总理。曾任古巴国务委员和部长会议主席，古巴共产党中央委员会第一书记。

劳尔·卡斯特罗·鲁斯 （1931— ）参加攻打蒙卡达兵营的战斗，随后被监禁。“格拉玛号”远征军成员和起义军第二东方阵线少校。从一九五九年至今担任革命武装力量部部长。一九五九年至一九七六年任副总理。一九七六年成为古巴国务委员会第一副主席兼部长会议第一副主席。一九六五年以来担任古巴共产党中央委员会第二书记。二〇一一年起任古巴共产党中央委员会第一书记。

爱德华多·奇瓦斯 （1907—1951）一九四七年创建正统党。一九五〇年被选为参议员。一九五一年在一次广播讲话结束时为抗议政府腐败而自杀身亡。

劳尔·奇瓦斯 （1916—2002）正统党领导人，爱德华多·奇瓦斯的兄弟。一九五七年签署《山区宣言》，后来担任“七·二六运动”海外流亡委员会司库。革命胜利后逃往美国。

福雷·乔蒙·梅迪亚维利亚 （1929—2019）革命指导委员会领导人。参加一九五七年三月十三日攻打总统府的战斗。一九五八年在搭乘“斯卡帕蒂号”武装远征中返回古巴。组织了一支游击队小分队并加入埃斯坎布雷山区的起义部队。

卡米洛·西恩富戈斯·戈里亚兰 （1932—1959）出生于哈瓦那。“格拉玛号”远征军成员。“安东尼奥·马塞奥”第二纵队少校司令。一九五九年一月被委任为起义军少校司令。一九五九年十月二十八日因飞机失事遇难。

路易斯·康特·阿圭罗 （1924— ）新闻记者，正统党领导人。虽然对巴蒂斯塔采取反对者立场，但也反对革命斗争。一九六〇年去了美国。

路易斯·克雷斯波·卡斯特罗 （1923—2002）出生于马坦萨斯。“格拉玛号”远征军成员。起义军第一纵队第一阵线成员。领少校军衔。格瓦拉称他为乡巴佬克雷斯波。

古巴革命党 成立于一九三四年，党名取自十九世纪与西班牙殖民主义作斗争的何塞·马蒂领导的政党。一九四四年至一九五二年组阁。反对巴蒂斯塔，后来反对革命政府。

佩拉约·奎尔沃·纳瓦罗 （1901—1957）出生于关塔那摩。著名律师，正统党战士。一九五七年三月十三日攻打总统府数小时后遇害。其尸体在小湖乡村俱乐部被发现。

塞尔希奥·德尔巴列·希门尼斯 （1927—2007）“七·二六运动”成员。军医，被编入游击队第一纵队第一阵线。第二纵队的医务少校。

《海军日报》 古巴右翼日报。一九六〇年五月十三日被革命政府查封。

胡利奥·迪亚斯·冈萨雷斯(小胡利奥) (1929—1957)出生于哈瓦那。参加一九五三年攻打蒙卡达兵营的战斗。被流放至墨西哥,“格拉玛号”远征军成员。一九五七年五月二十八日在乌韦罗战斗中牺牲,牺牲时是上尉军衔。

利迪娅·多塞·桑切斯 (1912—1958)出生于奥尔金。“七·二六运动”成员。报名加入起义军后在第一和第四纵队任交通员。一九五八年九月十二日遭敌人严刑拷打后遇害。

何塞·安东尼奥·埃切维里亚(曼萨尼塔) (1932—1957)大学生联合会主席。在革命指导委员会一九五七年三月十三日攻打总统府和时钟电台过程中,与警察发生交火,不幸牺牲。

《自由古巴人报》 起义军最初在马埃斯特腊山区出版的一份报纸,与独立战士在反抗西班牙殖民主义者的斗争中出版的报纸同名。

乌韦罗 一九五七年五月二十七日至二十八日起义军在奥连特省攻打乌韦罗兵营的战场,摧毁了工事坚固的敌军前哨基地。

德米迪奥·埃斯卡洛纳·阿隆索 (1930—2009)被编

入起义军第二阵线。在布兰基萨尔战斗和第二次皮诺德尔阿瓜战斗中战功卓绝。一九五八年奉命去开辟比那尔德里奥省的奥尔加诺斯山区的游击队战线。战争结束时晋升为少校军衔。

比尔马·埃斯平·吉瓦(德沃拉) (1930—2007)出生于古巴圣地亚哥。弗兰克·派斯领导下的圣地亚哥“七·二六运动”全国领导层成员。“七·二六运动”的东部协调员。一九五八年加入起义军第六纵队第二阵线。

曼努埃尔·欧亨尼奥·法哈多·里韦罗(皮蒂) (1930—1960)出生于格拉玛省。医师。被编入起义军第一纵队，后调入第二纵队第五阵线。领少校军衔。

曼努埃尔·恩里克·法拉尔多·索托马约尔 (1932—1995)出生于格拉玛省。一九五六年最早一批加入第一阵线的农民，随后调入第二阵线。领少校军衔。

马塞洛·费尔南德斯·丰特(索伊洛) (1932—2004)出生于哈瓦那。“七·二六运动”在哈瓦那的全国协调员。

吉列尔莫·加西亚·弗里亚斯 (1928—)出生于格拉玛省。首批为起义军提供帮助并加入起义军第一纵队的农民。第三阵线的创始人。领革命军少校军衔。

卡利斯托·加西亚·马丁内斯　（1931—2010）出生于马坦萨斯。参加攻打巴亚莫的卡洛斯曼努埃尔-德塞斯佩德斯兵营的战斗。流亡国外，随后成为“格拉玛号”远征军成员。起义军第一纵队少校。

“格拉玛号”　一九五六年十一月至十二月革命者从墨西哥回到古巴乘坐的游艇。

阿曼多·阿特·达瓦洛斯　（1930—2017）出生于哈瓦那。律师。全国革命运动成员。“七·二六运动”的创建者。一九五六年十一月三十日起义的组织者。被捕后关押在派恩斯岛上（该岛此后改名为青年岛）直到革命胜利。

梅尔瓦·埃尔南德斯　（1922—2014）参加一九五三年攻打蒙卡达兵营的一名律师，随后遭监禁。“七·二六运动”全国领导层成员，也是地下运动的一名领导。在马埃斯特腊山区加入起义军。

霍埃尔·伊格莱西亚斯·莱瓦　（1941—2011）出生于古巴圣地亚哥。报名加入游击队武装力量的第一纵队，随后转入第四纵队，后又转入“西罗·雷东多”第八纵队。参加在切·格瓦拉领导下的进军拉斯比利亚斯的战役。领少校军衔。

恩佐·因方特·乌里瓦索（布鲁尼奥）　（1930—　）出

生于古巴圣地亚哥。古巴圣地亚哥“七·二六运动”省委员会成员。“七·二六运动”在卡马圭的协调员，负责全国宣传工作。参加一九五六年十一月三日的起义，后遭监禁直至一九五九年一月。

“七·二六运动”　一九五五年由攻打蒙卡达兵营的老兵、正统党左翼青年积极分子和其他人所发起的一场军事运动。一九五六年三月正式与正统党断绝关系。在革命战争期间，该运动由山区的起义军（山区派）和城市地下组织（平原派）组成。一九六一年与人民社会党和革命指导委员会合并为革命统一组织。

埃韦利奥·拉费尔泰·佩雷斯　巴蒂斯塔政府军少尉。在第二次皮诺德尔阿瓜战斗中被起义军俘虏。一九五八年加入在菲德尔指挥下的游击队武装力量，领上尉军衔。

温贝托·拉莫特·科罗纳多　（1919—1956）被流放至墨西哥，随后参加“格拉玛号”远征军。一九五六年十二月五日在阿莱格里亚-德皮奥牺牲。

拉普拉塔　一九五七年一月十七日起义军在奥连特省取得对巴蒂斯塔政府军第一场战斗胜利的战场。

平原派　参见“七·二六运动”。

安东尼奥·洛佩斯·费尔南德斯(尼科)（1934—1956)出生于哈瓦那。领导袭击卡洛斯曼努埃尔-德塞斯佩德斯兵营。在危地马拉流亡期间，他与切·格瓦拉结为朋友。“七·二六运动”全国领导成员。“格拉玛号”远征军成员。一九五六年十二月八日在博卡德尔托罗遭暗杀。

安东尼奥·马塞奥（1845—1896)古巴三次独立战争中的杰出的军事领导人和战略家。反对结束第一次独立战争的一八七八条约。领导了一八九五年至一八九六年古巴全岛从东至西的长途军事挺进。在战斗中牺牲。

何塞·拉蒙·马查多·本图拉(小马查多)（1930— ）“七·二六运动”成员。起义军战士、军医。第六纵队第二阵线成员。领少校军衔。

马克·赫尔曼 加入起义军第一阵线的美国公民。一九五八年任米纳斯-德尔弗里奥新兵训练学校教官，第八纵队成员。领上尉军衔。

“芒比”战士 指十九世纪反抗西班牙殖民主义者的独立战士。

一九五七年三月十三日 革命指导委员会武装分队攻打哈瓦那总统府试图暗杀巴蒂斯塔的日子。行动失败后，许多革命者惨遭杀害，包括革命指导委员会的领导何塞·

安东尼奥·埃切维里亚。

胡安·曼努埃尔·马克斯·罗德里格斯 （1915—1956）出生于哈瓦那。“七·二六运动”成员。在“格拉玛号”远征的筹备期间发挥了重要作用，任远征军的副司令。乘坐“格拉玛号”在拉斯科罗拉达斯海滩登陆后，于一九五六年十二月十六日在拉诺尔马农场遭暗杀。

何塞·马蒂 （1853—1895）古巴民族英雄。著名的诗人、作家、演说家和新闻记者。一八九二年创建古巴革命党与西班牙殖民统治作斗争并反对美国的计划。一八九五年发动独立战争，在战斗中牺牲。

卡洛斯·马斯·洛佩斯(卡里托斯) （1939—1958）出生于格拉玛省。与游击队战士合作的农民。报名加入起义军第四纵队第一阵线。领上尉军衔。在纳兰霍一战中受致命伤，于一九五八年七月十四日在拉普拉塔医院不治身亡。

豪尔赫·里卡多·马塞蒂·布兰科(塞贡多) （1929—1964）出生于阿根廷的一名新闻记者。他探望了山区的游击队战士，采访了菲德尔·卡斯特罗和切·格瓦拉。他和切·格瓦拉保持了长期的深厚友谊。在阿根廷北部领导一支游击队的斗争中牺牲。

乌贝尔·马托斯 （1918—2014）起义军少校。一九五九年他企图在卡马圭省组织反革命叛乱。被捕后被监禁至一九七九年。

《迈阿密协议》 各种政治力量于一九五七年十一月一日宣布的一项协议。这些政治力量包括真正组织、古巴革命党、正统党、革命指导委员会的领导人以及错误地声称此文件已经“七·二六运动”授权代表签署的某些人。该协议宣布成立由卡洛斯·普里奥·索卡拉斯控制的古巴解放军人集团。

何塞·米罗·卡多纳 （1920—1974）巴蒂斯塔政权的资产阶级反对党领导人。一九五九年一月至二月出任古巴总理。一九六〇年前往美国，出任反革命的古巴革命流亡委员会主席。

赫苏斯·蒙塔内·奥洛佩萨 （1923—1999）出生于派恩斯岛的新赫罗纳。一九五三年攻打蒙卡达兵营的领导人之一，随后被捕受审。被流放至墨西哥后加入“格拉玛号”远征军。游击队在阿莱格里亚-德皮奥被打散以后，于一九五六年十二月十二日被俘，一直被监禁到革命胜利。

蒙特克里斯蒂组织 该组织于一九五六年由胡斯托·卡里略组建，成员包括巴蒂斯塔政府军的军官，目的是鼓吹军事政变推翻巴蒂斯塔政权。

梅内劳·莫拉·莫拉莱斯 (1905—1957)出生于比那尔德里奥。反对马查多独裁政权的积极的战士。一九五七年三月十三日在攻打总统府的战斗中牺牲。

卡利斯托·莫拉莱斯·埃尔南德斯 (1929—)出生于卡马圭。“格拉玛号”远征军成员。起义军第一和第八纵队成员，领上尉军衔。

一九五六年十一月三十日 这一天，在弗兰克·派斯领导下，“七·二六运动”在古巴圣地亚哥组织了一次武装起义，以配合当日“格拉玛号”在古巴登陆。这次起义遭到镇压，随后，巴蒂斯塔警察掀起一波大逮捕和大屠杀的浪潮，逮捕屠杀在圣地亚哥和奥连特全省尤甚。

安东尼奥·努涅斯·希门尼斯 (1923—1998)出生于哈瓦那。起义军战士。协助筹备一九五八年四月九日的全国总罢工。负责创建埃斯坎布雷阵线。

正统党 一九四七年由爱德华多·奇瓦斯创立，其纲领是组建诚实政府。一九五一年奇瓦斯死后，在菲德尔·卡斯特罗领导下的左翼青年成员为“七·二六运动”提供了首批干部。

弗兰克·派斯·加西亚(戴维或卡洛斯) (1934—1957)出生于古巴圣地亚哥。“七·二六运动”在圣地亚哥的作战和破坏团体的创建人和领导人。指导一九五六年十一月三十日的武装起义。一九五七年七月三十日与劳尔·普霍尔同志一起在他的家乡遇害。

霍苏埃·派斯·加西亚 (1937—1957)出生于古巴圣地亚哥。弗兰克·派斯的兄弟。“七·二六运动”秘密民兵组织的上尉。一九五六年十一月三十日武装起义的杰出参与者。一九五七年六月在其家乡遇害。

拉蒙·帕尔多·格拉(吉莱) (1939—)从一九五七年起就是起义军的一名战士。第四纵队第一阵线的成员。后来加入第八纵队。

埃梅斯·培尼亚·托雷斯 (1938—1964)起义军战士，第八纵队成员。

福斯蒂诺·赫尔南德斯·佩雷斯 (1920—1992)出生于拉斯比利亚斯省的卡瓦伊古安。军医。被流放至墨西哥后在那里加入“格拉玛号”远征军。在城市抵抗运动中发挥了关键作用。“七·二六运动”作战和破坏团体的全国领导人。一九五八年四月九日全国总罢工后，他在马埃斯特腊山区战斗，领少校军衔。

克雷森西奥·佩雷斯·蒙塔尼奥 (1895—1986)出生于格拉玛省。“七·二六运动”的创始人。他和塞莉娅·桑切斯一起支持“格拉玛号”的到来。第一纵队第一阵线的成员，后来领导第七纵队。领少校军衔。

何塞·庞塞·迪亚斯　（1926—2001）出生于哈瓦那。参加攻打蒙卡达兵营的战斗，“格拉玛号”远征军成员。

人民社会党　一九二五年建立时为古巴共产党，一九四四年改名为人民社会党。革命胜利后，一九六一年与“七·二六运动”和革命指导委员会合并。

卡洛斯·普里奥·索卡拉斯　（1903—1977）古巴革命党领导人。一九四四年至一九四八年出任古巴劳工部长。一九四八年被选为总统，一九五二年被巴蒂斯塔的军事政变推翻。

雷涅·拉莫斯·拉图尔（丹尼尔）　（1932—1958）出生于奥尔金。“七·二六运动”成员，在北部的马亚里、考托、安蒂亚和尼卡罗一带活动。“七·二六运动”作战和破坏团体的全国领导成员。一九五七年到达马埃斯特腊山区，加入第一纵队，领少校军衔。

起义军　“七·二六运动”在反对巴蒂斯塔的革命战争中的武装力量。一九五九年改称为革命武装力量。

西罗·雷东多·加西亚　（1931—1957）出生于哈瓦那。

参加攻打蒙卡达兵营的战斗，随后被捕受审。流放至墨西哥，后来加入“格拉玛号”远征军。第四纵队总参谋部成员，领上尉军衔。一九五七年十一月二十九日在贝尔德湖的战斗中牺牲，死后被追授为少校军衔。

革命指导委员会 一九五五年由何塞·安东尼奥·埃切维里亚和大学生联合会的其他领导人共同组建。革命指导委员会领导了一九五七年三月十三日对总统府的袭击，后来将那个日子添加到该组织的名称中。一九五八年二月在埃斯坎布雷山区组织了一支游击队纵队。一九六一年该组织与“七·二六运动”和人民社会党合并。

赫奥内尔·罗德里格斯·科尔多维 (1934—1958)出生于帕尔马索里亚诺。“七·二六运动”成员。第四纵队第一阵线的上尉。一九五八年七月十一日在纳兰霍被迫击炮炮弹击中，次日在拉普拉塔医院不治身亡。

雷涅·罗德里格斯·克鲁斯(弗拉科) (1931—1990)出生于卡德纳斯。“七·二六运动”和“格拉玛号”远征军成员。第八纵队战士。

阿方索·罗德里格斯·德拉维加(屈科) 起义军战士。拉斯比利亚斯战役中军医，第八纵队上尉。

罗伯托·罗德里格斯·菲尔南德斯(小巴克) (1935—

1958)出生于圣斯皮里图斯。第一和第四纵队第一阵线成员。第八纵队“敢死队”队长。一九五八年十二月三十日在攻打圣克拉拉警察局的战斗中牺牲。

弗鲁克托索·罗德里格斯·佩雷斯　(1933—1957)出生于拉斯比利亚斯。大学生联合会副主席。一九五七年三月十三日参加攻打总统府的战斗。何塞·安东尼奥·埃切维里亚阵亡后，他出任大学生联合会主席和革命指导委员会总书记。一九五七年四月二十日被叛徒出卖后遭暗杀。

罗伯托·罗克·努涅斯　(1915—1989)出生于西恩富戈斯。曾在政府军海军服役，“七·二六运动”成员。“格拉玛号”远征军上尉。游击队在阿莱格里亚-德皮奥被打散后，他一直遭当局监禁直至革命胜利。

乌尼韦索·桑切斯·阿尔瓦雷斯　(1919—2012)出生于马坦萨斯。“七·二六运动”和“格拉玛号”远征军成员。领少校军衔。

塞莉娅·桑切斯·曼杜莱　(1920—1980)出生于格拉玛省。“七·二六运动”在曼萨尼略的创始人。支持“格拉玛号”远征军成员的到来。她和弗兰克·派斯一起组织起第一支增援分队派往马埃斯特腊山区。她加入马埃斯特腊山区的斗争，和菲德尔·卡斯特罗一起成为起义军总参谋部的成员。

安赫尔·桑切斯·莫斯克拉 巴蒂斯塔政府军上校，因残暴镇压农民而臭名远扬。

卡利斯托·桑切斯·怀特 （1924—1957）出生于新埃斯科锡亚。第二次世界大战中的一名飞行员和机械师。流放至迈阿密。组织并领导一批远征军队员乘坐“科林西亚号”在马亚里登陆，于一九五七年五月二十八日遭政府军残杀，几乎全军覆灭。

艾德·圣玛丽亚·夸德拉多（叶耶） （1922—1980）出生于拉斯比利亚斯。参加一九五三年攻打蒙卡达兵营的战斗。之后被捕受审并被监禁。“七·二六运动”全国委员会成员。为支持革命斗争，被“七·二六运动”派往国外执行任务。

吉列尔莫·萨蒂尼亚斯·梅嫩德斯 （1916—1964）天主教神甫，后加入起义军，领上尉军衔。

山区派 参阅“七·二六运动”。

《山区宣言》 此宣言于一九五七年七月十二日由菲德尔·卡斯特罗、费利佩·帕索斯和劳尔·奇瓦斯共同宣布。宣言号召并支持起义军推翻巴蒂斯塔政权。

佩德罗·索托·阿尔瓦(佩德林) (1935—1958)出生于格拉玛省。“七·二六运动”成员，参加了“格拉玛号”远征军。阿莱格里亚-德皮奥遭袭后，他转入地下，随后再次加入起义军的第一分遣队，被弗兰克·派斯派送往马埃斯特腊山区。第一纵队第一阵线的成员。在一九五八年六月二十六日的一次战斗中牺牲。牺牲后被劳尔·卡斯特罗追授少校军衔。

劳尔·苏亚雷斯·马丁内斯 (1935—1956)出生于西恩富戈斯。参加地下学生斗争。被流放到墨西哥后他成了“格拉玛号”远征军成员。一九五六年十二月八日在博卡-德尔托罗牺牲。

埃迪·苏尼奥尔·里卡多 (1936—1971)出生于奥尔金。弗兰克·派斯领导下的圣地亚哥“七·二六运动”的成员。第一纵队的战士，后来成为第十四纵队第四阵线领导人。领少校军衔。

拉斐尔·特鲁希略 (1891—1961)多米尼加共和国独裁者，一九三〇年上台直至一九六一年被暗杀。

曼努埃尔·乌鲁蒂亚 (1902—1981)审判被捕的“格拉玛号”远征军成员的法官。在法庭上他公开批评巴蒂斯塔政权。一九五九年他出任古巴总统，同年七月辞职，随后前往美国。

拉米罗·巴尔德斯·梅嫩德斯(小拉米罗) (1932—) 出生于阿特米萨。参加攻打蒙卡达兵营的战斗，随后被捕受审。流放至墨西哥后成为“格拉玛号”远征军的成员。当切·格瓦拉调任至米纳斯-德尔弗里奥指挥第八纵队时，他成为第四纵队的少校。现为革命武装力量的少校司令。

何塞·韦斯特布鲁克·罗萨莱斯(乔) (1937—1957) 出生于哈瓦那。革命指导委员会成员。参加一九五七年三月十三日攻打总统府的战斗。同年四月二十日被叛徒出卖后遇害。

图书在版编目(CIP)数据

古巴革命战争回忆录/(古)切·格瓦拉(Che Guevara)著;郭昌晖译.—上海:上海译文出版社,2020.6 (2024.8 重印)
书名原文：REMINISCENCES OF THE CUBAN REVOLUTIONARY WAR
ISBN 978-7-5327-8337-3

Ⅰ.①古… Ⅱ.①切…②郭… Ⅲ.①民族解放运动—史料—古巴 Ⅳ.①K751.4

中国版本图书馆 CIP 数据核字(2020)第 066868 号

古巴革命战争回忆录
Reminiscences of the Cuban Revolutionary War

CHE GUEVARA
切·格瓦拉 著
郭昌晖 译

出版统筹 赵武平
责任编辑 李欣祯 邹 滢
装帧设计 周安迪

上海译文出版社有限公司出版、发行
网址：www. yiwen. com. cn
201101 上海市闵行区号景路 159 弄 B 座
上海新华印刷有限公司印刷

开本 787×1092 1/32 印张 12.25 插页 5 字数 173,000
2020 年 8 月第 1 版 2024 年 8 月第 3 次印刷

ISBN 978-7-5327-8337-3/K·278
定价：78.00 元